ACADÉMIE ROYALE DE SAVOIE

DOCUMENTS

Vol. Ier

CHRONIQUES
DE
YOLANDE DE FRANCE

DUCHESSE DE SAVOIE, SOEUR DE LOUIS XI

DOCUMENTS INÉDITS

RECUEILLIS ET MIS EN ORDRE

PAR M. LÉON MÉNABRÉA

Secrétaire perpétuel de l'Académie royale de Savoie
Membre non résidant de l'Académie royale des Sciences de Turin
et de plusieurs Sociétés savantes
Conseiller à la Cour d'appel de Savoie.

CHAMBÉRY
IMPRIMERIE DE PUTHOD FILS, AU VERNEY

1859

Ménabréa Léon-Camille, né à Bassens près de Chambéry (Savoie) le 12 avril 1804, mort dans cette ville le 24 mai 1857, âgé de 53 ans.

Issu d'une famille noble, qui, par suite des guerres de religion du xviie siècle, vint chercher un refuge dans les Alpes, Léon Ménabréa fit ses premières études dans sa ville natale. Dès son jeune âge, il révéla cet esprit, à la fois sérieux et poétique, qui, plus tard, sut allier à une profonde science le goût des beaux-arts qu'il cultiva avec succès toute sa vie.

Il fit son cours de droit à l'Université de Turin, et y fut reçu docteur en 1827. Pendant son séjour dans cette capitale, ses études sur l'archéologie et l'histoire du moyen âge formèrent les premières bases de la science où il devait briller.

Admis dans la magistrature savoisienne, il en parcourut avec distinction tous les grades et parvint à celui de conseiller à la Cour d'appel de Savoie, qu'il occupait à sa mort.

Comme membre du ministère public, il se fit remarquer par une éloquence mâle et facile que relevait encore son noble visage. Plus d'une fois il fit preuve de grand courage, soit à la tribune, soit en 1848, époque de passions ardentes et d'exaltations dangereuses.

Appelé par sa carrière à séjourner dans diverses provinces de la Savoie, où surgissent à chaque pas des ruines féodales; en face de cette nature grandiose, riche de souvenirs, Léon Ménabréa conçut la pensée d'esquisser dans un vaste tableau, ayant pour titre *les Alpes historiques*, les institutions et l'organisation du moyen âge; d'embrasser dans le même cadre les points les plus saisissants de ces temps si peu connus. Les nombreux documents inédits qu'il parvint à réunir, l'intuition avec laquelle il savait découvrir ceux qui avaient le plus d'importance, lui permirent de rassembler les immenses matériaux de la grande œuvre qu'il entreprit, mais que la mort ne lui permit pas d'achever.

Malgré la sévérité de ses études, ses premiers essais littéraires furent un travail d'imagination.

Léon Ménabréa publia en 1836 les *Feux follets*, recueil de légendes inspirées par les bords riants du lac d'Annecy. En 1838, il fit paraître un roman intitulé : *Requiescant in pace*, livre plein de charme, dont l'action se déroule proche le *château de Miolans* qui domine la vallée de l'Isère. En 1839, un Mémoire ayant pour titre : *De la marche des études histori-*

ques *en Savoie et en Piémont*, lui ouvrit les portes de l'Académie de Savoie, dont il devint secrétaire perpétuel en remplacement de l'illustre prélat Mgr Rendu, nommé évêque d'Annecy.

Il fit paraître successivement les ouvrages suivants :

1° *Montmélian et les Alpes*, écrit considérable par son étendue, par la multitude et la nouveauté des recherches. Le récit des divers siéges de cette forteresse sert pour ainsi dire de pivot à l'histoire de l'époque ; l'ouvrage se termine par le journal, jusque-là inédit et d'un haut intérêt, du dernier siége qu'eut à soutenir cette place célèbre.

2° *L'abbaye d'Aulps*, d'après documents inédits.

3° *De l'origine, de la forme et de l'esprit des jugements rendus au moyen âge contre les animaux.* Cet écrit, l'un des plus appréciés de l'auteur, renferme des documents inédits très curieux sur cette singulière question.

4° *De l'organisation militaire au moyen âge.*

5° Les trois premières livraisons de l'*Histoire de Chambéry*, où l'écrivain, à l'apogée de son talent, retrace l'époque du moyen âge avec verve dans un style magnifique. Cette publication, suspendue à cause des événements de 1848, est rédigée presque en entier.

6° *Notice sur l'ancienne Chartreuse de Vallon.*

7° *Comptes-rendus des travaux de l'Académie de Savoie.* Les écrits précédents sont insérés dans les volumes de cette Société savante.

Après la bataille de Novare en 1849, Léon Ménabréa, profondément versé dans la science diplomatique, fut appelé, en qualité de conseiller de légation, à prendre part aux négociations de la paix entre le Piémont et l'Autriche. A cette occasion, il publia, par ordre du gouvernement, des écrits importants ayant pour titre :

1° *Mémoire pour servir à l'intelligence des discussions qui ont existé entre le gouvernement de S. M. le roi de Piémont et S. M. l'empereur d'Autriche depuis le traité de Worms 1743 jusqu'en 1848.*

2° *Histoire des négociations qui ont précédé le traité de paix conclu le 6 août 1849 entre S. M. le roi de Sardaigne et S. M. l'empereur d'Autriche.* Cet ouvrage, dans lequel les nombreuses péripéties de cette négociation sont exposées avec talent et lucidité, offre dans les fastes de la diplomatie, des pages intéressantes et utiles à consulter.

3° Il publia également un important mémoire historique sur *Monaco, Menthon et Roquebrune.*

A la même époque, Léon Ménabréa prit part aux travaux de la commission de législation. Il publia sur *l'organisation du ministère public* un rapport où les principes fondamentaux sur lesquels repose l'édifice de la justice sont développés avec une rare sagacité. Nous passons sous silence une foule d'autres productions, nous bornant à citer la charmante chronique de Féterne qui se rapporte à l'histoire d'une illustre famille de Savoie.

Il avait préparé un grand nombre de travaux lorsque la mort vint le surprendre. Il laisse près de dix-huit volumes manuscrits contenant des recherches variées et curieuses, telles que l'*Histoire féodale de la Savoie et du Dauphiné, celle des Burgondes; — Etudes sur la langue romane ; — Recherches sur l'origine des fiefs; — Chroniques sur la duchesse Yolande de Savoie, sœur de Louis XI*, etc., etc. Cet écrit forme l'objet du présent volume. La famille de l'auteur se propose de continuer la publication de ses œuvres les plus importantes.

Comme secrétaire perpétuel de l'Académie royale de Savoie, il lui donna une impulsion qui la fit marcher de pair avec les corps savants les plus distingués. Léon Ménabréa était membre de l'Académie des sciences de Turin, membre de la députation des études historiques en Piémont, et associé d'un grand nombre de sociétés savantes.

Le conseil de l'ordre du Mérite civil de Savoie, qui ne compte que quarante chevaliers, l'avait proposé spontanément pour être décoré; malheureusement, contrairement à l'usage, la sanction royale se fit attendre, et Léon Ménabréa mourut avant de pouvoir jouir de cette distinction si méritée. Le Roi le nomma chevalier de l'ordre des SS. Maurice et Lazare en récompense de ses services extraordinaires; ses travaux lui valurent plusieurs décorations étrangères.

En général, ses ouvrages se distinguent par le charme et la pureté du style, la vigueur et la clarté de la pensée. Son esprit, apte à toutes choses, traitait avec la même facilité les sujets les plus divers. Il fut un de ces rares génies qui réunissent la profondeur de la science au charme de l'imagination. Religieux et bon, ami des pauvres, simple dans ses goûts, il n'estimait point la fortune ; sa vie fut laborieuse. Se reposant des travaux sérieux dans la musique et la peinture, il laissa divers écrits sur la première et un grand nombre d'esquisses où on reconnait la touche du maître. Sa mort prématurée fut un deuil pour sa patrie, qui le compte au nombre de ses gloires

AVANT-PROPOS

En transmettant à l'Académie de Savoie cette première série de documents et recherches historiques, dus aux savants travaux de M. le chevalier Léon Ménabréa, sa famille se propose un double but : elle livre au public un monument précieux pour l'histoire, et accomplit un pieux devoir en mettant en relief le génie de l'homme qui a accumulé ces trésors d'érudition.

Si l'on jette un regard sur cette trop courte carrière, où les charges austères de la magistrature, les travaux du publiciste et de l'historien s'associent aux études littéraires, au culte des beaux-arts ; si l'on apprécie ses œuvres déjà publiées, qui, à elles seules, ont suffi pour établir la brillante renommée de l'auteur [1] ; puis, si l'on ajoute les immenses matériaux inédits, réunis, classés, analysés par cet esprit fécond et ardent, on admire à bon droit cette puissante organisation.

Il serait difficile aujourd'hui de compléter les œuvres de Léon Ménabréa avec le cachet qui les distingue. Il faudrait posséder sa science, son style admirable et connaître à fond le plan de chaque composition. A défaut de ces conditions, il a semblé préférable de faire paraître chaque étude historique dans l'ordre où elle a été trouvée. Les unes, comme celle-ci, sont à peu près dépourvues de commentaires et se bornent à des citations et extraits inédits qui, par cela même, ont une grande va-

---

[1] Les travaux historiques qu'il a insérés dans les *Mémoires de l'Académie de Savoie* sont :

De la marche des études historiques en Savoie depuis le XIV° siècle jusqu'à nos jours, et des développements dont ces études seraient encore susceptibles (vol. IX).

Montmélian et les Alpes (vol. X).

L'Abbaye d'Aulps, d'après des documents inédits (vol. XI).

De l'origine, de la forme et de l'esprit des jugements rendus au moyen âge contre les animaux, avec des documents inédits (vol. XII).

De l'organisation militaire au moyen âge (vol. I de la 2° série).

Notice sur l'ancienne chartreuse de Vallon en Chablais, avec chartes inédites et éclaircissements relatifs à la famille souveraine des sires de Faucigny (vol. II, 2° série).

Comptes-rendus des travaux de l'Académie (vol. XII, et vol. I et II de la 2° série).

Il y a eu des tirages à part de tous ces travaux.

En dehors des Mémoires de l'Académie de Savoie, Ménabréa a encore publié :

Feux follets. Paris, 1836. In-8°.

Requiescant in pace. Paris, 1836. In-8°.

Storia e giurisprudenza. Cenni sulla storia del diritto. Turin, 1836. (Inséré dans le *Subalpino*.)

leur positive, vu leur authenticité. Plusieurs roulent sur des sujets entièrement nouveaux. Il en est qui font suite à l'histoire de Chambéry, commencée avec un talent si remarquable. Plus loin, il traite des origines féodales, des franchises de plusieurs villes de Savoie. Viennent ensuite les recherches sur les fiefs de Savoie, les bons hommes d'Abondance, sur la langue romane, la chorographie historique, l'établissement des Burgondes, etc., etc.

L'histoire de la duchesse Yolande, sœur de Louis XI, a été désignée pour paraître la première, à cause de l'intérêt qui s'attache à cette princesse au cœur viril, qui sut maintenir le pouvoir entre les mains des ducs de Savoie. Ce recueil, le dernier auquel l'auteur a travaillé, qu'il a

---

Histoire municipale et politique de Chambéry, écrite en entier d'après des documents inédits, et à laquelle on a rattaché les points les plus importants et les plus curieux de l'histoire de la Savoie et des Alpes. Chambéry, 1847-48. (Il n'a paru que trois livraisons de ce travail).

Mémoires pour servir à l'intelligence des discussions qui ont existé entre le gouvernement de S. M. le roi de Sardaigne et S. M. l'empereur d'Autriche, depuis le traité de Worms du 13 septembre 1743 jusqu'en 1848, sur différentes questions non encore résolues d'intérêt politique, de commerce et de droit des gens. Turin, 1849. In-8°.

Histoire des négociations qui ont précédé le traité de paix conclu, le 6 août 1849, entre S. M. le roi de Sardaigne et S. M. l'empereur d'Autriche. Turin, 1849. In-8°.

Rapport sur le projet de loi concernant l'organisation judiciaire. Turin, 1851. In-4°.

Il faut encore ajouter à cela plusieurs comptes-rendus bibliographiques insérés dans divers journaux, quelques articles de politique et divers autres articles sur différents sujets.

(Extrait du *Bulletin bibliographique de la Savoie*, année 1857, publié par M. F. Rabut dans les *Mémoires de la Société savoisienne d'histoire et d'archéologie*, vol. II.)

recommandé d'une manière toute spéciale, paraîtra peut-être aride au premier coup d'œil. Mais le *Registre des choses faictes*, etc., trouvé par Léon Ménabréa dans les papiers des descendants de Jacques Lambert, est un document précieux, où le caractère héroïque d'Yolande est peint avec la chaleur d'un admirateur passionné.

Jacques Lambert, conseiller et maître des requêtes sous Philibert Ier, a rédigé ce manuscrit afin de mettre en lumière les faits les plus remarquables de la régence de la duchesse Yolande, et la venger des accusations que ses ennemis avaient fait peser sur son administration. Cette chronique, absolument inédite, forme la base de ce recueil, et se trouve confirmée par les pièces qui viennent ensuite. Les belles pensées du chroniqueur, exprimées dans ce langage naïf et trop oublié du xve siècle, en rendront la lecture attrayante et instructive.

L'intérêt ne faiblira point en parcourant les extraits des comptes des trésoriers généraux. On y retrouve des détails de mœurs inconnus et curieux, qui, sans nul doute, sont une des plus intéressantes études de cette époque, où la féodalité expirait sous la politique astucieuse de Louis XI et sous la marche de la civilisation. Les comptes de guerre offrent également un tableau vivant de l'armée, des finances et du gouvernement. Les uns et les autres sont émargés par Léon Ménabréa, de telle sorte qu'on peut suivre les événements selon l'ordre chronologique. La dernière partie, composée de chroniques, lettres, notes, traités, etc., inédits, n'est pas moins précieuse. Les lettres de la duchesse surtout sont empreintes d'une finesse, d'une habileté, qui justifient sa renommée, et suffiraient à prouver que la Maison de Savoie compte dans ses annales des femmes illustres, dignes de figurer à côté des plus grands hommes d'État.

L'intention du savant, dont la perte a laissé un vide si grand et des regrets si réels dans les plus nobles cœurs de notre patrie, a donc été fidèlement suivie. Aucune main étrangère n'a ajouté à son œuvre, ainsi qu'il en résulte des manuscrits que sa famille conserve avec la religion du souvenir.

Louis PILLET, *parent et ami de l'auteur.*

PRÉAMBULE OU RÉSUMÉ HISTORIQUE

Pour l'intelligence des documents qui vont suivre, il convient de jeter un coup d'œil rapide sur les événements principaux, depuis l'avénement au trône de Louis, duc de Savoie, fils d'Amédée VIII et père du bienheureux Amédée.

Ce prince, né à Genève (1402), épousa, à l'âge de trente ans (1433), Anne de Lusignan, fille de Jean de Lusignan, qui, ayant perdu le trône de Jérusalem, occupait celui de Chypre. Le mariage fut célébré à Chambéry, en présence du cardinal de Chypre, oncle de l'épouse ; de Marguerite, reine de Sicile, sœur du duc Louis ; du duc de Bourgogne, son beau-frère, etc.

La princesse Anne, surnommée *la plus belle de son temps*, abusa de l'empire qu'elle eut sur son mari : ses caprices, la protection et les faveurs qu'elle accorda aux Cypriotes venus à sa suite, causèrent bien des désordres et des injustices [1].

---

[1] Olivier DE LA MARCHE ; GUICHENON.

De cette union naquirent seize enfants, dont neuf princes, savoir :

1° Amédée IX, dit le Bienheureux, époux d'Yolande de France.

2° Louis II, comte de Genève, puis roi de Chypre et de Jérusalem.

3° Janus, baron de Faucigny.

4° Jacques de Savoie, comte de Romond.

5° Philippe de Bresse, dit Sans-Terre, qui régna plus tard.

6° Pierre de Savoie, évêque de Genève, puis archevêque de Tarentaise.

7° Jean-Louis de Savoie, évêque de Maurienne, ensuite de Genève.

8° François de Savoie, archevêque d'Auch, plus tard évêque de Genève.

9° Aimon, mort enfant.

Et sept princesses :

1° Marguerite qui épousa Jean de Montferrat.

2° Charlotte épousa le dauphin, plus tard Louis XI.

3° Bonne, mariée à Galéas Sforza, duc de Milan.

4° Marie, qui épousa Louis de Luxembourg.

5° Agnès, mariée à François d'Orléans, comte de Dunois.

6° et 7° Anne et Jeanne, mortes jeunes.

Aussitôt après la naissance d'Amédée IX, qui eut lieu à Thonon en Savoie (1435), ses parents formèrent le projet de l'unir à Yolande (les uns disent Violenfe ou Yolant), fille de Charles VII, roi de France et sœur aînée de Louis XI. Yolande était âgée de six à huit ans, et le duc Amédée ne comptait que dix-neuf mois lorsque ce mariage fut arrêté par un traité conclu (1436) entre le roi de France et le duc Louis [1].

Le règne de ce dernier fut rempli d'agitations. Divers favoris abusèrent de la bonté du prince. Bolomier, entre autres, chancelier de Savoie et premier ministre d'Etat, fut condamné à être précipité dans le lac de Genève, une pierre au cou, et subit ce supplice (1446) en punition de ses prévarications [2]. En 1449, le duc Louis expédie au secours des Milanais, contre François Sforza, une armée importante, commandée par l'un de ses favoris, le sire de Compeys, lequel est battu et fait prisonnier sur les rives de la Sesia [3]. Gaspard de Varax lui succède, en vient aux mains sous Novare; mais, vaincu à son tour, il abandonne le champ de bataille.

La paix est toutefois conclue avec avantage, et Louis de Savoie augmente son patrimoine de tout le pays qui s'étend d'Alexandrie à Novare. Au milieu des agitations que l'ambition de François Sforza fait naître en Italie, la politique du duc Louis est stérile. Sa puissance s'affaiblit; il perd les provinces du Novarais et d'Alexandrie. Ses intérêts sont méconnus et sacrifiés dans le traité signé à Lodi (1454).

Le sire Jean de Compeys, tout-puissant à la cour, haï des grands et du peuple, triompha de ses adversaires par l'exil des seigneurs de Seyssel, de Varambon, de Varax, de Menthon, etc. Dépouillés de leurs biens et de leurs

---

[1] GRILLET.
[2] GUICHENON; BOTTERO.
[3] DENINA.

dignités, ayant eu leurs châteaux rasés, les proscrits trouvèrent auprès de Charles VII un asile et une protection d'autant plus entière, que ce prince haïssait particulièrement Jean de Compeys, à cause de son dévouement au dauphin, depuis Louis XI [1]. Celui-ci, en mésintelligence avec son père, s'étant retiré en Dauphiné, demanda secrètement Charlotte de Savoie en mariage. Le contrat fut signé à Genève par les ambassadeurs du dauphin, en présence du duc Louis, de son fils Amédée et de Jean, comte de Genève, son frère. Le duc de Savoie assura à sa fille la dot énorme de deux cent mille écus d'or. Le dauphin vint à Chambéry, et se maria dans la chapelle du château (1451).

Charles VII en ayant eu connaissance, fut justement offensé d'une alliance faite sans son consentement. Il fit marcher des troupes pour châtier le duc de Savoie. Louis offrit des réparations capables de l'apaiser. Dans l'entrevue qu'il eut avec le roi de France, dans le Forest, il se soumit à évacuer les places qu'il occupait dans le marquisat de Saluces, à donner une indemnité de guerre, enfin à faire grâce aux seigneurs fugitifs ennemis de Compeys. En outre, il ne permit pas que le dauphin habitât avec sa femme, ni qu'elle sortît de ses Etats, jusqu'à ce que Charles VII eût sanctionné leur union.

Cette suspension de noces dura, dit-on, six années, au bout desquelles le duc de Savoie partit pour l'Auvergne, et obtint du roi de France la permission de conduire la princesse Charlotte à Namur, dans les Pays-Bas, où son

---

[1] VILLARET, t. XVIII.

mari, toujours en inimitié avec son père, s'était réfugié.

A l'âge de dix-sept ans (1452), Amédée IX épousa Yolande de France. Les auteurs qui narrent la vie de ce prince assurent que ce fut par dévouement à la chose publique, par obéissance à son père, qu'il consentit à ce mariage : son âme pieuse étant, dès ses plus jeunes années, tournée vers la vie contemplative.

Jamais princesse plus digne d'être choisie que le fut Yolande. Inclinée aux pratiques religieuses, elle s'intéressait en même temps à la prospérité du gouvernement. Sagace, active, prompte à se charger des affaires, les résolvant avec un parfait succès, elle était la digne compagne de son époux, soit dans sa vie chrétienne soit sur le trône.

Plus tard, si pour échapper aux infirmités qui vinrent le frapper, le Bienheureux Amédée, puisant des forces dans les bonnes œuvres et la prière, passait de longues heures dans les églises, Yolande les embellissait. Il était l'âme, elle était l'action.

De ce mariage naquirent neuf enfants [1] :

1° Charles de Savoie, né en 1456 dans le Bourbonnais, mort à Orléans (1471) en venant au secours de sa mère ;

2° Philibert, dit le Chasseur, qui succéda à son père ; né en 1465, mort en 1482 ;

3° Charles, dit le Guerrier, premier duc de Savoie, qui prit le titre de roi de Chypre. Il eut pour tuteur son oncle Louis XI. De son mariage avec Blanche de Mont-

[1] Phil. Pingon.

ferrat naquirent deux enfants dont la mort fit passer la couronne sur la tête de leur oncle Philippe, dit Sans-Terre, lequel ne régna que dix-huit mois ;

4° Jacques-Louis, comte de Genève, qui n'eut pas d'enfants ;

5° et 6° Bernard et Claude Galéas, morts au berceau.

Les princesses furent :

1° Anne, mariée à Frédéric d'Arragon, roi des Deux-Siciles ;

2° Marie, qui épousa Philippe de Bade ;

3° Louise, mariée à Hugues de Châlons, prince d'Orange, morte en 1503 en odeur de sainteté.

Vers l'année 1453, la précieuse relique du Saint-Suaire devint l'un des trésors de la Maison de Savoie. Elle fut déposée à Chambéry, dans une chapelle de marbre que l'on construisit à cet effet [1].

Après son mariage, Amédée IX choisit pour séjour le pays de Vaud, voulant, disent les historiens, se tenir à l'écart des intrigues qui agitaient la Cour du duc son père. Quelques gentilshommes le suivirent dans cette retraite. On cite les noms de Bonnivard, de Lescheraines, de Valperga, La Palud, etc.

Le duc Louis de Savoie tentait vainement de mettre un terme aux abus d'une mauvaise administration. Affaibli par l'âge et les infirmités, il ne pouvait guère confier à l'un de ses fils une partie du gouvernement. Nous venons de dire qu'Amédée, tout à la piété, redoutait d'y prendre part. Louis, le second des jeunes princes, époux de

---

[1] Fleury, *Histoire eccl.*

Charlotte de Lusignan, héritière de Chypre, essayait à grands frais de reprendre possession de l'un des trois royaumes qui formaient la dot de sa femme. Les autres princes n'avaient ni assez de maturité, ni assez de prudence.

Le cinquième d'entre eux, Philippe, comte de Bresse, seigneur de Baugé, d'un caractère hardi, entreprenant, d'un esprit plein de feu, fut éloigné de la maison paternelle et envoyé en France auprès de Charles VII pour mettre un terme à l'inimitié qu'il inspirait à ses frères par ses instincts dominateurs. Dans ses relations avec le Dauphin, ses idées prirent malheureusement quelques nuances de blâme et de révolte contre l'autorité paternelle. Jaloux de ses frères dont il enviait la position, le sentiment de sa supériorité morale l'entraîna souvent hors des limites tracées par le devoir.

Investi, à l'âge de vingt-deux ans, des fiefs de Baugé, Valbonne et Revermont, et du titre de comte de Bresse, il raillait de ses maigres apanages et prit par dérision le titre de Philippe *Sans Terre* ou de *Philippe Monsieur*. Rentré en Savoie à l'âge de vingt-trois ans, sans attendre les ordres de son père, il usurpa son autorité en voulant réprimer les abus qu'on signalait de toutes parts.

Il fit périr l'intendant de la maison ducale, Jean de Varax, chevalier de Rhodes, mit en accusation Jacques Valpergue et poursuivit impitoyablement les administrateurs des finances (1462).

Le duc Louis et la duchesse, effrayés à bon droit de l'audace de leur fils, quittent Thonon en toute hâte pour se réfugier à Genève. Profitant du trouble général, les

Cypriotes et divers officiers attachés à leur maison s'enfuient en dérobant les objets les plus précieux. Philippe court à leur poursuite, s'empare des trésors, vient à Genève et se fait ouvrir à minuit les portes de la ville. Le duc Louis est éveillé en sursaut par son fils, qui pénètre hardiment dans sa chambre en lui disant qu'il vient déposer à ses pieds les dépouilles des gentilshommes cypriotes, ces perfides serviteurs qui abusaient de sa confiance [1].

Le duc de Savoie, irrité contre lui, excité par les reproches de la duchesse, ne tient aucun compte des motifs qui l'ont inspiré, et ne voyant que l'outrage fait à son pouvoir, il châtie énergiquement. La ville de Genève fut privée de ses foires, que l'on transporta à Lyon. Le syndic, qui avait fait ouvrir les portes, fut pendu aux fenêtres de sa propre maison.

Philippe devint redoutable à la tête de ses partisans. Son père, afin d'arrêter les progrès de l'insurrection, se rendit en France pour se concerter avec le roi Louis XI, qui venait de monter sur le trône. Attiré par son beau-frère sous le prétexte d'une réconciliation, Philippe fut retenu prisonnier au château de Loches, tandis que plusieurs seigneurs de sa suite étaient enfermés dans diverses forteresses.

Anne de Lusignan mourut à Genève (1462). Le duc Louis, son mari, lui survécut trois années. Pressé de faire partie d'une ligue formée par les ducs de Bourgogne, de Bretagne et de Calabre contre Louis XI, il s'y refusa et

---

[1] FRÉZET, t. II.

partit pour le Bourbonnais, afin d'avoir une entrevue avec lui. A son retour, sa santé perdue par les fatigues, un redoublement de goutte joint aux vicissitudes, aux chagrins des derniers temps, abrégèrent ses jours. Il mourut à Lyon dans sa soixante-troisième année (1465). La profonde piété dont il avait fait preuve toute sa vie [1] le soutint jusqu'au dernier moment. Outre diverses circonstances qui ont causé les malheurs de son règne, il est juste de les rejeter en partie sur l'humeur impérieuse de la duchesse, sur les vices de son favori, le sire de Compeys, sur l'esprit de révolte de son fils Philippe. Celui-ci fut un rude lutteur; nous le retrouvons à chaque pas.

Aussitôt après la mort de son père, Amédée IX, qui vivait paisiblement à Bourg en Bresse avec Yolande son épouse, revint à Chambéry (1465).

Il assembla les Etats-généraux pour délibérer sur le parti à prendre dans la guerre qui se préparait (guerre dite du *Bien public*) [2], entreprise par les seigneurs feudataires contre Louis XI. La politique à suivre était épineuse; mais la cause du roi, plaidée par Yolande sa sœur, devient celle d'Amédée IX.

Il livre passage aux troupes milanaises qui vont au secours de Louis XI, tandis que l'armée savoyarde, quoique peu nombreuse, combat à Montlhéry avec une rare valeur. Louis XI, dont les succès sont incertains, poursuit sa politique cauteleuse. A cette époque, Amédée IX signe un traité avec le duc de Bourgogne et reçoit à

---

[1] Guichenon.
[2] Villaret, *Hist. de France*, t. XIX.

Aoste l'hommage de ses deux frères, Jacques de Romont et Philippe de Bresse (1466)¹.

Après avoir infructueusement tenté de rentrer en possession des provinces et de quelques places importantes cédées à son père par le traité de Lodi, Amédée IX déclara la guerre à Galéas Sforza (1467). Il donna le commandement de son armée à ses deux frères, le comte de Romont et Philippe de Bresse; mais étant forcés de se diviser pour réprimer une insurrection intérieure, la victoire resta aux Milanais.

Malgré les avances qui lui étaient faites par Louis XI, Philippe de Bresse déserta sa cause en s'unissant au duc de Bourgogne. Ce dernier, jaloux de s'attacher un prince dont l'appui était recherché, lui offrit de brillants avantages. Sans prendre conseil d'Amédée IX, les comtes de Romont et de Bresse s'unirent au duc de Bourgogne contre Louis XI.

Philippe, qui gardait en son âme un profond ressentiment de la captivité subie au château de Loches, donne au duc de Bourgogne le conseil de retenir Louis XI prisonnier lorsque celui-ci se rend aux conférences de Péronne.

En effet, Charles le Téméraire, maître de son ennemi, le garde captif et lui fait payer sa liberté, en le forçant d'accepter des conditions désavantageuses à la France (1468). Aussitôt rentré dans ses Etats, Louis XI y reçoit d'Amédée IX des protestations de dévouement et la haute désapprobation de la conduite de ses deux frères ². Peu

---

¹ DENINA, *Ital. occid.*, t. II.
² VILLARET, t. XVIII.

soucieux de ce qui était en dehors de ses vues, le roi de France essaya de ramener à lui Philippe de Bresse, maria Bonne de Savoie, deuxième sœur d'Amédée IX, à Galéas Sforza, promit en secret la ville de Verceil pour dot à cette princesse, et ce fut à grand'peine que la Maison de Savoie força le duc de renoncer à s'en emparer.

Les premiers symptômes d'épilepsie qui vinrent miner la santé d'Amédée IX commencèrent dès lors à se déclarer (1469). Bien que son intelligence claire et nette ne souffrit point des fatigues de son corps, les penchants religieux de cette âme méditative l'entraînaient vers les choses du Ciel [1]. Connaissant la singulière aptitude de la duchesse Yolande pour la direction des affaires, il lui en abandonna tout le poids.

Quoique l'acte de régence ne fût pas positivement stipulé, Yolande en fut investie par le fait. Elle s'adjoignit pour conseillers les seigneurs de Miolans, de Bonnivard et d'Orlyé, hommes éminents par leur sagesse et leur attachement.

Les frères d'Amédée IX, se voyant écartés des affaires, en conçurent un ressentiment qui donna lieu à une série de troubles, d'intrigues, contre lesquels l'habileté d'Yolande soutint des luttes difficiles.

Jalouse de maintenir son pouvoir, elle s'appuyait sur son frère Louis XI, lequel promettait aide et protection, pourvu qu'il y trouvât son intérêt et que la duchesse fût hostile au duc de Bourgogne. Yolande avait aussi dans le sang quelque peu de la politique de son frère. Tout en

---

[1] *Vita del beato Amedeo.*

demandant son appui, elle tâchait d'être à même d'échapper à son oppression et ménageait le duc de Bourgogne comme un puissant voisin. Elle nourrissait aussi l'espoir d'obtenir en mariage pour le duc Philibert la princesse Marie, seule héritière de Charles le Téméraire, tandis que celui-ci offrait cette future alliance comme un appât à tous ceux qu'il désirait attacher à sa fortune [1].

Les comtes de Romont, de Bresse et de Genève, dont le mécontentement allait croissant, formèrent une ligue hostile à la régente (1470) et vinrent, à la tête de leurs troupes, l'assiéger dans la citadelle de Montmélian, où elle s'était réfugiée. Yolande se sauve à Grenoble, abandonnant son fils Philibert entre les mains de ses oncles. La guerre semble devoir éclater. Louis XI fait marcher des troupes pour défendre les droits de sa sœur. A leur tête figure Charles, premier fils d'Amédée IX et d'Yolande. Elevé à la cour de France auprès de Charles VII son grand-père, ce jeune prince, à peine adolescent, ne put accomplir son généreux dessein. Il mourut à l'improviste à Orléans.

Le duc de Bourgogne s'avance de son côté pour soutenir le parti des princes, lorsque, grâce à l'intervention des ambassadeurs de Fribourg et de Berne, les ambitions s'apaisent. Tout en conservant à la régente son autorité, un nouveau conseil est formé. Les princes sont appelés à en faire partie. Il s'augmente encore des maréchaux de Seyssel et de Gruyères ainsi que des seigneurs de Luzernes, de Menthon, de Viry, de Chalant, etc.

[1] VILLARET.

Cependant, réconcilié avec Louis XI, Philippe de Bresse épouse en premières noces Marguerite, fille de Charles de Bourbon. Il en eut deux enfants, Philibert II dit *le Beau*, qui lui succéda, et Louise, mère de François Ier (1471).

Affligé par le spectacle des troubles qui désolaient la Savoie, joints aux malheurs qu'amenèrent la disette, la peste et des saisons très rudes, le pieux Amédée IX s'imposait les plus grandes privations. Pour secourir les victimes de tant de fléaux, tout sacrifice lui était doux. Il alla jusqu'à briser son collier de l'Ordre pour en distribuer les débris aux pauvres [1]; mais sa santé gravement atteinte exigeait un climat plus tiède. Le cœur navré il quitta la Savoie qu'il ne devait pas revoir, et vint à Verceil. Là son dépérissement augmenta. Usé par la maladie, les mortifications, les pèlerinages, il mourut la veille de Pâques (1472) dans sa trente-septième année.

Amédée IX était d'un extérieur agréable qui rappelait la beauté de sa mère. Ses vertus, sa charité sans bornes, sa douceur, se gravèrent dans le souvenir de ses peuples. Si Dieu lui refusa les qualités énergiques nécessaires à un souverain, il lui donna en échange la piété, la résignation, un cœur généreux et patient, en un mot, toutes les vertus qui font un grand saint. Yolande saisit les rênes du gouvernement aussitôt après sa mort. Elle se maintint au pouvoir, soutenue par l'affection de ses peuples.

Des factions nombreuses divisent de nouveau les Etats. En Savoie, les uns veulent du roi de France, les autres

---

[1] *Vita del beato Amedeo.*

penchent pour le duc de Bourgogne, tandis que le comte de Romont et l'évêque de Genève voudraient s'emparer de l'autorité en feignant de soustraire le pays aux étrangers. Le Piémont reste fidèle à la régente. Le duc Philibert n'avait alors que huit ans. Sa mère, malgré son courage et la politique subtile que les circonstances l'obligeaient à suivre, se créa des ennemis parmi ceux-là même qu'elle voulait ménager. Menacée de nouveau par ses beaux-frères, qui veulent lui enlever le jeune duc Philibert, elle se retire encore à Montmélian, où ses antagonistes viennent l'assiéger. Forcée de capituler et d'abandonner une seconde fois son fils au pouvoir de ses oncles, Yolande se réfugie en Dauphiné. Soutenue par Louis XI et le duc de Bourgogne, elle rentre en Savoie, se réconcilie avec ses beaux-frères, les admet dans son conseil d'État dont Louis de Savoie devient président.

Charles le Téméraire, que des victoires récentes et une ambition démesurée rendaient redoutable, ne rêvait que la ruine de Louis XI. Contre cet ennemi adroit et rusé la bravoure seule ne pouvait suffire. Charles obtient l'alliance de la duchesse, la berçant de l'espoir d'unir sa fille Marie au duc Philibert. Yolande cède à ce qui lui semble devoir élever au plus haut degré la Maison de Savoie et brise imprudemment les liens qui l'unissaient au roi de France [1].

Les Suisses s'étant liés avec le duc de Lorraine dans une confédération qui prit le titre de *Basse Ligue*, le duc de Bourgogne leur en fit un grief et forma le dessein de

[1] Villaret, t. XVIII.

les en punir. Le comte de Romont, dont l'apanage était dans le pays de Vaud, au nord du Léman, ami aussi dévoué qu'imprudent, prit l'initiative à la tête de quelques troupes (1474). Battu et repoussé à diverses reprises, il implore la protection de Charles le Téméraire. Ce prince, qui hait les Suisses, prend fait et cause pour Jacques de Romont et s'engage à lui donner la ville de Berne, outre les fiefs dont il vient d'être dépouillé. Il promet aussi à la duchesse de Savoie la ville de Fribourg ; enfin, les alliés débutent par le siège de Grandson.

L'armée de Charles de Bourgogne obtient d'abord un important succès. La ville capitule ; cinq cents Suisses mettent bas les armes ; mais livrés par le vainqueur au tribunal militaire, ils sont pendus ou noyés dans le lac de Neuchâtel.

Les Suisses irrités se réunissent au nombre de dix-huit mille. Charles le Téméraire marche de son côté, et, trop impatient, il pénètre dans les défilés à la tête de vingt-cinq mille hommes. Bientôt son armée a le dessous ; le désordre et l'effroi amènent une déroute générale. L'artillerie, le trésor, les équipages et le fameux diamant qui appartient aujourd'hui à la France, deviennent la proie des Suisses (1476). Après cette malheureuse défaite, qui porte le nom de bataille de Grandson, divers alliés de Charles, suivant les fluctuations exigées par leurs intérêts, l'abandonnent. Galéas Sforza, duc de Milan, se rallie à Louis XI et paye à ce dernier un tribut de cent mille ducats.

Deux ans auparavant, Yolande, ne comptant plus guère sur les promesses de Charles le Téméraire, avait fiancé le duc Philibert à Marie-Blanche Sforza, fille de ce même duc Galéas et de Bonne de Savoie, par conséquent cousine germaine du jeune prince.

Il n'est donc pas étonnant qu'après la bataille de Grandson, la duchesse de Savoie, tout en demeurant alliée de la Bourgogne, fit de secrètes démarches pour se réconcilier avec le roi de France. Cependant, abattu un moment par sa défaite, le duc de Bourgogne reprend bientôt toute la hardiesse et l'héroïsme de son caractère. Il reçoit à Lausanne la visite de la régente et de son fils Philibert qui lui offrent de nouveaux secours et relèvent ses espérances. Les Bourguignons, jaloux de la gloire de leur souverain et touchés de son malheur, forment une nouvelle armée. Yolande envoie un renfort de quatre mille hommes bien disciplinés, commandés par Antoine d'Orlyé. Morat est assiégé. Charles le Téméraire, repoussé par les Bernois qui défendent cette ville, tourne ses forces vers une armée de trente mille hommes qui s'avance de son côté. Il livre bataille avec cette rare intrépidité qui n'appartient qu'à lui; mais, malgré sa bravoure, les Suisses, après quelques échecs, sont de nouveau vainqueurs (1476). Le duc est encore forcé d'abandonner le champ de bataille où gît près de la moitié de son armée.

Moins maltraité, le comte de Romont revient à Lausanne, abandonnant le reste de son apanage. D'Orlyé, qui commandait les troupes de la Savoie, avait été tué sous Morat.

Charles le Téméraire put à peine maîtriser son désespoir. Ce cœur hautain cachait sa douleur dans une sombre solitude. Il avait pris en aversion tous ceux qui l'entouraient, et ce sentiment de répulsion s'étendit jusqu'à sa fidèle alliée Yolande, qui fut encore le voir à Noseroi et prit à tâche de le consoler. Mais Charles, informé des tentatives qu'elle faisait en même temps pour obtenir un accommodement avec la France, entra dans une violente colère [1].

Il chargea Olivier de la Marche, l'un de ses fidèles officiers (dont les mémoires sont précieux), d'enlever la régente avec sa famille et de les amener captifs en Bourgogne. Olivier de la Marche exécuta cet ordre avec une promptitude digne d'une meilleure cause. Il choisit le moment où la duchesse, qui redoutait quelque piége, se dirigeait sur Genève à la tête d'une troupe de cavaliers; Olivier se mit en embuscade pendant la nuit, la saisit au passage, et de peur qu'elle ne lui échappât, la prit en croupe sur son cheval, tandis que les princes et les princesses ses enfants furent enlevés par les autres cavaliers. Les gentilshommes de la suite d'Yolande opposèrent une vive résistance. On cite entre autres Claude de Raconis, Louis de Villette et Geoffroi de Rivarol. Ce dernier, gouverneur du duc Philibert, parvint à sauver le jeune prince et à le ramener à Chambéry. La régente et le reste de sa famille ne purent être arrachés à leurs ravisseurs. Olivier enleva sa proie avec une étonnante rapidité. Agent trop fidèle d'un maître déloyal, il conduisit ses prisonniers au château de Rochefort, d'où ils furent transférés plus tard à celui de Rouvre, proche de Dijon [2].

---

[1] VILLARET, *ibid.*
[2] *Mémoires d'Olivier de la Marche*, liv. II. chap. VIII.

Louis XI, qui se trouvait à Lyon au moment de cette terrible aventure, expédia de suite l'amiral Louis de Bourbon pour convoquer les Etats de Savoie et pourvoir au gouvernement (1477). Celui de la Savoie est donné à l'évêque de Genève, tandis que celui de Piémont échoit à Philippe de Bresse. Comme contrepoids à l'ambition trop connue de ces deux princes, Louis XI confia le jeune duc régnant à de Grolée de L'huys, chevalier de Rhodes, qui en prit la tutelle. En même temps le seigneur de Miolans a la garde de la forteresse de Montmélian avec ordre de ne la remettre qu'entre les mains du roi de France. Yolande, en face de l'odieuse trahison du duc de Bourgogne, de la ruine de ses espérances, soutint ses infortunes avec une force peu commune.

La destinée qui l'avait entourée de si terribles voisins, mise si souvent aux prises avec l'ambition de ses beaux-frères et les mille intrigues d'un pays bouleversé, lui parut sans doute bien cruelle. Prenant le parti le plus sage, elle s'adressa au roi de France pour la tirer de captivité. Ce fut Charles d'Amboise, seigneur de Chaumont, commandant de la frontière, que Louis XI chargea d'aller délivrer sa sœur. A la tête de trois cents lances, d'Amboise la tira de Rouvre par un coup de main adroitement exécuté. Il la conduisit avec ses enfants au château du Plessis les Tours où le roi les attendait. Apercevant la duchesse, il lui dit : « Soyez la bienvenue, madame la « Bourguignonne[1] ! — Je suis une bonne Française et « prête à vous obéir, » répondit Yolande avec beaucoup

---

[1] *Mémoires de messire Philippe de Comines.*

d'à-propos. Louis XI, dès cet instant, se déclara protecteur de la duchesse et de ses enfants, et la renvoya dans ses Etats.

Peu après, Charles le Téméraire tente un dernier effort. Cette âme superbe ne peut supporter le fardeau de l'adversité. Il livre la bataille de Nancy, où il trouve la mort, après avoir combattu en soldat et en vaillant capitaine. Telle fut la fin de ce prince qui, à bon droit, mérita le nom de *Téméraire* (1477). Marie de Bourgogne, sa fille, aurait encore pu épouser le duc Philibert, si Louis XI, qui craignait l'agrandissement de la Maison de Savoie, n'eût fait manquer ce mariage. La régente ne trouva pas dans son frère un ami trop dévoué. Toutefois, il négocia pour elle, pour le comte de Romont et l'évêque de Genève, un traité avec les Suisses (1478). Le Bas-Valais, une partie du pays de Vaud, échappèrent à la Maison de Savoie, ainsi que le protectorat sur Berne et Fribourg. On dut, en outre, payer les frais de la guerre.

Yolande, de retour en Savoie, bien loin de trouver le repos, eut encore à déplorer les excès et les abus commis en son absence. Philippe de Bresse refusait de lui remettre le gouvernement des provinces subalpines. Mais Galéas Sforza, sous prétexte de rétablir l'autorité de la tutrice de son futur gendre, s'avança vers Turin à la tête d'une armée de pillards. Philippe, honteux d'être cause de ces malheurs, se désista du pouvoir, à l'exemple de son frère l'évêque de Genève.

Ce fut alors qu'Yolande, après tant de luttes et de déceptions, put se reposer des labeurs de sa vie. Son esprit n'avait rien perdu de sa virilité ; elle s'appliqua avec ardeur au soulagement de ses peuples. Les bienfaits d'une sage administration répandirent autour d'elle le bonheur d'une paix tardive ; elle surveilla l'éducation de sa famille, laissa de nobles souvenirs de sa charité chrétienne, visita les provinces. Plusieurs fondations religieuses firent foi de sa piété. Jamais les grandes qualités de cette princesse n'avaient paru d'une manière plus évidente. Sa pensée se maintenait jeune et vivace. Mais, malgré tout son courage, elle sentit le besoin de réparer ses forces et se retira au château de Moncaprel qui lui avait été donné par Amédée IX. Ce fut le 29 août 1478 qu'elle succomba sous les atteintes d'une fièvre maligne qui faisait alors de grands ravages.

Le duc Philibert n'avait que quatorze ans lorsque la mort lui enleva son héroïque mère. Les provinces, émues par ce malheur, retombèrent vite dans l'anarchie. Les Etats, de nouveau convoqués, prirent conseil du roi de France, qui nomma le comte de La Chambre gouverneur général[1]. Ce choix trahissait la politique persévérante d'un prince qui cherchait à semer la discorde pour affermir sa propre puissance. Les oncles du jeune duc, qu'on avait mis à l'écart, furent vivement blessés. Bientôt la lutte devient ouverte : le comte de La Chambre est accusé d'abus et de prévarications.

L'évêque de Genève se hâte de reprendre les rênes du gouvernement. A l'aide d'un ordre secret de Louis XI, le duc Philibert, sous prétexte d'une partie de chasse, est conduit en Dauphiné par Grolée de L'huis, créature du

---

[1] SISMONDI.

roi. De La Chambre court à la poursuite du jeune duc et le ramène en Savoie. Il fait enfermer Grolée de L'huys, comme traître, au château de Leuille en Maurienne, et se met en mesure de faire la guerre à l'évêque de Genève, qui gouvernait le Piémont. Verceil est assiégé par le seigneur de Miolans, qui commandait l'armée expédiée par de La Chambre. Philippe de Bresse, d'après les conseils de Louis XI, gagna quelques officiers de la cour de Savoie. Il chargea Thomas de Saluces de s'emparer du comte de La Chambre[1]. Cet ordre fut exécuté à Turin, et l'ex-gouverneur fut jeté en prison. Malgré les griefs qui lui étaient imputés, le duc Philibert témoigna quelque déplaisir de cet événement; mais l'intérêt de l'Etat imposait, à cette heure, d'adhérer aux inspirations du roi de France.

Jean-Louis de Savoie est une seconde fois nommé gouverneur du duché, et Philippe reprend la lieutenance des provinces subalpines. Ce dernier abandonne peu le duc Philibert, qui, malgré les heureux instincts de sa nature, se livre aux dissipations de son âge et à son goût violent pour la chasse, d'où lui vint le surnom de Chasseur. Ce jeune prince, se trouvant à Lyon, mourut à l'improviste (1482). Cette fin prématurée donna lieu à des soupçons d'empoisonnement. Rien de positif ne vint les appuyer. Charles Ier, frère du défunt (dit le Guerrier), troisième fils d'Amédée IX, lui succéda à l'âge de quatorze ans. Il mourut dans sa vingt-unième année (1489), victime de la vengeance du marquis de Saluces, qui le fit empoisonner.

---

[1] FLEURY, *Histoire ecclés.*

Charles Ier avait reçu de Charlotte de Lusignan (1487), épouse de Louis II, second frère d'Amédée IX, la donation des royaumes d'Arménie, de Chypre et de Jérusalem, dont elle était héritière légitime et dépossédée. Il prit donc le titre de roi, auquel il avait droit.

Sans nous étendre sur un règne glorieux, bornons-nous à dire que sa mort jeta ses Etats dans une consternation profonde. Chacun se plut à exalter ses talents militaires, son amour de la science et les éminentes vertus d'un grand souverain [1].

Charles II, fils du précédent et de Blanche de Montferrat, né en 1488, fut appelé à succéder à son père; mais il mourut (1496) des suites d'une chute [2]. Sa mère, régente pendant sept ans, eut le don de la prudence et fit chérir son autorité.

La mort de Charles II, dernier descendant d'Amédée IX, fit passer la couronne à Philippe de Bresse, son grand-oncle, dit Sans-Terre, lequel tient une si large place dans l'histoire de Savoie. Ce prince ne régna que dix-huit mois, et ne parvint au trône qu'à l'époque de son existence où les ambitions passées avaient perdu de leur prestige. Plein de valeur et de hautes et grandes qualités, la fin de sa vie effaça les erreurs du commencement. On le représente courageux, ardent, plein de génie, d'une taille élevée, d'une beauté peu commune. Se sentant gravement malade à Turin, il se fit transporter en litière à Chambéry, pour aspirer encore l'air de son

---

[1] SISMONDI.
[2] BOTTERO.

pays et mourir là où il était né. Ce fut à l'entrée de l'hiver (7 novembre 1497) qu'il mourut. Son cœur fut déposé à Lémenc et son corps à Hautecombe.

Son fils, Philibert II, dit le Beau, époux en secondes noces de Marguerite d'Autriche, lui succède. Né en 1480, il meurt à vingt-quatre ans, des suites d'une chasse (1504). Son cœur fut mis dans la chapelle de Pont-d'Ain, et son corps à Bourg en Bresse, dans l'église de Brou, que Marguerite fit construire, voulant elle-même reposer auprès de son époux. On sait que cette princesse avait pris cette devise :

FORTUNE — INFORTUNE — FORS UNE

Nous bornons ici cet exposé succinct d'une des époques les plus intéressantes de notre histoire. Il suffit que le lecteur y jette un coup d'œil pour apprécier la valeur des documents qui forment ce volume.

1

Registres des choses faictes par tres haulte et tres excellente dame et princesse madame Yolant de France duchesse de Savoie par le temps que elle a heu le gouvernement et administracion des personnes de messeigneurs et mesdamoyselles Et de tous les pays et Seigneuries de Savoye.

JHS.

Ou nom de Dieu tout puissant le pere. le filz et le sainct esperit. Amen.

La commune sentence des sages est que la vertu consiste es choses haultaines ardues et plus difficiles. et que la ou sont les plus grans dangiers. charges et perilz plus sagement et plus cautement convient la personne bien reglee soy conduyre et gouverner. Et pour ce que le plaisir de Notre Seigneur. qui par sa divine providence disposition et volunte dispose de toutes choses mundaines et seigneuries terrement et les ordonne comme il veult. puys les change et mue a son plaisir et pour le mieux comme il est a croire. ait este. puys aucun temps appeller a soy et oster de ceste mortelle vie feu de clere memoire et renommee tres hault tres excellent tres puissant prince et tres redoubte seigneur. monseigneur Ame en son vivant duc de Savoye de Chablays et dAouste marquis en Ytalie prince et vicaire perpetuel du sainct empire prince de Piemont. seigneur de Nyce de Verceil et de Fribourg que Dieu absoille. mary et espoux de tres haulte tres excellente tres puissante et tres christienne princesse et tres redoubtee dame madame Yolant ainsnee fille et seur des tres glorieux et tres christiens. Charles et Loys rois de France. duchesse de Savoye et mere et tutrice de tres haut tres excellent tres puissant prince et tres redoubte seigneur monseigneur Philibert a present duc de Savoye etc.

Et que depuys ledit trepas et encoure par avant vivant mon dit seigneur le duc Ame son feu mary. a cause mesmement de la indisposition corporelle dycelluy ma dite dame ait eu comme encoures de present a l'administration gouvernement charge et conduyte de tous et chescun les pays provinces citez terres et seigneuries de la tres puissante et tres noble maison de Savoye tant de ca que de la les montz et mesmement des seigneuries que tenoit et possedoit a leure de son trepas mon dit seigneur le duc Ame son feu mary. Et lesquelles terres et seigneuries ou temps et heure que ma dite dame en prist l'administration et gouvernement estoient en si grand et merveilleux trouble et decadence comme il est a chescun notoire. et non seulement ou temps du trepas de mon dit seigneur le duc Ame. mais par avant assez. et des la vie de feu de bonne memoire monseigneur le duc Loys pere de mon dit seigneur le duc Ame. Ce non obstant durant le temps d'icelle administration et gouvernement pris par ma dite dame. tant durant la vie de mon dit seigneur le duc Ame qui pour certains bons regars et causes raisonables mesmement pour la indisposition de sa personne comme dit est. bailla pour aucun temps à ma dite dame lesdites administration et gouvernement. Comme aussy depuis son trepas. tant et de si merveilleux et grans affaires tribulations nouvelletez conspirations daucunes seigneuries eslievemens rebellions et desobeissances de soubgetz guerres et autres diverses adversitez dures terribles et comme importables soient survenues a ladite maison de Savoye et a ma dite dame. Et lesquelles choses vault mieux taire que reciter pour plusieurs bonnes considerations et pour honneur daucuns. Et que a ceste cause ait este peine intollerable et labeur merveilleux de corps et desperit et presque incomprehensible a ma dite dame de se povoir comporter en si grand naufrage et abisme de persecutions et angoisses et de povoir conduyre son fait et administration a quelque bon port.

Neantmeins par la grace de Dieu et de la glorieuse Vierge Marie. et soulz leur conduyte. esquelx elle a tousjours eu son seul refuge et sa perfecte fiance s'est tellement esvertuee. que moyennant icelle divine grace. et sa grand prudence bonte dilligence solicitude bonne conduyte et labeur dont elle sest esvertuee pour la necessite des cas. les durs et merveilleux affaires. de la dite maison de Savoye. qui au jugement des hommes sembloyent estre sanz aucune resource ou amendement. ont este retirez hors des grans dangiers et perilz. esquelx ilz estoient. et remiz et establiz en estat de bonne seurte et de paix.

Et afin que chescun puisse clerement cognoistre ce que dessus. et que ma dite dame se soit gouvernee en l'administration dessus dite non seulement comme bonne et piteuse mere tressoigneuse solicite et curieuse tutrice de la personne de mondit seigneur le duc son filz et de ses biens. mais aussi comme mere de toute la chose publique. des dites seigneuries de Savoye et autres. ont este reduytes et mises icy particulierement par escript toutes les grans euvres louables et de recommandation dignes de mémoire. les grans mises fraiz et despens faiz par elle. et les labeurs peines et travaulx supportez par elle. a la louange et gloire de Dieu. de sa glorieuse mere. et de toute la triomphante court celestielle a lonneur de ma dite dame et des siens. et a sa descharge. desdites administration et gouvernement.

Et pour plus clerement et amplement faire ouverture de ladite matiere. afin que la verite soit de tous cogneue et plus aiseement entendue. est necessite de savoir et presuppouser. que feu mondit seigneur le duc Loys oultres toutes les terres pays et seigneuries que tient a present mondit seigneur le duc Philibert. tenoit en son vivant et possedoit plainement entierement et paisiblement toutes les terres pays et seigneuries lesquelles de present tiennent messeigneurs les contes de Genesve. de Bresse. et de Romont. Et desquelles ma dite dame et mon dit seigneur le duc Philibert n'ont jamais joy. ne eu aucun emolument. jasoit que elles emportent. la plus part et presque tout le revenu de Savoye deca les mons.

Item avait pareillement mondit seigneur le duc Loys le gouvernement et administration. de toutes les eveschez abbayes prieurez dignitez et autres benefices que tenoient et tiennent a present messeigneurs Jehan Loys de Savoye evesque de Genesve et Francois de Savoye presvot de Montjou enfans de mondit seigneur le duc Loys. Et diceulx benefices prenoit et percepvoit plainement et paisiblement tous les fruiz profiz revenues et emolumens qui montoient a grans sommes de deniers par chescun an. et desquelx mondit seigneur le duc Loys a tousjours dispouse sa vie durant a son bon plaisir.

Item et combien que mondit seigneur le duc Loys tout le temps de sa seigneurie ait presque tousjours eu grande tranquillite de paix obeissance de ses soubgets et amitie avecques ses voisins. et quil eust comme dist est grand prise de deniers par chascun an. toutesfois parland tousjours a benigne supportation et sanz vouloir en rien mesdire et sauve lonneur dung si tresnoble et si tresglorieux prince qua este mondit seigneur le duc Loys sera il trouve pas vray. que de son temps en labundance de tous biens et prosperite de paix. il na point fait les euvres. ne conduyt aucuns affaires a lonneur gloire et profit de la maison de Savoye si bien ne si grandement comme ma dite dame a fait durant le temps de toute adversite tribulation et pauvrete. Laquelle chose nest icy recitee pour chargier aucunement lonneur de mondit seigneur le duc Loys. ou quel nullement lon nentent et ne veult len en rien detraire. mais est dit seulement pour servir a la pure verite. et a la fin et intention de ma dite dame. qui est vouloir monstrer la grand solicitude cure et diligence que elle a prinse non seulement pour deffendre garder et conserver les pays terres seigneuries et patrimoine de mondit seigneur le duc son filz. mais aussy pour recouvrer. revoir restablir et restaurer ce que par avant en avoit este desmembre et oste. ainsy que bien au long les choses dessus dites cy apres par articles sont declarees.

Pourrait quelcun dire que suppouse que ma dite dame a faictes de grans merveilleuses et louables euvres. au bien et utilite de mondit seigneur le duc son filz et de la maison de Savoye. Aussy a elle fait et mis sur le peuple plusieurs subsides dont le pays a este et est grandement foule.

A ceste objection rabatre sera cy apres declare dung en ung. en queulx choses. et en quelx usages et pour quelles causes iceux subsides ont este impousez et emploiez. Par quoi se pourra cognoistre clerement que ma dite dame ne les a point emploiez en ses usages et utilitez privees. ains ou grand prouffit et comodite de mondit seigneur le duc son filz. et que iceulx tres necessairement. et pour grandes et urgentes causes ont este impousez.

Pour introduction de la matiere est a savoir que non obstant que feu mondit seigneur le duc Ame. mary de ma dite dame en son vivant. et pareillement puys son trepas. ma dite dame comme tutrice de mondit seigneur le duc Philibert son filz. a cause des partages et portions de messeigneurs les freres oncles de mondit seigneur le duc present nont rien tenu ne jouy. ne mais tient a present ma dite dame. des pays terres et seigneuries lesquelles tiennent en partage iceulx messeigneurs les freres. qui toutesfois comme chescun scet. et comme dit est dessus emportent la pluspart. et quasi le tout du pays deca les mons. Et ne se doibt nul merveiller de cestuy parler. car seurement ce que mondit seigneur le duc Philibert. et consequentment ma dite dame pour et ou nom de luy. y tiennent a present est peu de chose. et quasi comme rien. au regard du surplus. Neantmeins a tousjours continuelement mondit seigneur le duc Ame tant quil a este en la seigneurie ducale. par le moyen et industrie de ma dite dame. qui comme dit est luy vivant pour la indisposition de sa personne. avoit. et par force lui failloit avoir la charge du gouvernement. aussy bien que maintenent et successivement apres son trepas. icelle pour et ou nom de mondit seigneur son filz continuelement entretenu et maintenu. et encour de present entretient et maintient ung bel grand et honourable estat. fourny et accomply de toutes gens destat. qui appertiennent a lestat dung tel prince et seigneur quest mondit seigneur le duc son filz. Voyre autant ou plus que jamais fit monseigneur Ame de glorieuse renommee premier duc de Savoye. qui par son temps fut tenu et repute lung des plus sages et glorieux princes de la christiente. et grand tresorier. et que jamais fit mondit seigneur le duc Loys lesquelx et chascun deulx tenoient pacifiquement tout ce que tiennent a present mondit seigneur le duc Philibert. et mes dits seigneurs ses oncles tous ensemble. Et a este et ainsy maintenu cest estat tant de prelatz et seigneurs deglise. de barons chevaliers escuyers docteurs et gens de science et de conseil. comme aussy de dames et damoyselles en bel et grand nombre. et pareillement de tout autre estat de gens qui appertiennent a la magnificence dung tel prince et seigneur quest mondit seigneur le duc.

Et surtout n'est pas a oblier la belle chapelle que tousjours ma dite dame a entretenu et entretient a lonneur et service de Dieu nostre benoit Createur. bien fournye et porveue de notables chapellains chantres clercs et autres gens deglise appartenens au service divin. Laquelle chose na pas este et nest sans grans fraiz costz missions et despens. Et neantmeins na point par ma dite dame este diminue en aucune partie le patrimoyne et domaine de la maison de Savoye ne le pays foule ne greve. Ains a este icelluy patrimoine et domaine grandement accreu comme cy apres apparra. non obstans les grieves et quasi importables charges et despenses que continuelement luy a este force supporter a cause mesmement des grandes adversitez poinctes et stimulations qui luy ont este faictes par aucuns ses emules. lesquelles sont a chescun assez notoires. entre lesquelles ne sont pas a passer soubz sillence les grans et intollerables oultraiges violences euvres de fait et exploix de guerre volontairement et sans cause perpetrez à lencontre de feu monseigneur le duc Ame. et de ma dite dame. eulx estans en leur ville et chastel de Chambery. par messeigneurs de Bresse et de Romont. accompaignez de gens de guerre tant a cheval comme a pie en grande puissance et en grand nombre. lesquelx les vindrent assaillir en leur dit chastel et ville de Chambery. tellement quil leur fut force se despartir hastivement de la. et s'en aler a Montmelian la ou encour mesdits seigneurs de Bresse et de Romont les poursuyvirent. et apres beaucop de pratiques les contraindrent a prendre partis a la volunte diceux messeigneurs de Bresse et de Romont et par force en amenerent avecques eulx mondit seigneur le duc Ame. Et comme il pleut à Dieu ma dite dame ny vint pas. mais soubz coleur de certain voyage que elle disoit avoir a rendre a Nostre Dame de Myans se retira ou pays du Dauphine riere la puissance du roy son frere. la ou elle trouva ung bel et grand secours. premierement du roy. lequel avoit sceu et entendu. la chasse et oultraige faiz a ma dite dame sa seur le porta fort mal en gre. et incontinent fit mettre gens sus en armes en grand nombre et puissance. et jour et nuyt les envoya vers ma dite dame a Grenoble ou elle estoit. et vindrent jusques aux portes de Chambery a intention de faire ou pays beaucop de maulx se ma dite dame par son sens et discretion ny eust obvie comme cy apres sera declare.

Envoyerent aussy ou service et secours de ma dite dame grand nombre de gens darmes et de guerre. messeigneurs les duc de Milan et marquis de Monferra et de Saluces. et beaucop dautres seigneurs. Dont assez legiere chose lors estait a ma dite dame faire vengeance des oultraiges a elle fais moyennant layde faveur et secours de telx grans princes et seigneurs. Neantmeins comme vraye princesse piteuse mere et protectrice du pays. considerant les grans maulx et inconveniens irreparables qui se povoient engendrer et ensuyvir de ceste matiere. se par voye damiable traicte ne sy mettoit appoinctement et accord. Voulsit plus tost pour la pacification et le bien du pays. et ad ce que plus grand inconvenient ny survenist patientment porter. oblier remettre et pardonner tous les injures oultraiges et euvres de fait a elle ainsy faiz. Voire si grans et si enormes comme chescun scet. et que plus ne se pourroit a peine dire. que den prendre aucune vengeance par voye de fait. ce que toutesfois lui estoit moult aise a faire considerer ce que dit est. et que bien avoit cause de le faire.

Par quoy len peut clerement appercepvoir. le grand et singulier amour et bon vouloir que ma dite dame a continuelement eu et a de present envers mondit seigneur le duc son filz et le pays. dont et a bonne cause elle doibt grandement estre louee et recommandee dung chescun. Et veritablement se peut et doibt nombrer ceste euvre entre les grandes et singulieres euvres dignes de recommandation par elle faictes. Car seurement se elle ny eust bien employe son sens. moyennant aussy la grace de Dieu le pays estoit en dangier destre de tout point destruit et desfait. Mais elle par son sens trouva maniere que tout gracieusement s'appaisa et pacifia. et toutes les gens darmes et de guerre qui la estaient assemblez sen retournerent paisiblement sanz aucun esclandre faire. dont Dieu soit loue et sa digne glorieuse mere.

Et ne veuille aucune personne interpreter penser ne ymaginer que ces choses dessus dites soyent mises en avant pour intention de chargier ne blasmer en aucune maniere mesdits seigneurs de Bresse et de Romont. ne mesdire aucunement diceulx. car nullement len ne le vouldrait faire. ne mais le penser et ymaginer. Et aussy la mercy Dieu. tout a este et est mis et reduyt en bonne paix et concorde. Mais ont este icelles choses tant seulement recitees afin de monstrer les sens bonne conduyte et excellentes vertuz de ma dite dame. et pour servir a la matiere soubjecte dont len tracte a present et non autrement. car sanz cela la chose ne pourroit bonnement estre bien declaree ne entendue.

Estre ainsy pacifie et accorde ycellui grand trouble et es mouvement duquel cy dessus est faicte mention ma dite dame tres desireuse et tres soigneuse de bien et honourablement conserver et entretenir lestat de mondit seigneur le duc Ame durant sa vie. et eu apres de luy de monseigneur le duc Philibert son filz. comme a telx princes et a la tres noble maison de Savoye appertient et que les nobles et tout le pays puissent vivre en bonne union paix et concorde. Vueillant par sa bonairete du tout mettre en obly les oultrages et euvres de fait a mondit seigneur le duc Ame et a elle comme dessus faiz. pour retirer mondit seigneur de Bresse de tout mal talent se point en avoit envers eulx. lequel deja par avant elle avait si grandement honoure que elle l'avoit fait faire lieutenant general de Savoye fut contente avec ce luy donner pension annuelle de six mille florins laquelle il a depuys continuelement prinse et receue et encoure recoipt de present.

Et non seulement a este contente ma dite dame de donner a mondit seigneur de Bresse la dite pension de six mille florins annuelz. mais avecques cecy voyant et cognoissant que la pluspart des barons seigneurs et nobles du pays de Savoye tant deca que dela les mons presnnoyent divers partys a aler du service de pluseurs et divers princes. et que par ce moyen grand dangier et peril de legier en pourroit survenir. mesmement en cas de guerre a lestat de mondit seigneur le duc son filz. pour obvier a cecy. et pour mieulx entretenir amour et dilection entre mondit seigneur le duc et ses barons nobles et vassaulx a este contente et quasi aucunement constraincte ma dité dame leur donner et constituer au meins a la plus part des grans du pays grandes pensions annuelles. oultre les grans et principaux offices du pays. lesquelx communement ils tiennent. Ce que toutesfois jamais ne fut veu estre fait en la maison de Savoye jusques a present. Et neantmeins pour les raisons que dessus elle a este contente dainsy le faire et plus tolt restreindre en aucune partie son estat mesmement es despenses particulieres et privees.

N'a pas aussy ma dite dame voulu abbatre ne estaindre en tant quil touche a elle et a mondit seigneur son filz la pension du roy de Chipre frere de mondit seigneur le duc Ame. Ains la tousjours entretenue et entretient de present ainsy que une fois elle a este ordonnee. laquelle toutesfois nest pas a peu de charge a elle et a mondit seigneur son filz car elle monte chacun an *(lacune)* mille florins.

Len a bien souvenance et il nest pas de mettre en obly comme madite dame peu de temps apres la pacification des differens dont dessus est faicte mention. vueillant satisfaire au pays. pour ce mesmement que moult long temps avait que les audiences du pays de la val dAouste et aussy les generales audiences de tout le pays de Savoye navoyent este tenues. dont grand cry sen eslevait. trouva maniere que mondit seigneur le duc Ame lors estant encoures en vie. et elle avecques luy sen alerent au dit pays de la val dAouste. et la furent tenues les audiences bien et honourablement selon la forme de la coustume d'icelluy pays. et entierement observees toutes les cerimonies et solennitez ad ce requises selon la dite coustume. Et lors furent faictes de grandes justices de beaucop de grans personages. dont en verite tout le pays fut moult consoule et content. Et beaucop dabuz et dinsolences qui la regnoient furent aboliz et extainctz.

Lors survint mondit seigneur de Bresse. lequel par pratiques exquises tant solicita et stimula ma dite dame laquelle lors estoit ensainte denfant que elle fut non seulement contente. mais aussy constraincte pour luy complaire. ad ce quil neust cause de soy irriter ne mal contenter delle. pour bien de paix. de passer la montaigne de Mont Jou estant ainsy ensainte et fort greve de sa personne. et sen ala avec mondit seigneur de Bresse a Lausanne. la ou furent congreguez les trois estat de tout le pays tant deca que dela les mons. Et illecques mesmes furent traictees et concluses beaucop de grandes besoignes. que pas ne sont necessaires a reciter. lesquelles toutesfois ne furent pas fort a laventage et proufit de mesdits seigneur et dame. Et neantmeins pour bien de paix et pour eschiver toutes occasions de contention ma dite dame voulontiers y consentit.

Estre ces choses ainsy faictes. ma dite dame de rechef repassa la dite montaigne et sen retourna de la les mons.

Et apres aucun espace de temps par le plaisir de Dieu mondit seigneur le duc Ame greve et oppresse de la griesve et incurable maladie qu'il avait longtemps garde comme chescun scet passa de ceste vie mortelle et rendit lame a Dieu.

Apres le trepas duquel seigneur a la tres grande instance de tout le pays dela les mons. et de pluseurs seigneurs citramontains. aussy par le conseil et confort du duc de Milan. qui lors envoya vers ma dite dame une grande et notable ambassade fut a elle baillee a grande solennite la tutele administration et gouvernement de mondit seigneur le duc Philibert son filz et de tous messeigneurs et mes damoyselles ses freres et seurs. et de tout le pays ainsy que veult la disposition du droit. comme il appert par instrument publique sur ce stipule et receu en forme deue.

Sy fit incontinent madite dame comme tutrice de mondit seigneur le duc et de tous messeigneurs et mes damoyselles ses filz et filles le inventaire en deue et vaillable forme de toutes les seigneuries terres cités villes chasteaulx jurisdictions heritages et biens quelxconques meubles et immeubles du patrimoine et heritage de mondit seigneur le duc comme en tel cas appertient avecques toutes les solennitez de droit ad ce requises. Duquel inventaire len fera plaine foy en temps et lieu. et sera preste madite dame rendre raison entierement de la administration et gouvernement de sa tutele ainsy que de droit elle sera tenue. tellement quil apparra de son bon gouvernement et du bon et grand vouloir que elle a envers mondit seigneur son fils et ses pays.

Peu de temps apres madite dame desirant de tout son cuer complaire au pays et satisfaire aux clamours et querelles qui communement se faisoient comme dessus a este touche a cause de ce que les audiences generales ja des longtemps navoyent este tenues. institua et propousa tenir icelles audiences. et pour ce faire manda querre docteurs non souspectz tant hors du pays comme dedens. Et y furent par nombre. premierement messire Anthoine de Plosasch president des dites audiences. le comte de Crescentin. messire Glaude de Challes president des comptes pour chevaliers assistens. furent aussy assistens pour docteurs avecques mondit seigneur le president dicelles audiences messire Laurens de Pesauro conseiller du duc de Milan chevalier et docteur. messire Vuillermin Cace vicaire de levesque de Thurin et archidiacre de leglise de Thurin. et messire Andre de Bessetis du pays de Valence docteurs en chescun droit qui sont en nombre six notables

personages. Et furent icelles audiences tenues en la cite de
Thurin a si grande solennite que puys la institution dicelles
faicte et ordonnee par feu de digne memoire monseigneur le
duc Ame pere de feu mondit seigneur le duc Loys. en furent
oncques point dautres tenues comme chescun le peut savoir.
Esquelles ma dite dame fut continuelement en propre persone. Et seurement la chose ne fut pas sans grans costz missions et despens. car non seulement grans gages furent donnez
aux dits assistens. mesmement aux troiz docteurs assistens
dessus nommez. mais avec ce grans dons pour honeur de ma
dite dame. et de la maison de Savoye leur furent aussy faiz
et donnez par elle. este premier tenues et achevees lesdites
audiences. Et ne furent pas icelles audiences de peu de fruit
et utilite. car non seulement fut faicte bonne et briesve justice a beaucop et grand nombre de gens. de pluseurs et diverses leurs particulieres causes et plaideries qui long temps
avoient dure et de grans et enormes euvres de fait violences et
tors faiz et perpetrez par gens de puissance et de nom a lencontre des meins puissans deulx. mais aussy y furent donnees
pluseurs sentences en faveur et utilite de mondit seigneur le
duc. dont son patrimoine est grandement accreu et pluseurs
belles et grandes obventions ou proufit de luy en sortirent.

Bien est aussy a peser et reduyre a memoire le grand sens
et discretion de madite dame. aussy sa grande bonte et liberalite dont elle usa envers monseigneur le comte de Romont
dessus nomme. premierement touchant son partage qui fut
du pays de Vuand. a luy donne en tiltre par mondit seigneur
le duc Loys. lequel pays de Vuand estoit long temps devant
expressement et especialement assigne et oblige a ma dite
dame pour son douaire. Et neantmeins pour tousjours entretenir bonne amour paix union et concorde entre mondit seigneur le duc Ame. qui lors estoit encoure en vie. et elle et
tous messeigneurs les freres. fut contente de consentir que le
dit pays de Vuand feust deslivre a mondit seigneur de Ro-

mont pour son partage. parmy ce toutesfois que quatre places du dit pays lors nommees deussent entierement desmourer a mondit seigneur le duc. et a ses hoirs. C'est a savoir.

Lesquelles quatre places ce non obstant ou temps des exces et euvres de fait qui furent faiz a Chambery encontre mondit seigneur le duc Ame et elle comme ja dessus est touche. fut par force constraincte ma dite dame plainement remettre et quitter a mondit seigneur de Romont pour bien de paix et eschiver desbat. Et ainsy usa ma dite dame de double liberalite moult grande envers mondit seigneur de Romont. Premierement en laissant lassignation de son douaire. Secundement en remettant les quatre places dessus dites. Et tout cecy a porte patientment. pour vivre en paix et tranquilite avec mondit seigneur de Romont et autres mes dits seigneurs ses freres.

Maintenant fault venir aux choses particulieres dignes de louange et de grande recommendation faictes par ma dite dame. en grand soublievement et accroissement du patrimoine de mondit seigneur le duc. Et pour en racompter par ordonance est a savoir. que premierement estant oblige mondit seigneur de bonne renommee le duc Ame premier duc de Savoye envers les Fribourgeois. en la somme de quinze mille florins de Rin. et successivement mes dits seigneurs les ducz Loyz et Ame. pour laquelle somme lon payoit tous les ans une bien grande cense. Cognoissant ma dite dame icelle chose estre ou grand grief et dommaige de la maison de Savoye. trouva maniere par son sens et dilligence. que icelle somme de quinze mille florins de Rin. avec toutes les remanences de la dite cense furent entierement payees aux dits Fribourgeois tellement quilz en furent de tous poinctz contens. Et toutesfois le debte navoit pas este fait par elle. mais par mon dit seigneur le premier duc Ame comme dit est. ce que ne fut pas peu de chose de soy deschargier dung tel faiz.

Il est aussy tout notoire. comme mondit seigneur le duc

Loys engagea et vendit a rachapt. la baronie de Grays a feu monseigneur le conte de Dunois pour le pris et somme de XXV^m escus dor. Estre venue ma dite dame ou gouvernement de la seigneurie de Savoye moyenant mondit seigneur Ame le duc son mary desirant tousjours et solicite de reunir et restaurer le patrimoine de sa maison ne cessa jour ne nuyt de finer et mettre ensemble finances pour rembre et rachapter la dite baronie et seigneurie de Grays tellement que par son pourchas et bonne conduyte elle fut rembue rachaptee et reunie au patrimoine quest ung bel grand et noble membre de la seigneurie de Savoye. Et fut fait payement des dits XXV^m escus dor au dit conte de Dunois tellement quil en est content. nonobstant que le debte navoit point este fait par elle. mais par mondit seigneur le duc Loys comme dit est. Et ainsy en ces deux cas elle a ramende les defaulz dautruy. ce que deuement et meritement luy est et doibt estre a une singuliere gloire.

Et non seulement a este soigneuse ma dite dame a rembre et ravoir ladite baronie de Grays et payer les Fribourgeois comme dit est ce que toutesfois sont grans choses. mais aveuc ce a continuelement mis sa cure et toute son entente a reedifier et restaurer pluseurs places et forteresses du domeine et patrimoine de mondit seigneur tant deca que dela les mons voire en bien grand nombre et plus que des long temps ne firent aucuns de messeigneurs de la maison de Savoye comme il peult a chescun apparoir.

Premierement commencant au chasteau de Chambery chescun peult veoir et cognoistre quelles belles et grandes reparations et edifices ma dite dame puys le temps de son gouvernement y a fait fere et fait continuelement tous les jours sans cesser tant ou maisonement du chastel comme aussy et principalement de la chapelle. Pour la construction de laquelle chapelle plus legierement parfaire et accomplir ma dite dame a fait grande et ample assignation jusques à la somme de *(lacune)* florins annuelz ou environ. et a plus tost voulu restraindre beaucop et assez dautres charges et despenses que ce que la dite fabrique feust entrelaissee.

A fait aussy semblablement et encoure fait de present reedifier le chastel du Bourget qui autrefois avoit este brule et de tout point destruit.

Pareillement le chastel de Ternie

Item aussy a fait grandement reedifier

le chastel de Verceil

le chastel de mont Cravel lequel elle a achete et edifie de fons

le chastel d'Yvoree

le chastel de Mont callier

le chastel de Rivoles

le chastel de Thurin

le chastel de Cargnan

le chastel de Pynerol

Voire tellement et si bien a fait maisoner et edifier les dits chasteaulx que la ou par avant en aucuns et pluseurs dyceulx a paine navoit edifice ou quel tant seulement peut desmourez le chastellain du lieu. maintenant y pourroit madite dame monseigneur le duc et la pluspart de leur estat bien et honnestement. Ce que toutesfois n'a pas este fait sans grans fraiz missions et despens et grans sommes de deniers.

Mais encoure nest ce pas tout. Plus grans choses et de plus grande valeur a fait madite dame au proufit et augmentation du domaine de mondit seigneur le duc son filz principalement en six choses.

Lune si est. la construction du navile quest lune des plus grandes et plus proufitables euvres qui jamais fut faicte ne emprinse par aucun de messeigneurs de Savoye. par lequel navile ensemble les engins et artifices faiz et construis sur ycelluy le patrimoine et revenu de mondit seigneur le duc est meilleure et augmente de quatorse a quinse mille florins chescun an et plus quand tout sera bien conduyt. comme len monstrera clerement quand temps et lieu sera.

Lautre est lacquis du chastel ville mandement et jurisdiction de summe rive du bois. lesquelx a la poursuyte de ma dite dame par sentense diffinitive du conseil resident despuys confermee par autre sentence donnee es audiences generales desquelles dessus est faicte mention furent et sont adjugez a monditseigneur le duc et incorporez en son droit domaine. qui nest pas chose de peu de valeur. Car tous les ans de droite revenue ilz valent *(lacune)* florins sauf le plus. Et pour ce que aucuns des conseigneurs et partioniers des dits chastel ville et seigneurie de somme rive disoient et il estoit vray leurs portions non estre comprinses en la dite sentence madite dame les a contente en maniere quilz ny demandent plus rien ains en est du tout saisie ma dite dame et les tient et possede entierement.

La troisieme chose est les emolumens du criminal de la cite de Verceil lesquelx par avant estoient et appertenoyent plainement a ycelle cite et communite de Verceil. Neantmeins madite dame par son sens et conduyte a tant fait que la dite communite franchement a remis donne et transporte perpetuelement le dit criminal et tous les emolumens dycelluy a mon dit seigneur le duc et es siens. laquelle chose peut valoir chescun an long compensant lautre la somme de *(lacune)* florins ou environ.

La quatriesme chose si est le rachapt de Beaumont que madite dame a rachapte et restitue a la maison de Savoye dont elle a paye la somme de *(lacune)* florins.

La cinquieme que pas nest doblier cest la conte de Villars. laquelle aussy par son moyen pourchas et bonne conduyte est restituee ou domaine de Savoye. non obstant que monseigneur de Don frere de monseigneur de Villars pour aucun temps y prent certaine portion.

Apres ces cinq choses cy dessus recitees reste la sixiesme sur toutes autres moult singuliere et digne de grande commendation. Pour laquelle bien entendre est a savoir que entre les aultres riches joyaulx de la tres noble maison de Savoye il y avait une croix dor moult precieuse et de grand pris garnie tout au long et au travers de grosses perles rubis dyemans balays saffis esmerauldes et aultres diverses pierres precieuses en grand nombre. laquelle est estimee au plus bas pris a la valeur de dix mille escus dor. et est l'opinion daulcuns que elle en vault plus de trente mille. et que feu monseigneur le duc Ame pere de mondit seigneur le duc Loys qui la fit faire trouvoit a emprunter dessus ycelle croix soixante mille florins. mais comme quil en soit ou plus ou moins que elle vaille cest le plus riche joyau pour une piece de la maison de Savoye. Ceste croix par le temps du dit feu duc Loys vint es mains de messire Guioctin de Nory Chiprien qui lors avoit credit et grand gouvernement en ladite maison de Savoye par le moyen et port de ma dite dame la duchesse Anne. ycelluy messire Guioctin comme chescun scet se retira a Venise. et illec par pratiques secretes fit transporter la dite croix et non tant seulement ycelle croix mais aussy grandes finances dor et dargent et aultres bagues quil tira hors du pays soubz le port et faveur de madite dame Anne. Ce que ne fut pas petite foule audit pays de Savoye. Estant ainsy les choses. et estre premier mesdits seigneurs et dame Loys duc et Anne duchesse de Savoye passes de ce monde. le dit messire Guioctin engagea ladite croix pour une grande somme de ducatz ou dit lieu de Venise. de laquelle somme et du surplus quil avoit tyre hors du pays jamais na amende la maison de Savoye dung seul denier. car rien ne sen peult justifier. Restoit tant seulement la dite croix que ne se povoit celer que elle ne feust sceue et cogneue. Sentant et entendant ce cy ma dite dame Yolant duchesse a present de Savoye. portant mal en gre que ung si beau joyau et de si grande valeur feust ainsy meschentment pardu a la noble maison de Savoye. et aliene en mains estranges delibera et conclust en son courage de faire tout son effort pour le ravoir et tyrer hors des mains de ceux qui lavoyent en gage. et apres pluseurs grandes despenses frais et travaulx envoyant ca et la ainsy que besoing estoit pour venir a ses actainctes. finablement par son sens et conduyte a trouve faczon et tant a fait ma dite dame sanz rien vendre ne aliener du patrimoine et sanz faire aucune foule au pays que elle a ycelle croix ostee des mains ou elle estoit ainsy engagee comme dit est et remise es mains de Raphael Justinien gabellier de Nyce aveuc telle pache et par tel moyen que dedens peu de temps et avant le terme de la tutele et administration de ma dite dame ycelle croix sera rendue et restituee es mains et povoir delle ou de mon dit seigneur le duc son filz. Sy peuvent considerer ceulx qui entendent les materes se ce sont euvres de petite importance. et quelx charges soucys et melancolies ma dite dame a supporte pour les conduyre et mettre a chef. seurement a bien juger ce sont grans choses et dignes destre mises en croniques a la louange et memoire perpetuelle de ma dite dame.

Asses daultres grans choses voire plus grandes que celles qui desja sont dessus recitees sanz comparation a fait ma dite dame par lesquelles len peut clerement cognoistre le grand sens et prudence delle. aussy le bon et grand vouloir que tousiours elle a heu envers mondit seigneur le duc son filz et la exaltation de la tres noble maison de Savoye. lesquelles seront cy apres declarees comme dignes de memoire et de grand louange.

Premier par la faveur contemplation moyen et conduyte de ma dite dame ont este mariees par le roy bien et honourablement mes damoyselles *(lacune)* filles de mon dit seigneur le duc Loys. sanz ce que jamais il ait couste au pays de Savoye ung seul denier comme chescun scet. sy peult lon cognoistre quel grand proufit ce a este ou pays. au regard des aultres filles de la maison qui ca devant ont este mariees. Ceulx qui entendent ces choses en peuvent juger. Et cest quant au premier.

Semble en apres qui bien veult considerer que ma dite dame

na pas este negligente. au regard de mes damoiselles Marie et Loyse ses filles. Veu que elle les a bien et grandement logees en mariage sanz ce que le pays en supporte grand charge au regard des aultres filles et damoyselles de la maison du temps jadiz dont encoure est la memoire fresche. Et pour dire vray nest pas peu de chose de deschargier le pays de si grandes et grieves charges. Ains est chose moult louable et digne de grande recommendacion a honeur de ma dite dame.

Quant plus avant len procede a tracter de ses grandes vertuz et dignes euvres. lors plus se treuve matiere de plus largement en raconter. Voire tant et si amplement que a peine y peult lon souffire. Sy ne sont pas de taire les grans intelligences confederations et alliances. que elle a contraictes traictees faictes et concluses par divers temps tant durant la vie de mondit seigneur le duc Ame son feu mary comme apres selon les matieres occourans. tant avecques le roy. le duc de Bourgoigne le duc de Mylan. la seigneurie de Venise. le marquis de Montferra. les Alemans que aultres. pour tousjours entretenir le pays en bonne paix et tranquilite tellement que la mercy a Notre-Seigneur par son temps a sa coulpe na point heu de guerre ou pays. et se quelque tribulation de guerre y est survenue ce a este a la coulpe daultruy que delle et contre sa volente comme cy apres sera declare.

Len en pourroit mettre en avant trois principales. desquelles quelcun mal informe de la verite voudroit donner charge a ma dite dame. et lesquelles pour len deschargier et pour justification delle cy apres seront inserees ensemble les vrayes excusations dycelle. a celle fin mesmement que ceulx qui len vouldroyent chargier et blasmer peussent clerement entendre quilz sont mal informez des matieres.

La premiere est la guerre de Gatinaire que fut faicte par monseigneur de Bresse contre le duc de Mylan. a cause de laquelle le pays supporta grans charges foules et despenses comme chescun scet. Mais seurement de cecy ne fault point donner charge ne blasme a ma dite dame. car veritablement icelle guerre ne fut jamais faicte de son vouloir. mais fut commencee et faicte par mondit seigneur de Bresse et par ses suivans et a son pourchas contre la voulente de ma dite dame. comme de ce pluseurs sont bien au vray informez. et luy fut force de complaire a mondit seigneur de Bresse. craignant que se elle ne luy complaisoit il ne feust indigne contre elle. et que plus grand mal nen survenist. Veu quil estoit lieutenant general de mondit seigneur le duc Ame.

La seconde est la guerre faicte contre les Vallisiens. a cause de laquelle le pays de Chablays en partie a este perdu. laquelle semblablement ne se peult ne doibt par verite imputer a ma dite dame. car seurement elle ne fut point faicte de son vouloir ne a son pourchas. ains parlant a benigne supportation fut faicte au pourchas et entreprinse de mon dit seigneur levesque de Geneve qui en avoit la conduyte avecques ses suyvans. et contre la voulente de ma dite dame se voulsit ingerer a ce fere comme peuvent testifier ceux qui scevent la chose comme elle proceda. et par ainsy ma dite dame nen a point de coulpe.

Bien est vray et il nest pas a passer soubz sillence que suppouse et il est vray que ma dite dame na point este en coulpe ne en cause de la dite guerre. ne mais de la perdition du pays de Chablays advenue a cause dicelle. toutesfois na elle pas laisse de travailler et continuelement veillier a ycelluy pays recouvrer tellement que par tous moyens a este traicte et appoincte dycelluy recouvrer et remettre es mains delle et de mondit seigneur le duc son filz. ce que na pas este sanz grans labeurs fraiz et despens.

La troisiesme si est la guerre des Alemans. et la perdition du pays de Vuand. A cestecy n'est pas besoing de grande excuse. car chescun scet et il est vray et tout notoire que mondit seigneur de Romont parlant a benigne supportation deluy en a este en coulpe et en cause sanz autre. Car les Allemans prindrent occasion de faire guerre et courir sur le pays de Vuand a cause de certains cheriotz chargez de merchandises des Alemans qui furent prins par luy et ses suyvans sur le pays de Vuand. laquelle prinse des merchandises fut faicte par mondit seigneur de Romont sanz le sceu de madite dame. et de laquelle elle fut moult desplaisante. Et cecy est vray comme peuvent testifier ceulx qui le scevent.

Ce non obstant madite dame comme bonne princesse. pour le singulier amour que elle porte a la tresnoble maison de Savoye et au pays na point cesse de faire tout son effort et tenir tous les moyens a elle possibles pour recouvrer ledit pays de Vuand prins et occupe par lesdits Alemans pour la cause que dessus tellement que par la grace de Dieu il a este et est restitue et remis es mains de madite dame et de mondit seigneur son filz. moyenant toutesfois une bien grande somme dargent. laquelle a cause de ce. a este force pour recouvrer ledit pays ainsy perdu desbourser et realement payer auxdits Alemans comme chescun scet.

Pourroit quelcun mal informe dire que madite dame bonnement ne se peult du tout excuser de cestuy affaire pour ce mesmement que elle sentant et sachant venir monseigneur de Bourgoigne dont Dieu ait lame oudit pays de Vuand a grande puissance pour fere guerre auxdits Alemans. se partit madite dame du pays de Piemont ou quel elle estoit aveuc tous messeigneurs et mesdamoiselles ses enfans et sen ala vers ledit feu monseigneur de Bourgoigne dont len pourroit dire que lesdits Alemans furent indignez. ce que pourroit estre en partie cause de la maleurete et inconvenient advenuz audit pays de Vuand.

Pour respondre a cecy. et rabatre lopinion de ceulx qui a laventure se vouldroyent fonder sur ceste raison et a ce que len sache que madite dame sanz grans causes et raisons tres urgentes ne fut point mene a passer les mons. et aler visiter ledit feu monseigneur de Bourgoigne. est a noter. et il est chose vraye. que au pourchas et conduyte de madite dame fut traicte et conclus entierement le mariage entre mondit seigneur le duc Philibert son filz et ma damoiselle de Bourgoigne fille dudit duc de Bourgoigne. Par le moyen duquel mariage. laissoit et bailloit ledit monseigneur de Bourgoigne en apres de luy. a mondit seigneur le duc et a ma damoiselle sa fille mariez ensemble universelement tous les pays terres et seigneuries qu'il avoit en ce monde sanz rien excepter ne reserver. et des lors bailloit a madite dame et a mondit seigneur le duc son filz cent lances a ses propres despens pour la garde et continuel service dyceulx. Et a ce que len ne pense que ce soit chose controuvee. madite dame fera foy en temps et lieu. des scellez dudit monseigneur de Bourgoigne sur ce faiz en ample forme. Laquelle chose nestoit pas de petite emprinse a madite dame. sil eust pleu a Dieu que elle neust ete entrerompue par la mort et trepas de luy. car plus grande ne plus honourable. et aussy proufitable ne se povoit trouver pour mondit seigneur le duc son filz. et ce fut la cause pour laquelle madite dame fut mene a passer les mons et aler visiter mondit seigneur de Bourgoigne. mais peu de gens le savoyent. et il nestoit pas besoing le divulguer. Et quand la chose neust pas este ainsy. ce que toutesfois estoit en verite. madite dame neust pas bien fait son honeur. ne son debvoir veu que mondit seigneur de Bourgoigne estoit venu es pays et destroiz de mondit seigneur le duc son filz. mesmement comme il disoit pour vengier les oultrages faiz au pays de Vuand et de Chablays par les Alemans et Vallisiens. se elle ne le feust alee visiter et honourer comme il luy appertenoit. ains a laventure luy en feust survenu et a tout le pays aussy ung tres grand et irreparable dommaige. car il sen feust peu irriter et indigner contre elle et contre tout le pays. comme tout homme de sens peult clerement comprendre. Et quand le roy mesmement sceut et entendit au vray. ledit traicte il sen esmerveilla moult et loua grandement le sens et conduyte de madite dame. dysant que plus sagement ne se pourroit estre conduyte. Or pensent et considerent ceulx qui comme mal informez vouldroyent ouvrir la bouche a legierement et sanz cause blamer madite dame. voir se elle se mouvoit mal de faire ce que elle fit et seurement je cuyde quilz auront mieulx cause de soy taire que den mesdire.

Ces choses dessus escriptes sont grandes merveilleusement et quasi incogitables. Neantmeins sont ce choses terriennes seculieres et transitoires. Cy ne repute pas madite dame que elle eust assie fait se elle neust pense. et pourveu tandis que Dieu luy donne vie es choses plus haultaines. cest a savoir es choses spiritueles et eterneles. Pour ce pensant et cogitant que ce monde est transitoire et bien peu dure. et que les honeurs et biens mondains ne sont que fumee. et que bien tost convient tout laisser. Voulant semer aucunes bonnes euvres meritoires pour le sauvement de son ame. en suyvant la doctrine evangelique a ce que apres le present siecle elle puisse en la gloire eternele selon la promesse de la verite quil ne fault messonner et recueillir le cent double. oultre tout ce que dit est dessus. a fait madite dame les sainctes virtueuses et grandes euvres cy apres de point en point et particulierement declarees. lesquelles qui bien veult considerer ne sont pas euvres dune dame vesve telle quelle est mais veritablement sont euvres qui seroyent bastans et soufisans a ung grand roy voyre lung des plus puissans des christiens.

Premier estre passe de ce monde mondit seigneur le duc Ame son feu mary en la cite de Verceil madite dame fit faire et procura estre fais elle seule sans autres les exeques et ensevellimens. de mondit seigneur le duc Loys de ma dame la duchesse Anne sa femme. et de mondit seigneur le duc Ame. feu mary dicelle ma dame Yolant. Esquelles exeques et ensevellimens furent convoquez et presens tous les prelatz ou la pluspart du pays de Savoye tant deca que dela les mons. tous les barons. chevalliers. seigneurs et nobles. ensemble les sindiques de toutes les bonnes villes et communitez diceulx pays. Et furent faictes ycelles exeques en ladite cite de Verceil aveuc si grandes et si honorables cerimonies et solennitez. et aveuc si grande compagnie et si grand nombre de seigneurs et gens destat tant ecclesiastiques comme seculiers. et aveuc si grand et si beau luminaire que de memoire de homme vivant jamais nen furent faictes les semblables ne en France ne ailleurs. Et de ce peuvent estre tesmoings ceulx qui y furent presens. Sy peult len penser se ce fut euvre de petite emprinse et de petite despense. de laquelle chose peuvent jugier toutes gens dentendement mesmement ceulx qui virent et cogneurent les choses qui la furent faictes. et seurement len peut bien ceste euvre nombrer et inserer entre les haultz grans et nobles fais.

Et suppouse comme dit est et il est vray que ceste euvre desdites exeques est une chose moult grande et excellente. Voire trepassant toutes les autres de semblable qualite en temps faictes. toutesfois madite dame tousjours continuelement fervente et florissant de vertu en vertu en a fait asses de plus grandes comme cy apres est declaire. car ceste cy nest que pour une fois. et les autres sont perpetueles. et au remede a tousjours mais des ames de tous messeigneurs de la tres noble maison de Savoye tant passez presens que a venir.

A fonde premierement madite dame en la saincte chapelle du chastel de Chambery. laquelle chapelle jadiz fut instauree et fondee par feu de digne memoire monseigneur Ame premier duc de Savoye. a fonde dyje perpetuelement ung beau et honorable college. c'est a savoir le doyen. douze chanoynes. six chapellains altariens. quatre clerc de chapelle. six innocens pour chanter les messes et heures canoniales. deux maistres. ung en gramatique et ung en musique. et ung serviteur pour les servir en la maison. qui sont en nombre trente et deux persones. lesquelx sont perpetuelement fondez et stipendies pour vivre bien et honestement sanz touchyer ne prendre ung seul denier du patrimoyne de mondit seigneur le duc. mais tant seulement sus aucunes revenues par le moyen de madite dame de nouveau trouvees et accreues au domaine. desquelles par avant nestoit nouvelles. Et toutesfois ce nest pas chose de peu dimportance. car il monte une fois lannee grande somme de deniers.

Semblablement a fait fere madite dame en ladite saincte chapelle les belles orgues et magnifiques qui de present y sont moult de grande beaute et eminence : ce que na pas este fait pour neant comme tout homme dentendement peult jugier et cognoistre.

A fonde aussy madite dame. le couvent des dames de saincte Clere de Chambery tenens la regle de lobservance selon la reformation de benoite seur Collete. et pour ce faire a achete a ses propres deniers la place et les maisons ou ycelluy couvent est fonde. et non sans grans coutz fraiz et despens. car seurement de ceste heure je cuyde que tant les maisons et places ou est fonde ledit couvent comme les edifices qui desja y sont fais aux despens de madite dame montent oultre la somme de douze mille florins ou environ.

Mais quelle sanctite est ce de la vie de ces notables dames. Veritablement sanz point flater len peut dire par verite quil nen est point de plus saincte ne de meilleur. et tient lon communement que la sanctite dicelles est cause de la conservation de lestat de la noble maison et de tout le pays de Savoye : C'est bien doncques chose louable virtueuse meritoire et digne de commendation. et laquelle len devroit mettre en croniques a perpetuele memoire dicelle noble dame. Veu mesmement que tout rien ne conste a la maison de Savoye. mais la fait madite dame de ses propres deniers comme dit est.

Encour nest ce pas asses. Plus fort a voulu faire madite dame desirant tousjours de plus en plus monstrer la bonne et grande affection que elle a envers la noble maison de Savoye car elle a fonde du sien propre sans rien diminuer du patrimoine pluseurs messes en pluseurs et diverses eglises perpetnelement et en divers lieux tant deca que dela les mons. lesquelles qui bien les vouldra carculer montent en somme plus de vingt messes pour chescune sepmaine quest une grande chose une fois lannee.

Des autres euvres de pitie de haumousne et de cherite que madite dame a faictes et fait tous les jours. comme edifications de chapelles si comme a Mont Callier ou couvent des Carmes ou quel pour la pluspart a fait edifier leglise. a Thurin ou couvent des Augustins et pluseurs autres lieux. marier pouvres filles pucelles. et autres maintes secretes haumousnes oultre la haumousne generale anciennement accoustumee de faire en ladite maison de Savoye, qui par son temps jamais na failly. Nest pas besoing de chescune en fere yci a present mention particuliere. pour ce mesmement que ce sont ses devotions singulieres et secretes. lesquelles pas ne veult estre propalees ne divulguees. neantmeins en y a il tant et si largement que cest chose aucunement incredible.

Et pour verite dire tant et si grandes sont les vertuz de madite dame. qui bien les vouldroit ruminer et contempler. que a paine y souffiroit ung bien grand volume de livre a les mettre par escript.

Et a ce que la fin et conclusion de ce propos responde au commencement reste maintenant a veoir et declarer particulierement. comment. en quelx affaires et en quelx usages. ont este employez les subsides et aydes faiz et imposez sur le pays durent le gouvernement de madite dame. Et pour satisfaire a tous ceulx qui a laventure comme mal informez en oseroyent aucunement mesdire. et a ce que chescun sache comme les choses sont passees. et dyci en avant nul nait cause den soupeconner autrement que la verite est.

Il est a savoir que durant le temps de la tutele et administration de madite dame ont este concedez faiz et octroyez au pays de la les mons quatre subsides et non plus. le premier fut octroye en la cite de Verceil par le pays dela les mons lan mil. cccc. lxxij pour faire les exeques de feuz mesdits seigneurs Loys. Anne sa femme. et Ame. dernierement deffunct ducz et duchesse de Savoye. et fut de la somme de cinquante mille florins receu et recouvre par la main de monseigneur levesque de Verceil.

Le second fut octroye en la ville de Montcallier par ledit pays dela les mons. lan mil. cccc.lxxv pour lexercice general a cause de ce que les Alemans lors estoient entrez au pays de Vuand. et fut de la somme de trente et ung mille florins. receu et recouvre par la main de Alexandre Richardon tresorier de Savoye.

Le troisiesme fut octroye en la ville de Ryvoles par ledit pays dela les mons lan mil. cccc.lxxvij pour lexercice general a cause de ce que les Alemans lors avoyent de tout en tout prins gaste et occupe le pays de Vuand. et fut de la somme de quatre-vingts mille florins. item et oultre plus de deux mille ducatz lors donnez de pur don a mondit seigneur le duc Philibert par ledit pays de la les mons pour sa premiere armee. receu et recouvre par la main de *(lacune)*.

Le quatriesme a este octroye par ledit pays de la les mons ou dit lieu de Rivoles lan mil. cccclxx.vij pour ravoir et rembre ledit pays de Vuand de la main des Alemans qui comme dit est a force lavoyent prins et le tenoyent. et a este en somme de soixante mille florins. receu et recouvre par la main de mondit seigneur levesque de Verceil.

Oultre ce a eu madite dame durant le temps de sa administration que dessus au pays de Nyce et de Provence. trois subsides et non plus. lesquelx tous ensemble montent en somme douze mille florins monoye de Savoye.

Somme toute c.xl.v.^{m} florins p. p.

Desquelx fault desduyre tant pour ceulx qui sont ou se dient estre exemptx. comme pour ceulx qui ne payent rien. comme il appert par les comptes sur ce fais xxxvij.^{m} florins.

Et par ainsy restent tant seulement realement receuz cest a savoir c.viij.^m fl. p. p.

A eu en oultre madite dame ung autre subside octroye et donne par le pays de Savoye de ca les mons lan dessus dit mil. cccc.lxxvij pour aussy ravoir et rembre ledit pays de Vuand de la main desdits Alemans. Veu que le subside donne par le pays dela les mons comme dit est nestoit pas asses soufisant pour le complement du tout. receu par la main de Philippe Allegret. qui monte en somme *(lacune)*.

Somme universale des subsides *(lacune)*.

Ce sont les receptes faictes par madite dame a cause des subsides desquelx dessus est faicte mention.

Cy apres sensuyvent les livrees par lesquelles peut clerement apparoir en quelx choses et en quelx usages ont este iceulx subsides employez par madite dame. lesquelles livrees montent assez plus que les receptes. dont luy a este de besoing ailleurs espargner et pourchasser pour fournir et satisfaire aux grandes et inevitables charges et despenses qui luy sont occourues par le temps de sa administration et gouvernement.

Premierement a livre madite dame pour et a cause des exeques et sevellimens par elle faiz et celebrez a Verceil comme dessus a este dit ensemble toutes les despenses emergens et despendens dycelles. xx^m fl. p. p.

Item a livre pour la despense de lostel de mondit seigneur le duc son filz pour ce mesmement que a cause de la guerre et insulte qui comme dessus est touche furent faiz a Chambery et a Montmelian la prinse ordinaire de mondit seigneur fut pour la pluspart dissipee et gastee tellement quil ny avoit de quoy fournir et satisfaire a la despense mais fust force avoir recours sus le subside cest a savoir x^m fl. p. p.

A livre en oultre pour et a cause des ambassades qui ont este par pluseurs fois tramises

devers lempereur. pour obtenir la investiture
des seigneuries tiltres pays et terres de mondit
seigneur et aussy la confirmation de la tutelle
dycelluy enclus aucuns dons faiz tant a lempereur comme aux princes et seigneurs de lem-
pire assistans avecques luy ainsy quil est de
coustume de faire en tel cas x^m fl. p. p.

Item a livre madite dame lesquelx furent
donnez a la royne de Chipre laquelle lors vint
de Rodes a Genes. et des Genes sen ala a Rome.
et ce tant en deniers comptens comme en dra-
peries. enclus aussy les despens des ambassadeurs a elle pluseurs fois envoyez. et pareillement enclus les dons qui furent fais a messire
Ribesaltes son ambassadeur et capitaine de mer
a ce quil feust mieulx enclin a servir ou recou-
vrement du royaume de Chipre. enclus semblablement les despens de pluseurs messages pour
ceste cause maintes fois envoyez devers le
souldan x^m fl. p. p.

Item a livre madite dame les quelx furent
expediez a messire frere Merle de Plozasch lors
tramis et envoye pou la garde du chasteau
de Montmelian ensemble avecques luy. Guillaume Cambian Glaude Rufin et pluseurs autres
gens de guerre. aussy pour la garnison et garde
de Villars et du pays. comme particulierement
se peut justifier par les comptes sur ce fais x^m fl. p. p.

Item a livre madite dame lesquelx furent
realement expediez a feu Guigonet Mareschal
lors tresorier des guerres pour bailler et deslivrer aux gens darmes et de guerre lesquelx
lors furent envoyez par madite dame a la defense du pays de Vuand a cause des insultations

et exces en icelluy fais par les Alemans comme dessus il est dit. et lesquelx ledit Guigonet a realement deslivres et expediez x^m fl. p. p.

Item plus a livre madite dame ou banch de Medicis en la cité de Lyon. pour pluseurs et diverses sommes dargent deulx empruntees et donnees a pluseurs et divers personages pour la defense du pays. et aussy pour maintes et diverses sommes de deniers que ceulx dudit banch ont prestees par le temps que madite dame fut et desmoura a Grenoble et hors du pays de Savoye a cause de larmee et gens de guerre estans a Chambery et a Montmelian enclus mille florins prestes a madite dame par feu le bastard dAys xx^m fl. p. p.

Item a livre lesquelx par elle ont este donnez a ma dame de la Croix pour son guerdon des paines et labeurs par elle prins et supportes ou service de mondit seigneur le duc Philibert et de messeigneurs ses freres desquelx puys longtemps elle a eu le gouvernement ij^m fl. p. p.

Item lesquelx furent baillez et delivrez a messeigneurs de la Chambre. de Challand. de Myolans. de Bueil. de Chivron. au bastard dAys et pluseurs autres seigneurs et gentilz hommes pour se mettre sus en armes a cause de la guerre du pays de Vuand au temps que feu monseigneur de Bourgoigne vint a Lausanne comme ja dessus est touche $viij^m$ fl. p. p.

Item a livre madite dame pour la despense faicte par elle et par tous mes seigneurs et mes damoiselles et tout lestat de la maison de Savoye ou dit pays de Vuand par le temps et espace que feu mondit seigneur de Bourgoigne y desmoura comme chescun scet. Et aussy pour lescuyerie et ornemens de toute la seigneurie et estat. qui furent moult grans. car ainsy le failloit faire pour le honeur de madite dame de mondit seigneur et de la maison de Savoye a cause de la presence de mondit seigneur de Bourgoigne xxv^m *fl. p. p.*

Item a livrez et realement desboursez a pluseurs et diverses gens de pie qui furent mandez en la val dAouste pour la defense du pays contre les Vallisiens. et aussy a Bellegarde lors baillif de Chablays. et a certains autres gens de guerre qui furent mandez et mis en garnison a Martignie. a Cillian et divers autres lieux pour la garde et defense du pays x^m *fl. p. p.*

Item a livrez et realement donnez et desboursez a cause de pluseurs et diverses ambassades faictes et tramises par maintes fois vers les communitez et puissances de la grand ligue dAlemaigne et pour pluseurs grans et divers dons faiz a aucuns particuliers dicelles communitez et puissances qui povoyent servir aux matieres occourans. mesmement pour les entretenir gracieusement a ce quilz ne procedissent plus avant. Et aussi quilz ne donassent aucune ayde faveur ne secours aux Vallisiens. ains les donassent a madite dame et a mondit seigneur le duc contre iceulx Vallisiens xxv^m *fl. p. p.*

Item a livre madite dame. pour la redemption du pays de Vuand prins et occupe par les Alemans comme desja dessus a este touche. lesquelx a ceste cause ont realement este baillez et desboursez a ladite grand ligue dAlemagne.

encluses les pertes sur ce faictes a cause de la
mise de lor a meins de juste pris. enclus aussy
le port et conduyte des finances et autres despenses extraordinaires sur ce faictes. comme
peut apparoir par le compte qui en a este fait   *lxv^m fl. p. p.*

Item en maintes et diverses grandes despenses faictes et supportees par madite dame
durant le temps quelle fut detenue comme
chescun scet ou chastel de Rouvre en Bourgoigne. aussy pour len ramener et retourner ou
pays de Savoye. ainsy comme par la grace de
Dieu fut fait. Pour aussy bouter hors du pays
de Savoye les gens darmes et de guerre qui lors
en grand nombre y estoient fichez par toutes
pars. et semblablement pour en desbouter
aucuns lesquelx soubz coleur de gouverner et
regir ledit pays le fouloyent et gastoyent moult
griefmement et qui ne faisoyent pas leur debvoir ainsy que faire le devoyent   *xxv^m fl. p. p.*

Item a livre madite dame en pluseurs parti-
cules et en diverses manieres a cause des edifices reparations et restaurations par elle faictes
comme dessus a este declare es chasteaulx de
Chambery du Bourget de Verceil de Thurin
dYvoree de Montcallier de Rivoles de Montcravel et autres divers lieux une bien grande
somme dargent. Voyre plus grande que beaucop de gens ne estimeroyent. Et ne met lon
pas yci pres la moytie ou environ de ce quil
monte. Neantmeins pour en dire quelque chose.
ja soit ce que asses plus il monte len met yci
tant seulement la somme de   *(lacune)*

Il appert doncques bien pour verite dire et seurement
ainsy est sanz rien faindre qui bien veult toutes ces choses
dessus escriptes considerer. et parfondement peser et enten-

dre. que ce ne sont pas euvres dune dame vesve et assez petitement maintenue et favorisee de la pluspart de ceulx qui luy debvoyent ayder et soubvenir comme est madite dame. mais sont euvres dung tres grand et tres puissant prince et seigneur bien obey de ses soubgetz et favorise de tous ses parens et amys dont madite dame. mondit seigneur le duc son filz. tous messeigneurs de la maison. et tout le pays de Savoye doyvent meritement rendre grace et louanges immortelles au benoit Dieu le createur et notre redempteur. qui par sa grace. et par sa bonte icelle tres noble dame vueille maintenir et conserver. et faire longuement vivre et prosperer aveuc sa tres noble lignee. et a la fin coroner en sa gloire eternele ou royaume de paradis avec les bien eureux esperis et tous les benoitz sainctz Amen.

En memoire perpetuele des choses dessus escriptes. a la louange. honneur et gloire dicelle tres haute tres excellente et tres christienne dame et princesse madame Yolant de France ainsnee fille et seur des tres glorieux et tres christiens Charles et Loys roys de France duchesse de Savoye. Je Jaques Lambert son tres humble et tres obeissant serviteur soubjet et indigne conseiller et maistre des requestes de mondit et tres redoubte seigneur monseigneur le duc de Savoye son filz par son tres expres commandement ay prins peine et mis mon estude selon mon petit sens et entendement de reduyre et mettre par escript les tres dignes tres excellentes et tres merveilleuses euvres dicelle. non pas si excellentement ne si virtueusement que elles par sa tres haulte excellence ont este faictes et conduytes. car seurement elles excedent et surmontent la faculte non seulement de mon petit sens et entendement qui est gros ruyde et ignorant mais aussy lentendement dung tres excellent homme bien instruit en toute humaine science. Voyre tellement que a ce faire a peine souffiroit la eloquence de Tule. mais ou mains mal et au plus pres de la verite quil ma este possible. par ainsy quil est contenu es chapitres dessus escriptz.

II

Extrait des comptes des trésoriers généraux de Savoie.

Compte de noble Jean Loctier.
Mars 1469. — Mars 1470.

1

Arrivée du duc et de la duchesse à Chambéry.
(15 Octobre 1468.)

.....le xve jour du moys doctobre m.cccc.lxviij alors que mes dits seigneurs et dame arriverent a Chambery en venant de Piemont..... Item ay livre le xxvj^e jour du moys doctobre a Symonet le tapissier pour deux cent de croches quil az achete pour tendre la tapisserie ez chambres de mon dit seigneur le duc et de madame la duchesse et de mes damoyselles et ainsy ez aultres chambres du chastel de Chambery x gross.

Marie et Louise de Savoie.

Item livre une aulne de vellu noir tiers poil pour fere deux cornetes et deux frontailles pour mes deux damoyselles Marie et Loyse vij flor.

2

Ils se rendent à Thonon.

(Novembre 1468.)

Item livre au lieu de Thonon le ve jour du moys de novembre a Jehan Romans talliandier troys aulnes de drap gris de Rouain de quoy il a fait deux robes a mes deux damoyselles Marie et Loyse pour pourter tous les jours xviij flor.

3

1er janvier à Thonon. — Etrennes.

(1469.)

Sensuyvent les aultres livrees faictes a cause des estraynes du premier jour de lan m.cccc.lxix que mes dits seigneurs et dame duc et duchesse ont accostume tous les ans de faire par ainsy quil sensuyt ....(plus de cent bonnets ecarlates ou bonnets de Flandre donnes a divers individus de service.)

Aultres estraynes faictes du commandement de ma dame. Et premierement ay livre au roy de Chippre un agneau dor a une poente de dyamant xvj flor.

Item a monseigneur levesque de Thurin lequel a estregne madite dame dune senture dor garnye de perles du commandement de madite dame un saffis assys en un agneau dor — xxij flor. — Item a monseigneur de Gruyeres mareschal de Savoye ung rubys assis en un agneau dor — xiiij flor. — Item a lambaxadeur de Venise une flour de pansee de dyamant assise en un agneau dor. Item un tour de chaynete dor pour estacher ladite bague — xlvj flor. — Item au compagnon du dit ambaxadeur ung petit rubys assis en un agneau dor — vi flor. — Item deux tours de chainete dor donnes lung a Philibert monseigneur et lautre a Charles monseigneur — xx flor. — etc. (Le duc et la duchesse tenaient alors leur cour à Thonon.)

4

Momerie.

(3 Janvier 1469.)

Item ay livre au dit lieu de Thonon le tiers jour de janvyer a Constant tailliandier deux pieces de toyle roge pour fere xvj abilliemans a xvj gentils hommes de lostel lesqueulx en la compagnie de monseigneur levesque de Geneve firent une momerie en laquelle furent madame et ses dames et ce fut le jour que madame fit son banquet a lambaxadeur de Venise viij flor. — Item livre le dit jour a madame la duchesse ung quartier de vellu cramoesi pour fere son habilliement de teste quant elle joya ladite momerie — iij flor.

Momerie.

(11 Février.)

Autres livrees faictes a Geneve des le xvj jour de janvier m.cccc.lxix..... Item ay livre le xi jour du moys de fevrier xviii pieces de toyle faicte a maniere de drap dor de quoy lon a fait xi robes de femmes et xi acquetons de gentils hommes pour jouer une momerie le dit jour en laquelle a este ma dite dame mes damoyselles et ses dames ensemble monseigneur de Romont monseigneur levesque et pluseurs autres gentilz hommes — xxxiij flor.

Item ay livre pour xi chapeaux roges pour lesdits xi hommes quils ont pourtes sur leur teste en ladite momerie ij flor. ix gross. Item pour xi plumes blanches a porter dessus lesditz chapeaux ij flor. ix gross. Item pour une piece et demy contenant xxxv aulnes de toyle de Tours pour faire xi chemises es dessus dits xi gentils hommes a porter dessoubz lesdits habilliemens xi flor. viij gross. Item le xiij jour dudit moys de fevrier xl aulnes de drap pers de Bourges de la petite sorte pour faire xi robes parisiennes a xi des femmes de ma dite dame et xi mantellines pour xi des gentils hommes aussy de lostel et sont cousues lesdites mantellines devant et a grant bendes dernieres et les manches toutes decompees et ce fut pour une momerie qui se fist le jour de carementrand en laquelle fut entre les autres ma dite dame messeigneurs levesque de Geneve et de Romont iiijxx flor. Item neuf aulnes et demy de drap roge de Bourges de la petite sorte pour faire xi chaperons de femmes parisiens et xi pars de manches pour ladite momerie xix flor. Item aux dessus dicts xi gentils hommes xi bonnets blancs doubles toujours pour ladite momerie xix flor.

Bonnet écarlate au seigneur duc.

Item livre a mondit seigneur le duc ung bonnet escarlatte.

Vauthier de Chignin, écuyer.

(*Nota.* — Tout ce qui précède est indiqué dans le compte du trésorier général comme extrait du compte de Vauthier de Chignin, écuyer du duc.)

5

Préparatifs du voyage de Fribourg et Berne. — Livrée nouvelle de couleur pers. Devise A. Y. (Amédée-Yolande.)

(1469.)

Aultres parties baillees et livrees par moi Vaultier de Chignin escuyer descuyerie de mon tres redoubte seigneur monseigneur le duc de Savoye a cause des robes perses fourrees de blanc faictes a ay de fils dargent entrelassees sur chascune manche senestre desdites robes que mondit seigneur a fait faire a tous ses serviteurs pour lalee de Fribourg et de Berne ou ly et ma tres redoubtee dame la duchesse ont este au moys de may dernierement passe.....

(Dépenses pour les harnais des chevaux qui ont fait le voyage de Berne et Fribourg.)

Litière de la duchesse.

Item pour les grans et petis clous de loton quil az mys tout autour de la croupiere et petraulx pour tenir le drap des chevaulx de la litiere.....

Item as Michel Vassal pintre pour pointre la lietiere dessus dite en laquelle ma dite dame doit aller a Fribourg et a pinte la dite lietiere toute du surfin et il az fait les armes de mes ditz seigneurs et dame aussy leur devise de *ay* entrelassees dor les croches aussy de la dite lietiere pintes de assu.

Charriot branlant de parade.

Item a Peter Vaser minuysier pour la facon et boes de larche et des deux couffres et sercles dung charriot branlant fait a Geneve pour lalee de Berne et de Fribourg fait es armes de mes dits seigneurs et dame toutes elevees avec deux lions aussi eleves qui tiegnent les dites armes et en chascun des costes du dit charret deux pars de lettres de *ay* entrelassee elevees comme dit est et au but du dit charriot pareillement daultres armes marche fait avec le dit minuysier en clous le boes et les ars au tabernacle et ou sont les armes de ma dite dame pour toutes les choses dessus memorees au pris de xxx flor. Item a Michel Vaser pintre demorant a Geneve lequel a pinte toute la dite arche dasu fin les armes de ma dite dame et les lyons tout dor ausy les dites lettres entrelassees toutes dor le pagneau du tabernacle tout dor et le tabernacle dasu fin semees de lettres dor marchie fait avec le dit Michel tant pour lasur comme pour la facon des chouses dessus dictes encors la pinture quil az fait es deux petites arches qui sont au dit charriot devant et dernier du vermillion du pris de xl flor. Item au dessus dit Michel Versel pintre pour la pinture faite de vermillion es escelles de iiij colliers des chivaux du dit charriot armoyes des armes de ma dite dame...

Item pour iiij cheynes lesquelles sostegnent larche du dit charriot branlant... Item pour iiij boytes qui sostiennent les cheynes de larche... Item pour viij grosses barres tout à lentour de larche... Item pour vj aultres barres de fert desquelles il a ferre les deux coffres petits qui sont au deux buts du dit charriot...

Autre charriot branlant.

Sensuit la livree de laultre charriot branlant fait pour lalée de Fribourg... (Ce charriot, moins ouvragé que l'autre et sans armoiries sculptées ni lions, était aussi peint d'azur et de vermillon.)

6

Départ pour Fribourg.
(15 Avril 1469.)

Item ay livre le xv jour davril que mes dits seigneurs et dame partirent pour Geneve...

Item ay livre iij aulnes descarlatte a lambaxadeur de Millan lequel apportat la nouvelle que la duchesse de Millan seur de mon dit seigneur estoit accouchee dung bel filz xxxvj flor.

7

Retour à Chambéry.
(2 Septembre 1469.)

Sensuyvent aultres parties et livrees par moy Vautier de Chignin... et commencees a Chambery le 2ᵉ jour du moys de septembre m.cccc.lxix.

8

Message au roi de France et au prince de Piémont.
(22 Février, 21 mars 1469.)

Il est deu par mon tres redoubte seigneur et ma tres redoubtee dame a leur tres humble et tres obeissant serviteur et subject Vaultier de Chignin lequel partit de ceste cite de Geneve le jour de saint Pierre xxij du moys de fevrier lan mil ccccxix a tout leurs lettres closes et instructions adreczans au roy de France et a monseigneur le prince de Piemont leur filz et sen ala en France a Amboese ou les dits roi et prince de Piemont estoient et a vaque jusques au xxi jour du moys de mars ensuyvant.

Il est deu a Vaultier de Chignin lequel a este renvoye de la part de mon dit seigneur et ausy de ma tres redoubtee dame la duchesse depuys ceste ville de Chambery a Amboese en France devers le roy pour aucunes matieres... etc... des le ix jour du moys doctobre mil ccccxix jusques au dernier jour du moys ensuyvant.

8 bis

Mission à Rome.

(Septembre 1469.)

Item a livre le iiij jour de septembre a messire Jehan Cloppet president de Bresse lequel est parti de Chambery pour aller a Rome pour les afferes de mon tres redoubte seigneur.

8 ter

Item livre a lhoste du chapeau rouge de Chambery pour la despance du prothonotaire de Chignin ambaxeur de monseigneur de Bourgogne pour le deffroyer lix flor.

Mission en Flandres.

(1469.)

Item livre a Bresse pour aller pour devers monseigneur de Bourgongne en Flandres pour aucunes choses secretes.

Diverses autres missions.

(1469.)

(Plusieurs ambassades de noble et puissant homme Jean Champion seigneur de la Bâtie conseiller ducal.

(Idem de noble Louis seigneur d'Avanches conseiller ducal.)

9

Venue des ambassadeurs de Fribourg. — Comte de Genevois.

(Juin 1469.)

Cest deu de la part de mon tres redoubte seigneur le duc a son tres humble serviteur maistre Guillaume Brigand hoste de lhostellerie du cressant de Chambery pour la despance des ambasseurs de Fribourt lesquels estoient venus au dit lieu pour aucuns affaires tochans le roy et monseigneur le conte de Genevoys juing m.cccc.lxix.

Claude de Seyssel.

Claudius de Seyssello miles marescallus et locum tenens Sabaudie generalis ultramontes.

Comté de Villars.

(Payement d'une part de ce qui restait dû pour l'achat du comté de Villars.)

Même Compte.

(Mars 1470, mars 1471.)

10

Canal d'Ivrée.

Allocantur sibi centum scuta auri que illustrissima dna nostra dna Yolanda de Francia ducissa Sabaudie manibus reverendi in Xpo patris et compatris sui carissimi domini Vrbani Bonnivardi abbatis Pinerolii qui de ipsis computare debebat implicanda in constructione navillii quod fieri fecit ex Ypporegia apud Vercellas ab egregio Petro Somierii receptore Pedemontium de et super compositione per Judeos ultramontanos.

11

Momerie faite à Chambéry.

(6 Janvier 1471.)

Item ay livre le vi° jour de jenvier mil.cccclxxj a Jehan Romans talliandier trois pieces et demy de drap blanc de Fribourg pour fere xii robes pour une momerie le jour de laparission es noces de la Catherine de Geneve en laquelle momerie fut madame la duchesse madame de la Chambre madame de Myolans mademoiselle de Polliniasc mademoiselle de la Chambre la dame de Servete la dame de la Balme la dame de Lay la jeune de Mossy Cantande et la Guilliarmie de la Motte. Et les hommes monseigneur levesque le commandeur de Remds Montchenu Marcossey Anthoine dOrlye Pierre de Chignin Montfalcon Riverol et monseigneur le mareschal.

Vêtements de momerie pour Marie et Louise de Savoie.

Item ay livre quatre aulnes de drap pers de Fournay pour fere deux habiliemens pour mes deux damoyselles Marie et Loyse a jouer une momerie.

(Suivent les autres dépenses pour les autres vêtements et les coiffures et couronnes d'or de ceux et celles qui devaient figurer dans cette momerie.)

12

Aumônes faites à Chambéry le jeudi saint.

(1471.)

Helemosina pro pauperibus Xpi die Jovis sancta Chamberiaci anno m.cccc.lxx primo.

Toile achetee pour les xiij pauvres de la duchesse pauvres de messeigneurs et mesdamoyselles Marie Loyse Philibert Charles et Jacques Loys.

13

Fondation du couvent de Sainte-Claire.

(1470, 1471.)

Sensuyt la dispense faicte par moy domp Mermet de Verthieres ausmounier de mon tres redoubte seigneur monseigneur le duc de Savoye et ce du commandement de mon dit tres redoubte seigneur et de ma tres redoubtee dame madame la duchesse de Savoye et ce a cause de ce quilz ont envoye querre les moyennes de sainte Claire au couvent de Viveye et ont estees amenees depuys le dit Viveys en ceste ville de Chambery au monestier que mes dits seigneur et dame ont fonde nouvellement. (Le dit compte commencé le 13 mars 1470. Religieuses de Sainte-Claire en ville.)

14

Mission à Paris et à Lyon.

(1470.)

(Voyage d'Antoine Champion, conseiller ducal, à Lyon et à Paris.)

Ambassadeurs de Bourgogne à Chambéry.

(En septembre 1470 deux ambassadeurs du duc de Bourgogne sont à Chambéry.)

15

Gesine.

(1471.)

(Dépenses pour la prochaine gesine de ma dame.)

16

Garde ducale.

(1471.)

Libravit dicto Grand cappitaneo viginti duorum aliorum hominum guerre garde dni nostri ex patria Vuandi videlicet mandamenti Murati. qui venerunt ad servitium illmi dni nostri a dicto loco Murati ad locum Chamberiaci die xv mensis aprilis anno Dni m.cccc.lxxj.

17

On pourvoit à la défense du château de Montmélian. — Lettre du duc Amédée IX à ce sujet.

(1471.)

Libravit spectabilibus viris dnis Rodulpho de Vulpens militi sculteto Friburgi et Nycolao de Yspayn sculteto Berne octocentos et nonaginta duos florenos pp. quos dnus noster Sabaudie dux ultra ducentum flor. pp. jam eisdem solutos per Alexandrum Rochandonis receptorem illme dne nostre duchisse per dictum thesaurarium solvi et realiter expediri mandavit pro salario et stipendiis ducentum et trium sociorum guerre Alamannorum peditum ad rationem trium florenorum Reni pro mense et singulo homine demptis quinque ex ipsis quorum eorum stipendia fuerunt duplicata unius mensis integri die septima mensis septembris anni Dni m.cccc.lxxi. qui vaccaverunt de mandato dictorum spectabilium dni Rodulphi et Nycolay scultetorum Berne et Friburgi ad custodiam tam ville Chamberiaci quam castri Montismeliani ut plenius declaratur in littera cujus tenor talis est. Amedeus dux Sabaudie dilecto fideli consiliario et thesaurario nostro Sabaudie generali Johanni Locterii salutem. Cum vigentibus nonnullis differentiis inter illustrissimam consortem nostram carissimam duchissam Sabaudie hinc et illustres fratres et fideles nostros carissimos dominos Philipum de Sabaudia comitem Baugiaci ac dnum Breyssie et Jacobum de Sabaudia comitem de Rotondimontis inde nuper suscitatis deventum fuisse appunctuamentum quo inter cetera castra et ville Chamberiaci et Montismeliani tunc in manibus dictorum fratrum nostrorum existentia appunctatum extitisse illa in manibus spectabilium amicorum et fidelium nostrorum dni Rodulphi de Vulpens militis sculteti Freyburgi et Nycolay de Yspan sculteti Berne custodienda esse manu armata et potenti donec et quousquam ex conclusione dicti appunctuamenti ordinatum foret cum illa restituere et relaxare deberent cumque prefati sculteti ad predictorum locorum custodiam ducentum et tres Alamanos pedites deputaverint et ibidem spatio unius mensis integri die septima hujus finiti tenuerint quo loca ipsa in manibus officiariorum et deputatorum nostrorum vigore conclusione dicti appunctuamenti remiserint certeque nos volentes de eisdem de eorum condigne stipendiis merito satisfieri ad rationem videlicet trium florenorum Reni pro mense et singulo homine demptis quinque ex ipsis quorum stipendia fuerunt duplicata vobis mandamus sic fieri volentes etc.

Datum Chamberiaci die viij mensis septembris anno Dni m.cccc.lxxj.

Claude de Challes, maître de l'hôtel de Savoie.

Claudius de Challes magister hospitii.

18

Grandes joûtes et tournois à Chambéry.

(26 Mai 1470.)

La despense faicte par le seigneur de Cleyrieu du Dalphine et de certains aultres gentilz hommes du dit pays du Dalphine lesqueulx ont touchie au conrechie de monseigneur le conte de Romont lequel conrechie a este pendu en la chambre de ma tres redoubtee dame Yolant de France duchesse de Savoye et mon dit seigneur conte de Romont a fait boute le dit conrechie en la dite chambre pour fere aucuns esbatemens de joustes a xiij venues par homme pour ung chascun que toucherait au dit conrechie. Or ainsy est que le dit seigneur de Clerieu frere du seigneur de saint Vallier ont touche au dit conrechie et son venu en ceste ville de Chambery pour accomplir le contenu des chapitres et pour honorer le conrechie et lestat de mes dits tres redoubtes seigneurs et dame et a este ordonne par mon dit seigneur les deffraye en la maniere que sensuyt... Et monte la despense pour vi jours entiers en commencer le samedi xxvj⁰ jour de may lan m.cccc.lxx.

19

Moralité de sainte Suzanne jouée à Chambéry.

(30 Juin 1470.)

Il est deu par mon tres redoubte seigneur le duc de Savoye a son humble serviteur et feal escuyer et maistre de cousine Lancellot de Lans pour la deppense de cinquante personnes des gentils hommes bourgeoys. et autres gens habitant de Montmellian lesqueulx estoient venu en ceste ville de Chambery pour joyer la moralite de la vie de saincte Suzanne devant mon dit tres redoubte seigneur et devant ma tres redoubtee dame la duchesse en leur chastel de Chambery en quel mistere joyer et apreste ils ont vacque depuys le samedi dernier jour du mois passe de juing mil.cccc.lxx au soupper en jusques le mardi iij⁰ jour du moys ensuyvant de julliet le beyre enclus que sont une souppee deux jours entiers et le beyre du dit mardy que ils ont despendu par les hostelleries et par la ville et pour les aultres chouses necessayres a eulx pour joyer leurs dits jeulx que ausi pour fere les chafaulx et eulx aprester pour joyer la dite vie ont despendu en somme partie pour partie achete et tout paye par le dit Lancellot de Lans par le commandement de mes dits tres redoubtes seigneur et dame que yceulx ont voulu estre deffreyer de toutes chouses dessus escriptes et expressement commande au dit Lancellot de Lans lequel a paye pour toutes choses touchant leurs despens et chaffaulx et aultres choses necesseyres pour joyer la dicte vie de sainte Suzanne. xv fl.

20

Audiences générales tenues à Chambéry.

(Mai 1470.)

Libravit de mandato et ex ordinatione quorum supra Thome Leperio servienti generali pro suis salario et expensis dierum septem integrorum incohatorum tertia inclusive mensis aprilis anno Dni mill° cccc.lxx quibus separando a civitate Thaurini eundo ad diversa loca principatus super Padum portando et exequi faciendo litteras ducales publicatorias audienciarum generalium tenendaram Chamberiaci de mense maii proxime sequuturo.

(Allocations diverses faites à d'autres sergents généraux pour porter de semblables lettres dans d'autres lieux du Piémont *ultra Padum*.)

Même Compte.

(1471. — 1472.)

21

Momerie à Chambéry.

(Mai 1471.)

(Momerie jouée au mois de mai 1471 à Chambéry par la duchesse, ses dames et ses écuyers.)

22

Retour en Piémont. — Voy. n° 24.

(Septembre 1471.)

(A la fin de septembre 1471, le duc et la duchesse de Savoie retournent en Piémont avec leurs enfants.)

Housses pour voyager en croupe.

Item ay livre une aulne et demie de vellours noir pour faire une husse a mectre sur la croppe du cheval de ma dite dame quant elle va en croppe.

Marie et Louise.

Item troys aulnes de vellours noir pour faire deux husses pour mes dites deux damoyselles Marie et Loyse pour mectre sur la croppe de leurs chevaulx quant lon les pourte en croppe.

23

Mort d'Amédée IX. — Ensevelissement de ce prince.
(30 Mars 1472.)

Les traictes faictes pour la sepulture de mon tres redoubte seig^r Ame duc de Savoye lequel alat de vie a trapassement au chasteaul de Verceil le londi xxxe jour du moys de mars lan mil iiij.c lxxij devers matin entre dix et onze heures au grant reloge. Et lequel a este ensevelli au dit lieu de Verceil en la eglise cathedrale de Saint Ysebie le mercredi ensuyvant premier jour du moys davril au dit an iiij.c.lxxij. Et pour laqueule sepulture est dieu es personnes cy appres escriptes les parties et particulles cy appres decleyries.

Et premierement... (grande quantité de torches de cire achetées de divers apothicaires de Verceil.)

Item a mestre Nicolas le paintre pour viij grans escussons des armes de Savoye de bature dargent pour mectre alentour de la caesse du corps de mon tres redoubte seigneur et viij aultres grans escussons des dictes armes aussi de bature dargent pour mectre a lentour de la chapelle ardent et du tabernacle. xxij^{es} daultres grans escussons des dites armes de Savoye de colours pour mectre sur la toyle noyre laquelle lon a mis tout autour de leglise du dedans despuys le grand austel jusques a la grand porte. iij aultres petis escussons des dites armes lesqueulx lon a estache es torches...

Item pour xiij rub et xxiij livres de plomb pour fere une casse de plomb pour mectre le corps de monseigneur... Item a mestre Cristophe le potier et a Melian peyrolier pour la fasson de la dite casse... Item a mestre Estienne le serralion pour le fert et pour la fasson de troys grosses eparres que lien tout alentour une casse de bois en laquelle on a mys la dicte casse de plomb...Item a mestre Anthoine de Millan chapuys tant pour le boex que la fasson de deux casses de boyes la une grande et lautre petite esquelles on a mys cest assavoir en la grande la dicte casse de plomb et en la petite les entralies de mon dit seigneur.

24.

Retour en Piémont.
(Septembre 1471.)

La dispense faicte par monseigneur le prince de Piemont et Charles monseigneur son frere accompagnes des personnes cy apres nommes lesqueulx demourarent apres mon tres redoubte seigneur le duc et ma tres redoubte dame la duchesse en venant de Savoye a Saint Michel en Maurianne pour cause quil estoient ung petit malade faicte et paya la dicte despense par Domeyne seigneur dAresque gouverneur de mes dits seigneurs. — La dame de la Croix gouverneresse.

— Et premierement partirent mes dits seigneurs le duc et la duchesse ensemble leurs compagnie devers matin du lieu de Sainct Michel le mardy xxiiij^e jour du moys de septembre lan mil.cccc.lxxi...

(*Nota.* — On restait huit jours pour faire le voyage de Chambéry à Turin.)

25

Attitude hostile du duc de Milan.
(Septembre 1471.)

Existentibus illustrissimis dominis duce et ducissa Sabaudie in Sancto Michaele in Maurianna mandaverunt ad illustrissimum ducem Mediolani spectabilem Matheum de Gonfaloneriis capitaneum Sancte Agathe pro eorum negociis presertim ad sentiendum ob quid ipse duc Mediolani congregabat gentes armorum in magna summa apud civitatem Vercellarum qui discessit a dicto loco Sancti Michaelis die xxv^e mensis septembris anni nuper lapsi lxxi...

25

Mission en France.

(12 Juillet 1471.)

Il est deu a Vaultier de Chignin escuyer pour ce quil az este envoye de Grenoble en France devers le roy pour aulcunes chouses secretes et partyt le dit Vaultier le vendredy xiie jour de juillet mil.cccc.lxxi.

26

Mission auprès du comte de Bresse.

(3 Janvier 1472.)

Il est deu par mon tres redoubte seigneur monseigneur le duc de Savoye a Vaultier de Chignin lequel a este envoye de la part de mon dit seigneur et aussi de ma tres redoubtee dame madame la duchesse de ceste ville de Verceil a Bourg en Breysse devers Philippe monseigneur de Savoye pour bessongner en aulcuns grans afferes avec ly et est demoure tant pour aler et bessongner comme pour retourner des le tresieme jour du moys de janvier mil.cccc.lxxij jusques au xvij^e jour du moys ensuyvant.

27

Les archers de la garde.

(1471.)

Stipendia archeriorum mensis jannuarii m.cccc.lxxij.

Le bombardier.

Stipendia magistri Anthonii le Hardy bombarderii.

Donum facto magistro le Hardy bombarderio... propter singularia servitia... Et cum certas quantitates pulverum expedierit...

Médecin ducal.

Stipendia magistri Michaelis de Verrutis ducali phisico...

28

Lettres adressées aux baillis et aux bannerets pour qu'ils se tiennent prêts à prendre les armes en cas de troubles et de guerre.

(Février 1471.)

Libravit dicta die prima mensis februarii anni mil.cccc.lxx primi Angellino cavalcatori pro suis et ejus equi expensis fiendis tam eundo a Chamberiaco ad et totum baillivatum Chablasii et baroniam Gay cum litteris domine clausis directivis nobilibus ipsius baillivatus et baronie ut se teneant paratos in eorum domibus cum inhibitionibus ne capiant partitum ad arma sine licentia domini.

Libravit eadem die Petro Bensa servienti generali pro suis expensis eundo a Chamberiaco et portando consimiles litteras ad et per baillivatum Sabaudie ad patrias Tharentasie et Maurianne...

Libravit die tertia februarii dicti anni nobili Hugoni Curti alias Briffaud vice baillivo Beugesii pro portando seu portari faciendo ad et per dictum totum baillivatum Beugesii consimiles litteras...

Libravit die decima mensis februarii dicti anni m.cccc.lxx primi dicto Faulcon pro suis et ejus equi expensis decem dierum integrorum quibus vacavit eundo a Chamberiaco ad patriam Vuand cum litteris domini clausis consimilibus predictis directis nobilibus dicte patrie Vaudi ut se ad arma prepararent atque non accipiant aliquem partitum sine licentia prefati domini nostri...

Libravit die xx dicti mensis februarii dicti anni nobili Hugoni Curti alias Briffaud vice baillivo Beugesii pro portando seu mittendo secundas litteras mandati generalis directivas nobilibus dicti baillivatus Beugesii ut se paratos teneant in armis in ipsorum domibus.

Libravit die vicesima quinta dicti mensis februarii dicti anni Angellino cavalcatori mandato a Chamberiaco Rumilliacum Gayum et per totum baillivatum Chablasii cum secundis litteris mandati generalis directivis nobilibus ipsorum locorum et baillivatus ut se teneant paratos in ipsorum domibus ad arma.

Libravit die vicesima quinta mensis februarii dicti anni Petro Buisa servienti generali mandato a Chamberiaco ad loca Montismeliani vallis myolani Tharentasie et Maurianne cum secundis litteris mandati generalis directivis comitibus baronibus et nobilibus ipsorum locorum ut se in armis pareant et maneant in eorum domibus.

29

Prince de Piémont. (Voy. Guichenon dans sa notice sur Charles, prince de Piémont.)

(Juin, juillet 1471.)

Libravit Francisco Turboli et cuidam altero pro eorum salariis et expensis quibus vaccaverunt separando xviiij junii anni nunc currentis m.cccc.lxxi a civitate Thaurini et eundo unus Gratianopoli cum litteris clausis responsivis magnifici consilii cismontani directivis magnifico domino presidi Gratianopolis et alius eundo versus Chamberiacum cum aliis litteris clausis dicti magnifici consilii cismontani directivis ill° et rev^{mo} domino episcopo Gebennensi tunc existente in ipso loco Chamberiaci seu in Montemeliano...

Libravit Henrico Falconii servienti generali pro suis salario et expensis incohatorum die tertia jullii anni presentis m.cccc.lxxj quibus separando a civitate Thaurini eundo ad et per patriam vercellensem et portando litteras illustris domini principis Pedemontium quibus mediis precipiebatur fieri exercitus generalis et inde ut se armatos reperirent Gratianopolim eumdem illustrem principem associaturus.

(Lettres semblables portées en divers autres lieux du Piémont.)

Libravit Benevenuto de Castagneriis bombarderio pro suo labore et expensis novem dierum incohatorum die octava jullii presentis anni m.cccc.lxxj quibus separando a civitate Thaurini vaccavit eundo Gratianopolim ubi illustrissima domina nostra esse asserebatur et eidem portando litteras clausas magnifici consilii cismontani.

30

Appel aux armes.

(Juin et juillet 1471.)

Libravit Parcevallo de Georginis cavalcatori pro suo salario et expensis septem dierum integrorum incohatorum xxvi jullii anni currentis m.cccc.lxxj quibus separando a civitate Thaurini vaccavit eundo ad et per patriam cismontanam et per principatum portando litteras patentes magnifici cismontani consilii quibus precipiebatur omnibus nobilibus et communitatibus ipsius patrie ut omnes eorum armatos transmitterent Secusiam infra duos post presentationem ipsarum armatos ut decet.

Libravit Pisaguerre servienti generali pro suis salario et expensis dierum novem integrorum incohatorum xvij junii ejusdem anni quibus separando a civitate Thaurini vacavit portando et eundo per patriam vercellensem defferendo mandatum patens magnifici cismontani consilii continens quod licet commendatum fuisset omnibus nobilibus et communitatibus patrie ne se moverint ad arma quemadmodum jam eis mandatum fuerit ob bona nova apportata nichollominus quia asserebatur dominum nostrum fore captum omnibus precipiebatur exercitus generalis.

(Semblables lettres portées en différents lieux du Piémont.)

31

La duchesse à Grenoble. (Voy. n° 64.)

(Juin 1471.)

Libravit egregio Johanni Lyobardi et magistris computorum Sabaudie misso a Chamberiaco apud Gratianopolim ad illustrissimam dominam nostram mense junii anni m.cccc.lxxj.

32

L'évêque de Genève. — Le duc à Thonon.

(Juillet 1471.)

Il est deu par mon tres redoubte seigneur monseigneur le duc de Savoye a son tres humble serviteur et chevaucheur Jehan Tissot pour la dispense de ly et de son cheval quil az fait depuys Thonon don il partit du commandement de monseigneur de Philippes. monseigneur conte de Baugie et de son venerable conseil le xxiij° jour de juillet dernierement passe enclus en lan present mil.cccc.lxxj pourtans lettres pleseurs patentes de mon dit seigneur esdrezans a Thurin Pinerol Moncallier Suyse Avilliane Yvree Verceil Chevas Cony Savillian Fossan Mondevy Seutial Riverol Saint Germain Vigon Carignan Quier ausy au conseil de Thurin et aultres bonnes villes della les mons en Piemont pour ycelles exequuter ou il az vacque tant en allant demourant besognant exequutant ycelles lectres que ausy sejournant esditz pais de Piemont pour ce quil ne pouvoit retourner par decza faire

relacion de ses diligences et exequcions pour les empeschemens que luy pouvoyent estre donnez par monseigneur levesque de Geneve lors estans a Bard a grant puissance et es
aultres lieux des passages qui tenoient ses gens et commis
comme chacun scet jusques au xxvjᵉ jour du moys daoust
ensuyvant ausy enclus qui vint et ariva au lieu de Seyssel ou
estoit mon dit tres redoubte seigneur le duc qui sont xxxiiij
jours entiers dont il y en a quatre jours hors des pays de mon
dit seigneur quil nosoit pas aller le droit chemyn pour occasion des empeschemens que dessus — xiiij ff. x gross.

Item demande et supplie lui estre paye ung florin quil a
livre et donne es guides qui lon conduyt en venant des pays.
Revero jusques en la Valdouste.

Libravit ulterius Johanni Porterii pro suis salario et expensis octo dierum inceptorum die xix inclusive mensis jullii
quibus vacavit eundo a Chamberiaco Thononum cum illᵒ domino nostro expectandoque ibidem dominum thesaurarium.

Libravit magis eidem pro suis salario et expensis trium
dierum inceptorum die xxix mensis jullii inclusive quibus
durantibus vacavit eundo a Thononio Gebennas pro emendo
ferrum salpetrium et suprum pro illᵒ domino nostro duce —
xviij deu gross.

Compte de Jean Loctier.

(1472. — 1473.)

33

Tapisserie de Verceil.

(1472.)

(Tapisseries de chambre semée de AY et de fleurs de lys
dor a Verceil.)

34

Trois états tenus à Verceil.

(1472.)

Payement des despances qui furent faites pour les sieges et bans qui furent faictz en la grand sale basse du chasteau de Verceil pour la tenue des troys estaz.

Item a Symonet le tapissier pour ung cent et demy de croches quil a achete et employe a tendre la tapisserie que len a mise en la grant sale basse du dit chastel de Verceil en laquelle len a tenus les troys estaz.

35

Mission au roi de France.

(Juillet 1472.)

Item ay livre a moy Vaultier de Chignin le iiij^e jour de juillet quatre aulnes de drap noyr de Rouen que ma dite dame ma donne pour fere une robe longue pour aler devers le roy en ambaxade.

Il est deu a Vaultier de Chignin pour les voyages quil a fait despuis ceste ville de Verceil en Bretaigne ou il a este envoye par ma dite dame et les gens de son conseil en ambaxade devers le roy... party de Verceil le vi^e jour de juillet lan mil.cccc.lxxij.

36

A Verceil.

(1er janvier 1473.)

Sensuyvent les estrennes faictes a Verceil lan m.cccc.lxxij le premier jour de janvier.

37

Mission auprès de madame de Bresse.

(1473.)

Il est deu a Vaultier de Chignin lequel fut envoye par ma tres redoubtee dame en la compagnie de monseigneur le mareschal de Savoye messire Claude de Seyssel pour aller en Breysse et plus avant. au devant de madame de Breysse qui devoit venir a Bourg en Breysse lequel partit de ceste cite de Verceil le premier jour de mars en la compagnie de monseigneur le mareschal.

(Ils n'y allèrent pas, car *la dite venue fut rompue.*)

38

Ambassadeurs de Berne et Fribourg. — Livrée.

(Février 1473.)

Ay livre le xxij^e jour du moys de fevrier es ambaxadeurs de Berne et Fribourg quatre aulnes descarlate et quatre aulnes de vellours noyr fin que ma dite dame leur a donne pour faire des robes et porpoens.

39

L'évêque de Genève à Verceil.

(Mars 1473.)

(Au mois de mars 1473, l'évêque de Genève était à Verceil.)

40

Audiences générales à Turin.

(Mars 1473.)

Item ay livre a Symonet le tapissier pour aucunes choses quil a livrees a Thurin pour fere les barrieres et banchs en la grant sale de la maison de levesque de Thurin pour tenir les audiences...

Item ay livre au dit Symonet deux pieces de drap pers de Fornay contenans xx aulnes chacune piece lesquelles il a mys entour les grans banchs des dites audiences et jusques a terre et sur le grans tabla quest devant les piez de mes dits dame et seigneur.

41

Chariot branlant.

Equi empti pro curru branlante domine.

42

La princesse Anne.

(1473.)

Sensuyvent les bagues que ma tres redoubte dame ma faictz livre pour envoyer en France a ma damoyselle Anne sa fille laquelle demeure avec la royne.

...Item x aulnes de vellours cramoyssy pour fere une robe a longue coue pour ma dite damoyselle.

...Item pour ung cheval grison que ma dite dame a envoye a ma dite damoyselle.

43

A Turin.

(Juin 1473.)

(Au commencement de juin la duchesse est déjà à Turin.)

(Payement de depenses faites pour *momeries faictes a Verceil le dimenge devant le lundi et le mardi de cayrementrant et aussy a ces deux jours ensuyvant lan m.cccc.lxxij tant en draps rouge violet blanc vert que bombasines rouges sarges et taffetas.*)

44

Baptême et mort de Galeas de Savoie.

(Septembre et novembre 1472.)

Il est deu pour la despense de monseigneur le duc de Barre frere du duc de Millan et de sa compaignie lequel est venu en ceste cite de Verceil pour et au nom de son frere en ambaxade pour estre compere de ma tres redoubte dame Yolant de France duchesse de Savoye de Glaude Gallias monseigneur a son baptoyement fils de ma dite tres redoubtee dame et frere de mon tres redoubte seigneur lequel duc de Barre est arrive en ceste cite de Verceil le samedy xxvi° jour du moys de septembre au souper et y demoura ensemble sa compaignie en jusques le lungdis ensuyvant au disne enclus que sont deux jours entiers et Glaude Galliast monseigneur fut baptise le dimenche xxvij° jour du dit moys de septembre a Sainct Ysoby environ xx heures.

Il est deu pour la sepulture et enterrement de Glaude Galliast monseigneur frere de mon dit seigneur lequel ala de vie a trespassement a Verceil le samedy vij° jour du mois de novembre mil.cccc.lxxij de nuyt et fut enterre le lungdy ix du dit moys de novembre le dit an en leglise de Sainct Ysoby aupres de la sepulture de deffunt mon tres redoubte seigneur Ame jadis duc de Savoye son pere.

45

Sépulture d'Amédée IX.

(1472.)

Pro interramento illustrissimi domini ducis Amedei anno m.cccc.lxxij.

...Pour les trois grans messes pontificales la premiere de monseigneur levesque de Verceil la seconde de monseigneur levesque de Thurin et la tierce de monseigneur levesque de

Tharentaise pour une chascune messe xxx gros vallent vij fl. vi gros.

Item pour cent cinquante-six messes basses...

Item pour lausmonne generale faicte pour la mein du dict aulmonnier en leglise de Sainct Andre de Verceil present le seigneur Jehan Loctier tresaurier de Savoye donnee a v^mviij.c. et xxxij pouvres a ung chascun pouvre ung quinzain — clxxxij ff. iij gr.

Item pour les offertes mises es platz estans sur le corps ij fl. vij gr.

Item pour les crois de sainct Francois sainct Paul sainct Marc les Carmes de Belleen pour une chascune crois dis gros vaillant iiij fl. ij gros... Item dis aultres croix parochialles estans es du dit Verceil pour une chascune croix deux gros valent xx gros.

Pour messes les jours suivants, etc., etc.

46

Audiences générales à Turin. (Voy. n°s 40 et 64.)

(1473.)

Debentur Jacobino Carbonerii hospiti sancti Georgii civitatis Thaurini pro expensis magnifici domini Laurencii de Posulo juris utriusque doctori assistenti cum magnifico domino presidente audienciarum pro suis et tresdecim equorum et mulorum suorum ac servitorum numero tresdecim persona sua inclusa a die mercurii xxviij mensis aprilis m.cccc.lxxiij inclusive usque ad diem xxiij junii.

47

Etats généraux à Turin. (Voy. n° 54.)

(1473.)

Debentur reverendo in xpo patri domino Urbano Bonnivardi abbati Pynerolii pro expensis quas fecit eundo a villa

Chamberiaci ad civitatem Thaurini ad tres status ibidem ultimo tentis etiam Yporrigiam et Montemcanpellum pro facto navili in quibus stetit tam eundo stando quam negociando a die quinta mensis marcii ultimo lapsi exclusive usque ad diem sextum mensis maii equidem ultimo lapsi inclusive qua die applicuit Gebennis que sunt in summa lxij dies de quibus deducuntur xii dies quibus stetit in Pynerolio in festivitatibus Pasche...

Fuit datum subsidium per tres status.

48

Emeute à l'Université de Turin.

(Août 1472.)

Libravit domino Marco de Gastamilliis collaterali consilii cum ill° dno residentis subscriptos viginti tres florenos sibi debitos causis et rationibus descriptis in quadam supplicatione cujus tenor talis est.

Illustrissime princeps extitit deliberatum per illustrissimam dominam nostram et ejus magnificum consilium quod dominus Marcus de Castamilliis collateralis consilii residentis se transmitteret cum magnifico domino marescallo a civitate Vercellarum ad civitatem Thaurini pro nonnullis differenciis et discordiis nec non et scandallis habitis et sustentatis tam inter scolares citramontanos et ultramontanos quam inter eosdem et cives dicte civitatis necnon et doctores collegii cum scolaribus ultramontanis super quibus dictus dominus Marcus vacavit simul cum prelibato domino marescallo necnon procuratore fiscali et generali viginti octo diebus incipiendo a die nona augusti exclusive usque ad sextam diem septembris anni m.cccc.lxxij...

Debentur spectabili scutifero Michaeli ex condaminis Ripalte pro expensis per eum factis associando magnificum dominum de Commengiis gubernatorem Dalphinatus a civitate Vercellarum usque Secuxiam cum lecteria illme. dne nostre et equis tribus et totidem personis ejusdem lecterie. Et prima die xxv mensis junii anni mil.cccc.lxxij...

49

La duchesse au château d'Apremont.

(Juin 1471.)

Il est deu a Claude dAmbel forrier ducal les choses qui sensuyvent.

Et premierement fut envoye ledit dAmbel par le commandement de ma dite dame le lundy premier jour de juing mil.cccc.lxxj despuis Mommellian jusque au lieu dAis et alentour ly et son serviteur et le bastarde lEstable et leurs troys chivaulx pour fere aulcunes chouses a leur commandement par la dite dame.

Item plus fust envoye le dit dAmbel et son serviteur et ses deux chivaulx et sanglie le herault despuis Mommelian jusques en Daulphine pour contremander les gens darmes du Daulphine et y a vacque le xvj jour de juing le xvij jour du dit moys.

Item plus fust envoye le dit dAmbel par le commandement de ma dite dame despuis Aspremont jusques a Chambery par devers Philippe monseigneur pour luy pourter les lettres que li avoye aporte de Daulphine que luy rescrisoit monseigneur le mareschal du Dalphine a ma dite dame.

Item plus fust envoye le dit dAmbel et son serviteur a deux chivaulx despuis Aspremont jusques a Lyon pour trouver le gouverneur de Roscillion pour ly dire aucunes chouses de la part de ma dite dame et y a vacque despuis le vendredy ij^e jour doust mil.cccc.lxxj jusques le samedy x^e jour.

50

Loge de la folie.

(Mai 1471.)

Sensuyvent les chouses prinses et livrees par Claude dAmbel pour fere la loge de la follie que lon fit au chasteau de Chambery et ce par le commandement de ma tres redoubtee dame la duchesse de Savoye le lundy xx^e jour de may mil.cccc.lxxi comment sensuyt.

Seize douzaines de pots de paysse.

Item pour ix cercles pour mettre en la fontayne du chastel pour faire tenir le pavillion du buffet tout entour la dicte fontayne.

Item pour une termete de boys la ou chaisoit le vin blanc et claret de ly ricorne et aussy laygue de la fontayne.

Item pour les pertuys a planter les pannes que len a mis en la place du chasteau de Chasteau de Chambery et pour nectoyer la place pour la dite loge.

Item pour claveller les pos de la dite loge et de la fontayne.

Item por la pel de quoy lon fit la barbete du morro questoit sur li ricorne.

Item pour xxv charrees de foillie de bois.

51

Archers de la garde.

Stipendia archeriorum — xx archerii.

Stipendia garde illustrissimi domini nostre.

Lazarus de Monteforti capitaneus peditum garde.

Hugoninus de Montefalcone dno de Flassieu capitaneus archeriorum garde.

Lazarus de Monteforti capitaneus garde ducalis.

Jean de Compeis.

Johannes de Compesio eps Thaurinensis...

52

Chiens couchants.

Libravit Anthonio Marchiandi de Montecallerio qui duxit certos canes couchans parte illme dne nostre ad serenissimum dnum et fratrem suum metuendissimum Franchorum regem.

53

Etats généraux de Verceil.

(1472.)

Libravit die quinta aprilis anni m.cccc.lxxij dicto Pinerol heyraldo mandato Vercellis ad loca Sancte Agathe cabaliate Pyneroni Ropuli Ypporegie deinde ad et per totam vallem Augustam cum litteris domine clausis directivis banderetis et communitatibus ipsorum locorum pro congregatione trium statuum tenendorum Vercellis.

Libravit Guigoni Villaris cavalcatori ducali mandato ad et per terram principatus Pedemontium pro portando consimiles litteras.

Libravit Benedicto Ardini servienti generali mandato ad et per terram veterem pro portando litteras consimiles.

Ultra Padum in Canapicio et terra *veteri* per patrias Vercellarum et Ypporegie vallis Auguste Canapicii et terre veteris.

Compte de Jean de Loctier.

(22 Mars 1473, 22 mars 1474.)

54

Etats généraux de Turin. — Subside. (Voy. n° 47.)

Recepit a nobili Guigone Marescalli receptore subsjdii novissime citra montes ac in partibus Auguste Nycieque et in aliis terris ill° dno nostro concessi.

55

Morisque a chatel d'amour. — Arrivée du frère du duc de Milan à Ivrée.

(Février 1474.)

Il est deu a Lancellot de Lans pour une morisque faicte a chastel damours et a xvi personaiges pour le commandement de ma dame et de messeigneurs du conseil a festier le frere du duc de Millan en Yvree le vi jour de febvrier m.cccc.lxxiiij.

Premierement xx mile paillettes pour charges labit de une dame et de trois danssans.

Item pour les manches de iiij deesses et de la dame et des trois danssans.

Item pour le chasteau damours tant pour boys que taille que fasson.

Item pour habillier vi compaignons et le dieu damour et iiij deesses.

Item pour lor batu et pour le pintre de la ville et fasson des habillemens.

Item pour labit du nayn.

Etc. etc.

Ypporegie.

56

Ambassadeurs du duc de Milan. — Ambassadeurs du roi de France. — Leur venue à Ivrée.

(Février 1474.)

Cy apres sensuyt la dispense faicte a Sainct Ya par messire Estainne prothonotaire et frere du duc de Millan monseigneur levesque de Compt *(Côme)* messire Philipe Visconte de Millan messire Anthoine de Romagnain le conte Pierre de Verino messire Thomas de Bologne le conte Jehan de Bonromen messire Jehan de la Porta le marquis Paravisi le conte Maffredu que sont en nombre x chief tous ambaxadeurs de monseigneur le duc de Millan envoye par devers ma tres redoubtee dame la duchesse au nombre ij.c.iiij.xx et vij personnes et ij.c.lxxv chevaulx aulcunes foys plus et mains sellon les allans et venans faicte la dicte dispance au lieu de Saint Ya *(Santia)* tant en venant en ceste ville de Yvriee le jeudy iij^e jour du present moys de fevrier lan mil.iiij.c.lxxiiij au disner comme en sen retournant le lundy vij jour du dit moys de fevrier pareillement au disner que sont deux disnees pour les deux ambaxadeurs pour laquelle dispense est deu a Baptiste de Belins hoste de lenseigne de Saint Anthoine du dit lieu de Sainct Ya.

Leur réception.

Cy apres sensuyt la dispense faicte en ceste ville de Yvriee par... *(mêmes noms que dessus)...* lesquels ont este deffraye de toutes choses en la dite ville de Yvreiee du commandement de ma tres redoubtee dame en la maison de levesque du dit lieu en laquelle ils ont este logies le quatre premiers personnaiges dessus escriptz et les aultres vj parmy la ville ensemble toutes leurs gens le plus honnestement que lon a sceu fere et en laquelle mayson de levesque ils ont continuellement beu et mange et tenu leur tinel reserve plusieurs que bien souvent se sont fait livrer en leur lougis et auxi ce que les ditz dis chiefz et environ de xij de leurs principalx escuyer servans souperent le dimenge au chasteau avec ma dite dame et les ambaxeurs de France a grand triumphe et les aultres demourerent en la dite evesche et a estee faicte la despence tant par les ditz ambaxeurs comment par plusieurs seigneurs et gentils hommes du pais que les sont venus visiter et ont beu et mangie souventes foys avec eulx et auxi par ung grand nombre daultres gens gentils hommes et aultres serviteurs tant du chasteau comment de la ville lesquelx ont este deputes pour servir les dits ambaxeurs et ce despuis le jeudy iij^e jour du moys de fevrier lan mil.cccc.lxxiiij au soupper que ils arriverent en jusques au lungdy ensuyvant vij^e jour du dit moys apres boire quilz sen partirent pour aller disner a Sainct Yaz pour laquelle despence il est deu es personnes cy apres escriptes les parties qui sensuyvent.

Et premierement.

Hypocras oranges.

Malvoisie confitures.

Huille.

Poisson.

Beurre.

Les chouses donnees a madame et a monseigneur par les communautez cy apres escriptes et despandues par les dits ambasseurs de Millan tant en levechie que au chastel pour le soupper des dits ambasseurs fait comme dessus la dite dimenge vi jour de fevrier.

Et premierement par la communaute de Fossan ix lievres vi chapons et ix perdrix. par la communaute de Carignyan xii perdrix et xxiiij chappons. par la communaute de Montcalier xxiiij perdrix et vi lievres. Par la communaute de Thurin xxxij perdrix et vi lievres. par la communaute de Chevas xxiiij chappons. par la communaute da Savillian iiij.xx et dix chappons.

Pour x douzeines de boytes de boys pour tenir les confitures pour servir les ambaxeurs tous les jours.

Item pour deux barreaulx dypocras lesqueulx ont este despendus pour le banquet faict par madame es dits ambaxeurs ou chasteau ou il a entre des chouses dessous despendues cest assavoir zucre de une cuyte lviij livres. cynamonii iiij livres et demy. gingibre demy livre.

Menestriers trompettes venus de divers lieux.

Despances faites a Yvreiee en lhosterie du chappeau rouge par messires Pierre Sallat Glaude de la Riviere Humbert de Beau maistre Hugues Fouchier ambaxeurs et chiefz de lambassade de France despuis le jeudy iij jour du moys de fevrier enclus en jusques le mercredy ensuyvant m.cccc.lxxiiij.

Iterum expense ambaxiatorum ducis Mediolani facte in civitate Vercellarum in eorum adventu die prima februarii.

57

Audiences générales à Turin. (Voy. n°s 40, 46 et 64.) — Humbert Chevrier.

(Mai 1473.)

Pro exequiis Humberti Chevrerii quondam cancellarii Sabaudie.

Despenses faites par messire Andre de Bassel de Valentenois lequel madame a envoye querir pour estre auditeur des audiences et ariva au dit lieu de Thurin luy et ses deux serviteurs et trois chivaulx le jeudy vi^e jour du moys de may au soupper et a desmoure continuellement jusques au mercredy tout le xi^e jour du dit moys m.cccc.lxxiij.

58

Mission du roi de France.

(Avril 1473.)

Despence faite par maistre Jehan Dameysin secretaire du roy lequel a este envoye par devers ma tres redoubtee dame de la part du roy et arriva au dit lieu de Thurin le mercredy xxviij^e jour davril mil.cccc.lxxiij.

59

Infirmité du duc Philibert.

(Février et mars 1474.)

Pour despences faictes par maistre Nycolas physicien de Nyce de son serviteur et des deux chivaulx lequel est venu a Yvreiee du commandement de madame pour fere et deviser certeynes receptes et medecines necessaires pour mon tres redoubte seigneur le duc et cest des pays le xxe jour du moys de fevrier lan mil.cccc.lxxiiij en jusques au xe jour du moys de mars du dit an lxxiiij en jusques au xe jour du moys de mars du dit an.

(Le duc était entre autres atteint de la pierre.)

60

Ambassades de Bourgogne, de Berne, de Wurtemberg et de Naples.

(Novembre 1473.)

Despences faites a Yvree par Nycolas Bonneffan secretaire et ambasseur de monseigneur de Bourgoigne samedy xxe jour de novembre mil.cccc.lxxiiij au mercredy ensuyvant.

Berne.

(Ambassadeurs de Berne et Fribourg à Ivrée. Du jeudi xxv novembre m.cccc.lxxiij au 1er décembre.

Ambassadeurs du comte de Wurtemberg à Ivrée. Du samedi xviij de décembre au mardi suivant.)

Naples.

Pro expensis factis in civitate Vercellarum per spectabilem dominum Johannem Palamar ambaxiatorem serenissimi regis Neapolitani a die ij novembris m.cccc.lxxiij usque ad diem vij dicti mensis.

(L'évêque de Capoue à Ivrée. Du 27 novembre 1473.)

Bourbon.

La dispence de Ame de Challes maistre des eaux et des forest du duc de Bourbon attendant la responce de madame sur certoynes matieres a luy commises. Du i^{er} au x juillet m.cccc.lxxiij.

Mlle de Polignac.

(Au mois de mai 1475, Gilibert de la Feace, écuyer du roi de France, vient à Turin pour prendre Mlle de Poligniac, une des dames de la duchesse.)

Bourgogne.

Il est deu a Jehan Charbonnier hoste de lostellerie de Saint Georges de Thurin pour la dispense de messire Loys de Nole chivallier et ambaxeur du duc de Bourgoigne de xx personnes ses serviteurs et xxi chival de neuf jours entiers quil a demoure en la dite hostellerie despuis le mardy xxvi jour du moys de julliet mil.cccc.lxxiij enclus en jusque le mardy ensuyvant.

61

Ambassade à Milan pour le mariage projeté du duc.
(Janvier 1474.)

Il est deu par ma tres redoubtee dame madame la duchesse de Savoye a reverend pere en Dieu messire Urbain Bonnivard evesque de Verceil lequel il a baillez en la cite de Millan ou il estoit en la compagnie de messeigneurs levesque de Thurin conte de Gruyere et de Villars gouverneur de Nyce president de Thurin de Vienne de Ayrasche Balaquyn et Ruffin de Murres et Maurice de Ryvaulte ambaxadeurs deputez pour le mariage de mon tres redoubte seigneur monseigneur le duc de Savoye et la fillie de monseigneur le duc de Millan les i^{er} ij^e vi^e et vij^e jours de janvier lan mil.cccc.lxxiiij pour donner aux trompettes tabornis menestriers provisioneres canalliers portiers gardes de chastel huissiers chambriers et aultres maistres doffice escuyers nourrice de la dite fillie que se nomme damoyselle Blanche et aultres serviteurs auxi pour donner es seneschal escuyers et autres serviteurs qui ont servy les dits seigneurs de lambaxade a la court grande de Millan lespace de viij jours complis le dit vij jour de janvier c'est assavoir iijc. et vij florins d'Alemagne qui valent monoye de Savoye v. c. ff.

62

Mission auprès des comtes de Genève et de Romont.

(Juillet 1472.)

Debentur domino Anthonio Lamberti decano Sabaudie et canton Gebennensi pro suis expensis quatuor viginti et trium dierum inceptorum die sexta jullii anno presenti m.cccc.lxxij quibus vacavit tam eundo de mandato ille domine nostre duchisse sibi verbaliter facto ad illustres dominos comites Gebennarum et Rotodimontis ex civitate Vercellarum nonnulla ardua et secreta negocia ducalia sibi commissa apud eos tractando.

63

Mission auprès du roi.

(Décembre 1473.)

Francois de Viennois escuyer envoye devers le roy pour aucuns affere secres que madame luy a commis. — Du xvi decembre m.cccc.lxxiij jusques en xvi mars m.cccc.lxxiiij.

64

Mission auprès de l'empereur et du duc de Bourgogne.

(Août 1473.)

Il est deu par mon tres redoubte seigneur Philibert duc de Savoye a son tres humble feal et loyal escuyer donneur Anthoyne de la Forest pour la dispense de luy de trois de ses serviteurs et de quatre ses chivaulx de cent et xiij jours entiers quil a vacque par le commandement expres de ma tres redoubtee dame Yolant de France duchesse de Savoye mere et gouverneresse de mon dit tres redoubte seigneur le duc et de ses seigneurs de leur conseil en ambaxade par devers lempereur et le duc de Bourgonie pour leur dire et exposer certaines choses secretes de la part de mes ditz dame et seigneur de leur conseil comme il estoit charge tant par instruction comme lettres de creance esquelles choses fere et accomplir il a vaque depuis le jeudy xix jour du moys daoust m.cccc.lxxiij jusque le vendredy x jour du moys de decembre.

65

Journée pour appointement avec les Bernois et les Vallaisans.
(Voy. n° 60.)

(17 août 1473.)

Il est deu au seigneur de Beaumont lequel fut envoye du commandement de ma tres redoubtee dame madame la duchesse pour les differences qui sont entre ma dite dame au nom de monseigneur le duc de lune part et les Vallesiens de laultre a Berne et Fribourg a Murat et de la conteys et en Valleys pour estre a la journee qui estoit prinse par messires Nycolas de Dispart et Petremant de Vuadbert laquelle jornee estoit le xvij jour daoust m.cccc.lxxiij.

66

(Voy. n° 59.)

Il est deu a noble Girard Bernard maistre de botollierie et de panaterie de ma dite dame lequel fut envoye au pays de Chablay et a Comptes pour les differences qui sont entre ma dite dame et levesque de Valleys et ce estoit pour faire lacher les vivres question serres de non mener au dit Valles... et partit le dit Girard de la ville de Verceil le ix jour du moys davril mil.cccc.lxxiij... Et puis ma dite dame le renvoyat au dit pays de Chablays et auxi a Berne se estoit pour aller querir monseigneur le mareschal de Gruyeres Petremant de Vuibert et aussy les aultres seigneurs lesqueulx estoient commis pour estre a une journee laquelle se devoit tenir le premier jour du moys de juing lan que dessus mes pour le moyent des Bernoys ladite journee fut aprolongee jusques au premier jour de juilliet.

67

Mission en France.

(Février 1473.)

(Hugues de Montfalcon escuyer ducal envoye au roi de France en fevrier 1473.)

68

Achat d'armes.

(Février 1474.)

Debentur spectabili militi dno Johanni Gerbasii domino Sonnati pro suis expensis octo dierum finitorum ultima februarii anno m.cccc.lxxiiij factis eundo de mandato venerabilis consilii Chamberiaci residentis a Chamberiaco Vuandum pro habendo certum numerum collovrineriorum... Item pro prandio ipsius ejusque famullorum et triginta alamanis collovrineriis quibus dedit prandium mandatorum apud Villars.

69

Rachat d'argenterie donnée en gage au bâtard d'Aix.

(Rachat des argenteries données en gage par la duchesse au bâtard d'Aix pour 800 florins.)

70

La duchesse à Grenoble. (Voy. n° 31.) — Prince de Piémont.

(Juin 1471.)

Donum factum Christino Mathonis.

Playse a ma tres redoubtee dame madame la duchesse de Savoye fayre payer a Chrestien Mathon clert de Grenoble les escriptures par luy faictes au proffit de la dite dame elle estant a Grenoble par le commandement de mons. le maire de Bordeaulx messire Charles Ascart tant pour emplir une grant quantite de blans seignes de la main de monseigneur le prince son filz que Dieu absolve pour envoyer par tous les pays et a tous les nobles bonnes villes des pays. Et a tous les nobles bonnes villes des pays de Savoye et de Pyemont que pour aussi escripre certains articles et instructions et responses faictes aux ambaxadeurs de Berne et de Fribourg touchant la matiere de Philippe monseigneur et oultre plus a este le dit Chrestien continuellement durant larmee de Savoye et dernierement avec messire Jehan de Vences cest assavoir en Apremont Montmellian et Chambery et en ces pays de Pyemont ou il aussi tout escript cella quil a este necessaire pour la dite dame comme articles responses appoinctemens et aultres faictz dernierement au dit Montmellian Chambery et Aspremont quand lors y estoyent les dis ambaxadeurs du roy de Berne et de Fribourg. En quoy le dit suppliant a vacque cinq moys sault le plus et le dit suppliant priera Dieu pour la dite dame.

71

Comté de Villars.

Exoneratio pensionis dni comitis de Villariis.

Audiences générales à Turin. (Voy. nᵒˢ 40, 46 et 51.)

(Mai 1473.)

Libravit spectabili et eximio juris utriusque doctori domino Laurentio de Pesauro lx assessoribus ad sacras audiencias tunc celebrandas per illustrissimam dominam nostram dominam Yolant primogenitam et sororem xpianissimorum Francie regum ducissa Sabaudie tutricem et tutorio nomine illustrissimi domini nostri ducis Sabaudie ejus filii una cum spectabili eximioque juris utriusque doctore domino Andrea de Bessetis constituto et ordinato prout continetur in littera ejusdem constitutionis cujus tenor sequitur et est talis.

Yolant primogenita et soror xpianissimorum Francie regum ducissa Sabaudie tutrix et tutorio nomine illustrissimi filii nostri carissimi Philiberti ducis Sabaudie universis serie presentium fieri volumus manifestum quod cum disposuerimus auctore Deo audiencias generales Sabaudie hiis proximis diebus celebrare consise itaque de intemerata fidelitate et longa experientia magnifficorum spectabiliumque militum dominorum Richardi comitis Crescentini Glaudii de Challes presidentis camere computorum Sabaudie nec non de scientia legalitate industria aliisque multis virtutibus spectabilium eximiorumque juris utriusque doctorum dominorum Laurentii de Pesaura et Andree de Bessetis nobis sincere dilectorum ipsos quidem dominos Richardum comitem Crescentini et Claudium de Challes delegatos nostros dictos vero dominos Laurentium et Andream assessores nostros et seu dictorum delegatorum nostrorum ad dictas audientias celebrandas serie presentium deligimus constituimus facimus et deputamus plenam propterea et omnimodam potestatem et auctoritatem eisdem delegatis et assessoribus nostris una cum magniffico consiliario ducali et presidenti ipsarum audienciarum domino

Anthonio ex comitibus Plosaschi juris utriusque doctore dantes et concedentes de et super omnibus et singulis causis supp a sentenciis per ducale nobiscum residens consilium latis que nundum transierunt in rem judicatam nec non nullitatum ab ipsis sentenciis emissarum ac insuper omnium et singularum querimoniarum et clamorum quorumcumque subdictorum ducalium et aliorum contra et adversus omnes et singulos judices baillivos castellanos procuratores fiscales et alios quoscumque officiarios ducales eorumque loca tenentes item et contra quoscumque barones banneretos et alios vassallos et subdictos ducales offensores injuriatores assassinios et violentos eorumque fauctores factarum et fiendarum audiendi examinandi cognoscendi ac juris et justicie complementum ministrandi aliaque faciendi gerendi et exercendi que hujus modi officia jusque et ducalia deposcunt Sabaudie statuta providendo summarie simpliciter et de plano sine strepitu et figura judicii sola facti veritate inspecta dictorum statutorum formam insequendo repulsis quibuscumque ut partium parcatur laboribus et expensis vices nostras quoad hec eisdem presidenti delegatis et assessoribus nostris commictentes omni supplicatione appellatione reclamatione pariter et recursu penitus cessantibus. Mandantes ea propter et districte precipientes consiliis nobiscum Chamberiaci et citra montes residentibus nec non universis et singulis gubernatoribus baillivis vicariis judicibus capitaneis castellanis procuratoribus mistralibus servientibus generalibus ac ceteris ducalibus officiariis mediatis et immediatis ubilibet citra et ultra montes constitutis ipsorumque officiariorum loca tenentibus et cuilibet in solidum sub pena nostre ducalisque indignationis ac centum marcharum argento per eorum quemlibet dictis consiliis inferioribus qui non paruerit commictenda et erario ducali irremissibiliter applicanda quathenus prefatis presidenti delegatis et assessoribus nostris in et circa premissa et exequtionem predicte sibi collate potestatis ac administrationis prompte et indifficiliter pareant et obediant et efficaciter intendant cum penis et sine penis tanquam nobis. Datum Thaurini die septima maii anno Domini m.cccc.lxxiij.

Conseil ducal.

(1473.)

Per Dominum presentibus dominis : Johanne de Compesio Thaurinensi Urbano Vercellenci episcopo. Humberto Chevrerii cancellario. G. de Seyssellis marescallo. Antelmo dno Meyolani Petro de Sancto Michaele presidente. Ludovico de Arrachiaco magistro hospicii. Michaele de Canalibus. Mauricio ex dominis Ripalte. Marco de Vastamilliis. Oldredo Canavoxii advocato fiscali. Ruffino de Muris generali financiarum et Johanne Locterii thesaurario.

Conseil ducal.

(1473.)

Complementum stipendiorum Andree de Bussetis.

Dominus Anthonius ex comitibus Plosaschi presidens magniffici consilii cum domino nostro residentis.

Michael de Canalibus primus collateralis dicti consilii.

Index generalis maleficiorum.

(1473.)

Guillelmus de Rubeis. Littere constitutionis diei xi mensis augusti m.cccc.lxxiij per quas constituitur per annos tres capitaneus et judex generalis ac ordinarius quorumcumque malefficiorum citra montes (Piémont) cum potestate adversus omnes et singulos latrones assassinios proditores et alios fore factos informationes sumendi processus formandi seu sumi et formari faciendi nec non ipsos processus deffiniendi et super illis justitiam ministrandi et compositiones tractandi et refferendi.

Avocat des pauvres.

(1473.)

Littere date die xvij januarii m.cccc.lxxiiij per quas dnus Petrus Jaquemonis constituitur quoad vitam avocatus pauperum qui agere et litigare habebunt in audienciis (generalibus) ab inde celebrandis in patria Sabaudie citra et ultra montes dum dicte celebrabuntur audientie.

Trésorier général de finances.

(1473.)

Stipendia nobilis Ruffini de Murris de Cuneo financiarum generali. — Universis fiat manifestum quod nos animadvertentes regimini financiarum non solum thesaurarium generalem per cujus manus receptionem financiarum in solidum transire duxerimus sed et alios probos et circa negocia hujus modi habiles requirere et ideo officium generalitatis financiarum adjunctum esse quo negocia financiarum celerius ageantur et eidem thesaurario auxiliari debeat.

Antoine Champion.

Anthonius Championis presidens consilii Thaurini residentis.

Claude de Challes.

(1473.)

Claudius de Challes presidens camere computorum Sabaudie.

73

Le duc se réfugie au château de Montmélian.

(Juin 1471.)

Libravit die xiiij mensis junii anni m.cccc.lxxj pro portari faciendo bagagium dni nostri ducis a conventu fratrum predicatorum Montismeliani ad castrum ipsius loci quando ad ipsum locum applicuerunt illustres domini comites Baugiaci et Rotodimontis cum eorum armigeris.

74

Sépulture d'Amédée IX.

(1472.)

Libravit Petro Biffaz servienti generali pro suis expensis decem dierum quibus vaccavit a Chamberiaco per totum baillivatum Gebennesii et baroniam Foucignaci pro portando litteras clausas dominicales nobilibus prelatis communitatibus sindicis villarum ut venirent Vercellis reddere debitum in sepellimento fiendo ss illustrissimorum dominorum nostrorum Ludovici et Amedei quondam Sabaudie ducum.

75

Etats généraux à Chambéry.

(1473.)

Libravit Petro Binfaz servienti generali pro suis salario et expensis octo dierum quibus vaccavit a Chamberiaco per totam patriam Tharentasie pro portando litteras nobilibus ecclesiasticis prelatis sindicis et communitatibus pro ipsos congregando Chamberiacum pro tribus statibus tenendis et vacavit a die xx marcii anno m.cccc.lxxiij ad diem xxix ejusdem mensis.

Expense Johannis Rossier cavalcatoris pro portando similes litteras per baillivatum Sabaudie.

76

Appel aux armes.

(Mars 1471.)

Librate facte.
Anno m.cccc.lxxj a die i marcii.
Cavalcatoribus et servientibus missis ad diversa loca Sabaudie Chablaisii Bressie cum litteris patentibus directivis

comitibus banderetis et nobilibus dictorum locorum nec non castellanis ut mittant numerum banderetorum et nobilium mense marcii.

Cum litteris patentibus directivis commissariis deputatis ad recipiendum monstras a banderetis et nobilibus et injungant eisdem nobilibus ut se pareant in decenti statu.

Libravit die quarta aprilis dicti anni dicto Peymont heyraldo mandato a Chamberiaco Gebennas et per terram Gay cum litteris illustrissimorum domini et domine clausis directivis ill° et rev° domino episcopo Gebennensi ut desistere faciat gentes armorum a consumatione populi dictorum locorum.

77

Audiences générales à Chambéry.

(Avril 1471.)

Libravit die vij mensis aprilis anno m.cccc.lxxj Claudio Perrossodi cavalcatori ducali mandato a Chamberiaco causa audienciarum de proximo tenendarum ad dominum Johannem de Sancto Germano Gratianopolim et hinc ad Avinionem ad dominos Guillermum Meynerii et Andream de Bessetis juris utriusque doctores.

Libravit die prima mensis maii anni supra scripti Anthonio de Borreto servienti generali mandato a Chamberiaco ad vice receptorem Pedemontium cum litteris publicationis audienciarum die vicesima quinta hujus tenendarum pro illis exequi faciendo.

(Envoi de plusieurs autres lettres semblables en Piémont et en Savoie.)

Per patriam terre veteris.

78

Prise d'armes des comtes de Romont et de Genève.

(Juin 1471.)

Libravit die sexta junii dicti anni m.cccc.lxxi Angellino cavalcatori mandato a Gebennis per supra nominatum thesaurarium generalem qui ibidem erat Chamberiacum notifficatum quod illustres domini comites Baugiaci et Rotodimontis in armis ad dictum locum Chamberiaci accedebant.

Appel aux armes et aux Etats généraux. — Evénements. — Le duc à Thonon.

(Juin 1471.)

Libravit die decima nona dicti mensis junii Vercellino de Ulmo servienti generali portatum litteras trium Statuum et armate cum littera directiva magniffico consilio Thaurini.

Libravit die decima nona junii dicti anni lxxi Aymoni Lambellini habitatoris Chamberiaci pro suis jornatis et expensis fiendis eundo ab hac villa Chamberiaci ad receptorem ultra montes cum litteris domini clausis directivis ecclesiasticis ac hominibus et communitatibus totius patrie pedemontane que fuerunt portari obmisse per dictum Vercellinum.

Libravit dicta die Petro Binfa servienti generali mandato a Chamberiaco ad et per vallem Augustam cum litteris dni clausis pro congregatione trium Statuum et aliis litteris directivis nobilibus ipsius patrie ut se pareant et paratos teneant ad arma.

Similes littere mandate per baillivatum Chablasii et terram Gay per baillivatum Beugesii et patrias Tharentasie et Maurianne.

Libravit die xxiv junii Angellino cavalcatori mandato a Chamberiaco Friburgum cum litteris domini clausis directivis sculteto et consulibus ipsius loci Friburgi.

Libravit die vicesima septima mensis junii Johanni Romans

tallianderio domine pro suis expensis eundo a Chamberiaco Gratianopolim ad prefatam illustrissimam dominam nostram ubi erat.

Libravit dicta die penultima junii Bartholomeo Piagnini mandato a Chamberiaco ad loca Montismeliani Aquebelle Turnonis confleti nec non patrias Tharentasie et Maurianne cum litteris domini clausis directivis nobilibus ipsorum locorum ut incontinenti compareant in armis Burgeti ad serviendum prout eis fuerit ordinatum.

Similes littere directe ad diversa alia loca Sabaudie.

Libravit die octava junii Johanni Signeti pro suis expensis duorum dierum integrorum quibus vacavit eundo a Gebennis ubi erat apud Chamberiacum ad habendum veridicam informationem de armigeris qui erant ante villam Chamberiaci et si ipse thesaurarius ire posset ad ill^{os} dominos nostros ducem et duchissam qui ad Montemmelianum accesserunt pro eo quod portare volebat pecunias.

Messagerii missi per patriam pedemontanam pro portando litteras congregationis trium Statuum dicte terre die xxv junii.

Libravit die xi junii Claudio Perrosodi cavalcatori ducali mandato a Montemeliano Mauriennam et Tharentasiam de castellania in castellaniam cum litteris domini clausis et patentibus directivis castellanis et nobilibus ipsorum locorum ut ad dictum locum venirent cum armis.

Libravit die secunda mensis augusti Jacqueto Pallion camerario domini pro suis expensis unius diei quo vacavit eundo a loco Hermancie ubi prefatus dominus noster aderat Thononium paratum logiamentum prefati dni nostri.

Libravit die xxij dicti mensis augusti Angellino cavalcatori pro suis et ejus expensis eundo a Seyssello ad terram Gay deinde ad baillivatum Chablaysii cum litteris domini clausis directivis nobilibus et banderetis ipsorum locorum ut se reperirent Aquis die xxvij mensis hujus augusti pro associando illustrissimum dominum nostrum eundo Chamberiacum.

Salarium receptoris totius patrie pedemontane.

Compte de Jean Loctier, trésorier général.

(1ᵉʳ Mars 1474. — 22 Juillet même année.)

79

Il est deu par mon tres redoubte seigneur monseigneur le le duc de Savoye a son humble serviteur Perrin Grimbaud comment sensuyt.

Premierement le samedi viij jour du moys de juing m.cccc.lxxj que mon tres redoubte seigneur et dame partirent du chasteau de Chambery et sen alerent a Montmelian laisserent audit chastel de Chambery toutes les personnes de la garnison cest assavoir monseigneur levesque de Geneve monseigneur Jacques-Loys mons. le mareschal et tous les gentilzhommes de garnison ensemble les Alamans et aultres serviteurs de lostel et la fut ordonne que les despens fussent faits a monseigneur levesque et sa compaignie et que mons. le mareschal tenisse avec soy les gentilzhommes de la garnison seulement et faisant ceste ordonnance se despandit le dit jour dues torches le soir une pour le guet livre au prevost des mareschaux lautre pour le chastel.

P. de St-Michel, *chancelier*.

Petrus de Sancto Michaele cancellarius Sabaudie.

80

Joyaux de la Couronne engagés.

(1471.)

Il est deu a Humbert Burdin lequel a este envoye par madame depuis ceste cite dYvree a Lyon pour fere appourter la coronne et aultres bagues estans en la banche de Medicis.

81

Argent emprunté.

(1471.)

Libravit illustri dno comiti de Villariis...

Nous Yolant de France duchesse de Savoye recognoissons devoir et estre tenue a notre tres chier et tres ame cousin le conte de Villars. en la somme de cent et vingt et sinq escus dor de Roy. qui nous a au jour duy realement prestez a notre tres grande necessite laquelle somme de c et xxv escus. ly promectons en parole princesse luy rendre decy au xx jour du procheyn moy doctoubre tesmoing nostre signet manuel cy mys avec le seel de notre petit signet. A Chambery le vij jour de septembre mil.cccc.lxxj. YOLANT.

82

Comptes de l'hôtel.

(1473-74.)

Parcelle solute pro expensis hospicii ducalis die i mensis octobris mil.cccc.lxxiij usque ad diem i mensis aprilis lxxiiij quibus temporibus illustrissima dna nostra duchissa stetit Montecrapello et in Ypporregia.

83

Pont de l'Aisse.

Libravit venerabili dno Nycoleto Chateyn sacriste prioratus Bacini receptoris procuratorisque fabrice pontis lapidei super flumine seu aqua Leyssie inter castrum Batiste et locum Sancti Albani fieri stabiliti.

84

Comte de Villars.

(1474.)

Janvier 1474, mort du comte de Villars.

85

Change des monnaies.

(1474.)

Cambsis et conversis omnibus et singulis monetis tam recepte quam librate ad florenos pp. Computatisque singulis octo solidis forcium pro duodecim den. gross. Quolibet floreno Reni pro viginti uno denariis et obolo unius den. gross. Singulo scuto auri Sabaudie pro viginti quatuor den. gross... Quolibet scuto auri regis pro viginti quinque denariis gross. Et quolibet denario ducato auri pro viginti septem denariis et obolo unius denarii gross. Singulisque duodecim denariis gross. pro uno floreno parvi ponderis.

Compte de noble Alexandre Richardon, trésorier général.

(22 Juillet 1474. — 1er octobre 1475.)

86

Jeu de cartes.

(1475.)

Item mays ay livre le dit jour v jour davril lxxv a monseigneur le duc et a Charles monseigneur deux jeux de quartes.

87

Hugonin de Montfalcon écuyer.

(1474.)

Sensuyvent les livrees faites par moy Hugonin de Montfalcon escuyer descuyerie de ma tres redoubtee dame.

88

Voyage à St-Didier.

(Juin 1474.)

Et premierement le ij jour de juing mil.cccc.lxxiiij en la cite dAouste a Godeffroy le tapissier ung cent de croches pour tendre en la chambre de ma dite dame cest assavoir en tous les logis ou elle arriva quant elle revien de pre St-Didier ou elle demeura lespace de ung temps au dit Aouste et dilecques a Yvree.

Ecritoires à Marie et Louise.

Ay livre le dit jour a mes deux damoyselles Marie et Loyse a chacune un escriptaire pour escripre.

Mort de Vauthier de Chignin.

Le feu escuyer Vaultier de Chignin.

Moy Hugonin de Montfalcon ay livre le premier jour de decembre a Montcallier ce qui sensuyt.

89

Etrennes.

(1er janvier 1475.)

Sensuyvent les livrees faites par moy Hugonin de Montfalcon a cause des etrainnes que lon a coustume de fere le premier jour de lan.

A Montcalier. (*Voy. n° 86.*)

Item a messire Guillaume de Rochefort ambaxadeur de monseigneur le duc de Bourgoigne ung arbre dor auquel a deux botons de roses lung fait de dyamans et laultre de rubis et les racines du dit arbre sont de six pieces de dyamant assises dessus troys grosses perles. — clx ff.

Item ay livre a messire Anthoine de Plant ambaxadeur du duc de Millans ung saffix enchasse en une verge dor.

Personnages du conseil.

A Anthoine d'Orlier gouverneur de Nyce.
A messire Anthoine Lambert doyen de Savoye.
A mess. Anth. de Plosasc president du conseil residant.
A Denys de Savonne recepveur de Villars.
Etc., etc.

Diamans ou pierres précieuses enchassés dans des verges dor.

Astrologue.

Item a messire Estenne Catellan astrologient ung rubis enchasse en une verge d'or.

(Grand nombre de diamans donnés à d'autres personnes et notamment à tous les collatéraux du conseil.)

Physicien.

Item ay livre a maistre Bartrien Violet phisicien de Montcallier deux aulnes de vellours noir fin poil.

Astrologue.

Item ay livre le dit jour deux aulnes de vellours noir fin tiers poil pour fere ung pourpoint a maistre Estienne Catellan nouveau venus que madame a retenu a son service.

Harnais des chevaux de parement.

90

Prince de Tarente à Turin. — Morisque.

(Janvier 1475.)

Sensue la dispense des extraordinaires faicte pour la venue du prince de Tharente filz du roy de Naples pour le commandement de ma tres redoubtee dame et de son conseil tam pour la dispense de pluseurs gens despuys le xxv jour de janvier jusques aut viij jour de fevryer tant pour entremes morisque comme momerie faicte pour la main de Lancellot de Lans au chasteau de Thurin lan m.cccc.lxxv excepte louvrage et manufacture qua fait maistre Nycolas le peintre lequel a son rolet a part.

Et premierement pour lxx livres dor clicant pour crovir ung pavillion du dit or et pour crovir le parament de troys grans besties sauvages cest assavoir ung cerf ung lion part et une irecorne et pour fere viij cheynes longues que tennent le chasteau damours et pour couvrir xxvij bastons du dit or.

Item pour ix gerdins faitz de cyre a roses blanches et a roses roges et dernies faictz de cyre et de souvagines par dedans enclous ix branches de flours de lis pour ix autres entremes.

Item pour fere aporte les ditz ix gerdins despuys Quier jusques a Thurin la ou il y avoit ix hommes bien empechiez.

Item les troys bestes dessus nommees tant pour les cornes faictes au mole enclous toute facon et despens faicts.

Item pour les dites bestes despuys Quier jusques a Montcallier et despuys Montcallier jusques a Thurin baille a maistre Adrian le Flamen ovrier des dites bestes.

Item pour les Chappuys qui ont faict les sieges des dits ix gerdins et les ix arbres du mylieu et adobe tables et trioleaulx de lardier cousine et sale basse et la lietiere ou se portoit la lufon et pour vuyt arbres fait pour la momerie et aultres menues chouses par dedans.

Item pour xij chasteaulx tous faict es queulx lon devoit porter la viande.

Item pour la facon de deux pers de heuseaulx blanc et deux pers de soliers blanc pour bute dessus deux besties souvages quon chevauchoyt en guise de chival.

Item pour la facon de vi robes de dames cest assavoir de mademoyselle de Myolans madame de Servete la Jaqueme de Challes la bastarde de Villars la Francoise Mareschalle et Mermet Brigant vetu en guise de dame. Et pour la facon de troys robes volant et de troys auquetons cest assavoir de monseigneur de Chivron robe et auqueton audit Lancellot robe et auqueton a Marquet Fol robe et auqueton. enclous xviij guiches doubles despuys les espalles jusques a terre bien decoppees.

Item pour liiij aulnes de soye pour fere quatre robes a quatre fillies questoient au dit chasteau damours et pour fere ix chemises a ix serennes qui portoient la viande et pour covrir la robe longue de Mermet Brigant questoit abille en dame et pour crovrir les bours de madamoyselle Myolans despuys le genoil en bas et pour les pendans depuys la teste jusques ou piez es dames et pour pendre les basilleyre des troys ongres que chevauchoient les dites bestes souvages.

Item pour c aulnes de toyle blanche et jeaune pour couvrir les quatre tours du chasteau damours et pour fere un gros dragon ou il y avoit quatre hommes dedans.

Item pour la fasson du dit chasteau damours enclous les quatre tours et la bastillie et le corps de troys bestes souvages.

Item pour troys pers de chausses blanches petites plainne de fein a mettre dessus les dites bestes souvages en guise de jambes.

Item pour troys dozennes de pos pour fere le dit chasteau damours et pour fere le siege des ix serennes es gerdins.

Item pour une seillie pour fere une fontaine enveloppee de

toelle et une grosse anguille questoit dedans pour bute ou mylieu du gerdin damours.

Item pour une charge de lorier apporte de Rivolles pour fere larbre du gerdin damours et larbre questoyt au mylieu du chasteau damours et vij arbres pour fere ung boys ou se tenoyt le dragon.

Item pour louvrage des xxvij bastons questoyent ou songeon des gerdins des serennes en chascun gerdin troys que pour louvrage de lor questoyt dessus les chennes des dragons.

Item pour le charriot qui pourtoit le gerdin damours.

Item pour ung sac de coues de vaches pour couvrir labit dung souvage et pour fere les cheveulx des troys ougres et ix cheveulx de ix serennes.

Item pour vi pieces de treces pour estaches les corps des dites bestes et pour entortillie les xxvij bastons dessus nommes et pour les viij chennes que tenoyent le chasteau damours que les chantres tenoyent pour ce que lor ne tombas.

Item pour troys baselleyres faiz de boces achate de Bertholomier cautellier.

Item pour quatre borneaux destain questoyent ou sonjon des quatre tours du chasteau damours dont salloit yprocias vin et eaue rose et eaue ardent que feysoit feu et pour le canfre que mantenoyt le feu.

Item pour xxv aulnes de toelle roge faicte toute a fuses dargent fin pour fere les vi robes des dames dessus nommees.

Item pour xvi aulnes de toelle noere pour fere les bours des robes de dames et les troys aucquetons dessus nommes toute palliatee de fin argent.

Item pour vi aulnes de toelle violette pour fere les troys robes des ungres dessus dits toute charge de pensee de fin argent.

Item deux livres de filz dargent pour fere les cheveulx des troys que portoyent les auquetons quil lavoient dessoubs les grans poyl dongre et pour fere le bas des auquetons despuys la centure en bas.

Item pour xi plumes dautruche pour porter a chascun des ongre troys sur la teste devant le front et ung a madamoyselle de Myolans et ung aultre a la bastarde de Villars.

Item pour le auqueton de Marquet le fol.

Item troys dozenne destaing vert pour couvrir les pies des arbres du boyes dessus nomme.

Item pour les hommes qui danseront la morisque.

Item pour une aulne de taffetas blanc pour fere troys cornetes ou ly estoit la devise de monseigneur et de madame posee de fin or pour bute au sonjon de la teste des troys qui feysoient la morisque.

Item pour troys coronnes elevees lune demperiere et deux de royne dorees de fin or pour les troys dames questoyent au gerdin dessus nomme.

Item pour quatre faux visaiges pour les troys ungres et laultre pour le fol de la morisque.

Item pour argente deux espieu pour deux souvages que combatoyent le dragon.

Item pour argente troys torches que les dits ungres portoyent.

Item pour xxi plumes dor clicant ouvres tant pour le fils daran que sa facon que portoyent les ix serennes sur le front et les quatre dames questoyent au chasteau damours que portoyent les viij chantres que les gardoen.

Item pour une grosse teste de dragon tant pour le boes pour les tasches que pour le filz de fert a la fere joyer.

Item pour les rues pour fere aller le dit serpent.

Item pour v livres de vert que entre a peindre le dit serpent.

Item pour les ales du dit serpent.

Item pour la main du chappuys qua este viij jours.

Item pour la main du pintre qua pinte la serpent.

Item pour ung bovier qua porte la dite serpent despuys la maison de maistre George Jacquier jusques au chasteau.

Item xxvj aulnes de toelle dEspinal pour fere le pavillion dessus nomme.

Item ung lencoil pour fere labilliment des dessus dits souvages.

Item pour x livres de cheneve pour fere lung des deux abillimens des dits souvages.

Item pour ung millie despingles pour abillier les quatre pucelles du chasteau damours et les dites serennes.

Item pour xviij de petits franges dor pour fere les barbes es troys que firent la morisque.

Item pour la facon de lor chapple que les pucelles getoyent par la sale quam ong les portoyt dedans le dit chasteau damours.

Item pour xxx ras de fil dor pour brode les colles des chemises de serennes comme des robes des pucelles.

Item pour la decoppure de lor des pavillion et des troys paramans des troys bestes souvages et pour la peau du mouston tout dor clincant.

91

Election du syndic de Turin. — Morisque. — Dames invitées.

(15 Août 1474.)

Il est deu par ma tres redoubtee dame madame la duchesse de Savoye a son tres humble serviteur Lancellot de Lans lequel par le commandement de ma dicte-dame a fait au chasteau de Thurin le xv jour du moys daoust lan m.cccc.lxxiiij que fut le jour Notre Dame que ma dite dame fut a Thurin pour estre a la election du nouveau recteur et digna au chasteau et les dames de Thurin il furent une mourisque en laquelle a employé le dit Lancellot et poye les chouses que particullierement si apres sont escriptes.

92

La marquise de Montferrat à Turin. — Banquet.

(Septembre 1474.)

Il est deu par ma tres redoubtee dame a son tres humble serviteur et maistre de cousine Lancellot de Lans de ce quil a employe pour la venue de madame la marquise de Montferra qui lan mil.cccc.lxxiiij venyt a Thurin le xv jour de septembre tant pour entremes que pour les galees pour pourter la viande et pour une morisque furnis de tous abilliemens.

Et premierement pour fere la lietiere de porter sainct Moris et deux serennes et pour fere xiiij gallees a porte viande et le fondement de deux tournelles.

Item pour xiiij bastons de fert pour soubstenir les gallees.

Item pour ung plumas pour la barrate de sainct Moris.

Item pour lauqueton de saint Maurice et les abilliemens de deux fols que gardoent les dites deux tourelles et pour faire lauqueton du fol de la morisque.

Item pour les deux chappuys quont faict les tourelles de lentremes de sainct Moris.

Item pour les manges treynant jusques a terre des hommes et dame quant este de la dite morisque.

93

Banquet aux ambassadeurs. — Morisque.

(Décembre 1474.)

Il est deu par ma tres redoubtee dame a son tres humble serviteur maistre de cosine Lancellot de Lans pour une morisque faicte la dimenge xi jour de decembre lan m.cccc.lxxiiij au banquet de ma dite dame et ou furent les ambaseur et president du roy de Cecile de monseigneur de Bourgoigne et du duc de Millan au chasteau de Montcallier et en ycelle morisque abilliez la bastarde de Villars ung escuyer du roy de

Cecille mons. de la Servette mons. du Boel et le dit Lancellot.

(Item livre a Nycolas le peintre pour la peinture des dits quatre moriscoulx a noyer.)

Item pour soye fils dor plumas. Etc., etc.

94

Noces. — Morisque. — Invitations.

(Janvier 1475.)

Il est deu par ma tres redoubtee dame madame la duchesse de Savoye a son tres humble escuyer et serviteur Lancellot de Lans tant pour abillemens de morisques comme aultres chouses faictes le viij et ix jours de janvyer lan mil.cccc.lxxv par le commandement de ma dite dame au chastel de Montcallier la ou furent faictes les neubces de messire Alleran Provana et la fillie du general et la estoit les ambaseurs de Bourgoigne et de Millan et beaucop de dames de Thurin que ma dite dame fait venir pour veoir la dite feste.

Marquet le fol.

Et premierement ay faict livre le dit viij jour ung abilliment a Marquet le fol de monseigneur de Romont faict de toelle roge garny de selley dargent.

Item pour troys solleil dargent que portoyt le dit Marquet ung devant ung dernier et ung sus la teste.

Item pour ung abilliment de sovage pour le dit Lancellot charge dor clicant.

Item pour un aultre abilliment dalemant fait de toelle roge echacate dargent et ung chapperon de draps demy blanc et demy roge et une plomme dautruche.

Le harpiste de la duchesse. — Nicolas le peintre.

Item ay livre le ix jour pour une morisque faicte la ou estoyt la Verdone mons. dAuly mons. de Chivron Lancellot Marquet le fol Mermet Brigant Nycolas le peintre larpeur de madame Guillaume le parisien labbe des chanctres Golleti chanctre le maistre des enfans et les vi nouvices.

Et premierement xii aulnes de toelle dEspinal toute couverte de sollies dargent taquetee comme un lyonpart de carpes dor de quoy furent faictes la robe de la dame et celles de quatre hommes.

Item pour xii livres dor clicant pour charge le bor de la dame despuis le geneux jusques a terre et pour crovyr les robes des dits quatre nommez despuys la centure en bas et pour fere a chascun quatre guiches despuys les espaulles jusques a terre tout dor clicant et pour charger les chapperons des grans questoyent en la compaignie.

Item pour quatre pers de solliers roges argentes.

Item pour xiiij jambieres de sonetes.

Item pour xii plomeis ouvre dor.

95

Banquet pour la marquise de Montferrat. — Nicolas Robert, peintre.

(Septembre 1474.)

S'ensuyt louvrage que mestre Nycolas Robert peintre de mon tres redoubte seigneur le duc de Savoye a faict a Thurin pour le banquet de madame la marquise de Montferra au chasteau de Thurin le xvi jour de septembre mil.cccc.lxxiiii.

Et premierement pour v banneroles tant longues que carrees faictes des armes de monseigneur dung coste et daultre de madame et mis le baston pour mettre sur les plas des mes.

Item pour xxx banneroles des armes du marquis faictes dung coste et daultre.

Item pour deux tours quon fit pour les entremes tant pour les toyles que pour la facon que pour la peinture et siege pinte de dessoubtz a mode de chasteau.

Item pour deux serennes pour les dits entremes faictes de mollure et couvertes destain quavoient cinq pies de long.

Item dymy aulne de taffetas cramoisy et ay fait sur le dit pennon la croys saint Maurys dung couste et daultre dargent fin.

Item pour xxxij hommes darmes que jay fait de mollure argente de fin pour mettre dessus les mes comme sur les polaillies chappons ou perdris ensemble leurs mantellines.

Item pour la peinture de xiiij gallees que furent faictes pour servir les mes les viandes quon mit sur la table argentees destaing et peintes comme elles ont este devisees.

96

Oratoire du château d'Ivrée.

(1474.)

Sensuyt louvraige que moy Nicolas Robert peintre de ma tres redoubtee dame la duchesse de Savoye ay fait en une oratorie pour ma dite dame en la cite dIvoree lan m.cccc.lxxiiij.

Et premierement en la dite oratoire contenant xv chapistres toute faicte dor fin bruni et de fin azur et toutes aultres collours fines faictes huille ensemble quatre fenestre faictes dor bruni et des dits collours et feuillages et ymages dedans les dites feuilles et devises et armes de ma dite dame.

Item au premier chapitre est figure listoire du jugement contenant pluseurs personnages comme ce peut apparoir.

Item au second chapitre est figure une Notre Dame de pitie tenant Notre Seigneur en son geron comme on la dessendu de la crois.

Item au tiers chapitre est figure saint Jehan Baptiste et saint Jacques le major.

Item au quart chapitre est figure saint Franczois et saint Bernardin.

Item au v chapitre est figure saint Morix et saint Adrien.

Item au vi chapitre est figure saint Glaude et saint Loys de France.

Item au vii chapitre saint Loup et saint Michel et saint Pierre le martyr.

Item au viij chapitre saint Gregoire en la paricion que luy fit Notre Seigneur et toute l'escripture et oreison.

Item au ix chapitre saint Franczois et sainte Claire et comment Notre Seigneur sappareut a sainte Collete.

Item au x chapitre sainte Catherine.

Item au xi chapitre Maria Magdalene.

Item au xii chapitre sainte Barbe.

Item au xiii chapitre sainte Marguerite.

Item au xiiij chapitre sancta Maria la gipcienne.

Item au xv et dernier chapitre sainte Catherine de Cene.

Item les xv figures dessoubs iceulx xv chapitres ensemble lescripture ainssi quil a este ordonne par frere Anthoine de Cremone par le commandement de ma dite dame.

Item pour le ciel de dessus le dit oratorie fait et champoye tout dazur fin a ung souleil dor fin et ung Jhûs au meillieu garni des toilles dor fin et a iiij bour les iiij evvangelistes.

En laquelle ouvrage cy dessus desclayree est entre xvc dor fin a xxij gros le cent montent xxvij florins et demy.

Item est entre une livre dazur dAlemagne que valt xiij ff.

Item pour toutes aultres collous comme lacque vermeillon et aultres chouses a ce necessaires ensemble le vernis a le vernicer x ff.

Item pour avoir vacquer tant pour moy que pour ung serviteur de lespace de sep moys pour les despens seullement de bouche pour nous deux a deux escus le moys montent xxviij ff.

Item pour le salaire de mon dit serviteur a deux ducas pour moys montent les dits vij moys xiiij ducas que valent a reyson de xxxvij gros le ducat xxxi ff. et demy.

Item pour ma payne et facon davoir fait le dit oratoire ou jay vacque lespace de neuf moys et demy a rayson de troys escus le moys montent xxxi escus et demy que valent lxxii ff.

Somme clxxiij ff.

97

Banquet du prince de Tarente.

(Février 1475.)

Sensuyt louvrage que moy Nycolas Robert peintre de ma tres redoubtee dame la duchesse de Savoie ay fait en meuleure et pinture par son commandement a Thurin pour le banquet qui a este fait pour la venue du fils du roy de Naples le mardi vij jour de fevrier m.cccc.lxxv.

Primo pour neuf seraynes de mollure argentees et pour neuf grans plas faits comme ung panier argentes dedans et dores dehors avec le baston qui soustenoit les dits paniers.

Item pour avoir peint le chasteau damours.

Item pour quatre marmouses de demy pie de long qui furent mis sur les tours.

Item pour ung homme souvage qui gardait la porte du dit chasteau damours.

Item pour quatre bestes qui estoient es quatre tours du dit chastel cest assavoir ung ours ung sanglier une serpent et ung lyon dore de fin or.

Item pour avoir paint et argente la litiere ou fut pourtee la toyson dor et fait une haye de painture entour et avoir fait le collier dor et dazur a lordre de Savoye et avoir argente xl chandelles a mestre entour.

Item pour xlviij marmouses ensemble les mantellines argentees dargent fin et les brides des pourcellons.

Item pour xviij dans de sanglier taillees et argentees dargent fin.

Item pour avoir doure ix heures de sanglier.

Item pour dourer xviij plas de gelee a la devise de madame.

Item pour faire dix colliers de lordre de Savoye a mettre es testes des pastes de lyevre.

Item pour xxv grandes bannieres aux armes de monseigneur dung couste et de madame de laultre.

Item pour xxv bannieres aux armes du roy dung couste et daultre.

Item xxxv bannieres aux armes du roy Ferrant dung couste et daultre.

Item xxv bannieres aux armes de Bourgongne dung couste et daultre.

Item xxv bannieres aux armes de Millan dung couste et daultre.

Item iiij petites bannieres aux armes de monseigneur et de madame des deux coustes.

98

Venue de la marquise de Montferrat.

(Septembre 1474.)

Sensuyt la dispense faicte a Thurin en la maison de lesveche du dit lieu par madame la marquise de Montferra fillie de monseigneur le conte de Poytieure et de sa compagnie au nombre de cent personnes et de iiij^{xx}xv chevaulx... Oultre ce que ma tres redoubtee dame et mon tres redoubte seigneur ont donne a souper a madame la marquise a toutes ses dames et a la pluspart des seigneurs et gentilz hommes de sa compagnie et a pluseurs dames bourgeoises et gentilz hommes de la ville de Thurin fait le dit soupper a mode de banquet triumphan au chasteau du dit lieu de Thurin.

99

Prince de Tarente. — Hypocras.

(Février 1475.)

Sensuyt la dispense faicte en la cite de Thurin par monseigneur le prince de Tarente fils du roy de Napples au nombre de environ v^c personnes de sa compaignie et de iii^{c}lxxii chevaulx despuys le lundi vi jour du moys de fevrier lan m.cccc.lxxv environ deux heures apres midi veillie de caresmentrant que le dit seigneur arriva au dit lieu de Thurin en jusques au lundy ensuyvant xiii jour du dit moys apres disner quil sen partit pour aler en Bourgongne qui sont vi jours entiers et une disnee car suppose que la voex fusse quil dinasset a chevax le dit lundy. toutefoes la pluspart et quasi tous redinarent audit lieu de Thurin comment cy apres se pourra voer par le present roule. durant lesquelx vij jours et une disnee il a este deffroye par ma tres redoubtee dame luy et toute sa compagnie personnes et chevaulx pendant les troys premiers jours entierement de toutes choses a grand triumphe et toute oultrance tant en la maison de leveschie en laquelle le dit seigneur a este logie luy et son estat au nombre denviron lxxv personnes commant es hostelleries et aultres bons marchians. Et pour les aultres quatre jours et une disnee na este deffroye que sa personne et son estat en leveschie tousjours triumphement et continuement a lon envoyer et seigneurs de son estat contes chivalliers et aultres logies es hostelleries et bonnes maisons de la ville suppose quil fussent a pas doste et a leurs despens torches tourtes bugie confictures especies zucres yppocras malvoysie vin de Tage et aultres chouses a toutes heures et a grant plante car ainsy playsoit a ma dite dame estre fait laquelle est allee tout expressement a tout son estat de Montcallier au dit lieu de Thurin pour le receyvre et festoier plus sontueusement.

Pour iii*xxviii livres de confitures de toutes sortes.
Pour x livres de gingibre.
Pour xi livres cinamonii.
Pour deux livres et demy de giroffle.
Pour une livre iij onces de muscates.
Pour une livre vi onces et demy de saffran.

Federicus filius regis Ferrandi princeps Tharente.

100

Venue du bâtard de Bourgogne.

(Mars 1475.)

Sensuyt la dispense faite a Montcallier par monseigneur le bastard de Bourgoigne acompagnie de son filz du marquis de Ferrara du bally de saint Coyntin du gouverneur de Nymegues de toyson dor et de plusieurs autres gentilz hommes et aultres ses serviteurs au nombre denviron cent et dix personnes despuys le sabmedy iiij jour du moys de mars lan mil.cccc.lxxv au soupper lequel jour il arriva au dit lieu de Montcallier jusques au jeudy ensuyvant. Reserver que ma tres redoubtee dame luy donna a soupper a luy et a ses gentilz hommes le dimenche au soir et a este deffroye luy et toute sa compagnie a toute oultrance.

101

Mort de la demoiselle de Myolans.

Pro interramento filie domini Myolani decesse in Montecallerio die xxiij junii lxxv.

(En août 1475 la duchesse était encore à Montcalier.)

102

Ambassade à Milan. — Deux mimes. — Cuisinier.

(1474.)

Le 15 janvier 1475 Antoine Lambert, doyen de Savoye, et Ruffin de Mures, général des finances, sont envoyés en ambassade à Milan *pro nonnullis arduis et secretis agibilibus statuum ducalium* avec 28 personnes et autant de chevaux, *et pariter duobus mimis uno videlicet citaredo et alio organista ac uno coquo dicto le Bossu ob honorem domini et ambaxiate.*

103
Ambassades.
(1475.)

(Plusieurs ambassades à Berne et à Fribourg.)

104
Guerre contre les Bernois.
(1475.)

Libravit nobili Johanni de Ponte magistro requestarum misso ad illustres dominos epicopum gebennensem ac comites Gebennensem et Baugiaci pro insultibus per Bernenses et eorum confederatos in ducales patriam et subditos factis Sabaudis.

Libravit nobili armorum capitaneo Georgino de Putheo subscriptos mille et quingentos flor. pp. quos sibi et armigeris in rotulo infra scripto nominatos et mentionatis legitime videlicet unicuique prout sue suppetet facultati distribuere ipsosque apud Gebennam conducere et domino Myolani inferius nominato presentare tunc habebat cujusquidem rotuli tenor sequitur. Numerus peditum. Rivoctus de Vinoux conestabilis. David Rivoctus ejus filius balista. Anthonius de Laurencians targeta. Anthonius de Paulono balista. Jacobus de Leva targeta etc. (environ 150)

Missi contra Bernenses.

Sequuntur nomina et cognomina sodalium ad arma contra Bernenses per illustrissimam dominam nostram ducissam destinatorum sub conductu et insignio nobilis Nicolai de Merlo armorum capitanei de mense februarii lxxv.

Et primo Miollans de Millano cum uno socio (22 hommes lombards).

Libravit Lyonardo hospiti capelli rubei Chamberiaci.

Debentur Lyonardo Emin hospiti capelli rubei Chamberiaci

pro expensis nobilis Petri de Crans et quindecim sociorum guerre et totidem equorum sexdecim dierum integrorum qui nobilis Petrus de Crans fuit mandatus per magnifficum dominum Jacobum comitem Intermontium dominosque Stephanum Morelli presidentem consilii Chamberiaci Glaudium de Challes presidentem computorum Petrum Bonnivardi dominum Barre et ceteros alios ducales consiliarios tam collaterales quam magistros camere computorum ut veniret Chamberiacum cum numero equorum et personarum supradicto ad serviendum illustrissime domine nostre circa custodiam et thuitionem hujus ville Chamberiaci inceptorum die xx inclusive mensis aprilis anno mil.cccc.lxxv.

Libravit nobili Glaudio Ruffini capitaneo summe Rippe de Bosco per illustrissimam dominam nostram constituto capitaneo mille peditum et centum equitorum armigerorum pro tuhitione patrie ultramontane etiam ad resistendum illam invadere Volentium nec non pro muniendo castra villas et fortalicia dicte patrie... Seque idem capitaneus infra octo dies proximos cum ejus comitiva reddere habeat in Chamberiaco coram magniffico consanguineo nostro sincere dilecto comite Intermontium...

......Datum in Montecallerio die decima septima maii m.cccc.lxxv.

(Nobilis Joh. de Symeonibus capitaneus duodecim peditum.)

Nobilis Guillelmus Cambiani ex dominis Roffie constitutus capitaneus sexviginti armigerorum peditum.

Pro inchassiatura Voglariorum castri Chamberiaci.

...Quatuor grossa Voglaria et aliud Voglarium parvum.

Libravit Janino de Narco servienti generali pro suis salario et expensis xii dierum quibus vacavit a Chamberiaco Montem falconem Rumilliacum Terniacum Gayum Galliardum et deinde per totum baillivatum Chablaysii pro portando omnibus officiariis dicti baillivatus litteras ducales clausas super custodia platearum et de mandato neminem expediendi nisi dno et ejus speciabilibus commissariis et super certis aliis secretis agibilibus domini et etiam alias litteras patentes de mandato proclamari faciendo per singula castellaniarum loca ne quis audeat sive presumat ire ad armatam contra nec adversus quemcumque preter pro domino nostro duce et suis deputatis. Inceptis die xv inclusive mensis septembris m.cccc.lxxiiij.

Consimiles littere portate in diversis locis baillivatus Sabaudie Maurienne et Tharentasie.

Libravit Francisco Nerga de Chamberiaco pro suis salario et expensis sexdecim dierum inceptarum die xvi septembris ejusdem anni quibus vaccavit de Chamberiaco per totum baillivatum Beugesii Choutagniam et etiam Montagnie portando omnibus officiariis consimiles litteras et etiam omnibus nobilibus dicti baillivatus de mandato se ipsos armandi et in eorum domibus se tenendi donec aliud habuerint in mandatis.

Libravit die vicesima mensis septembris ejusdem anni nobili Aymoni de Murris pro suis expensis fiendis eundo a Chamberiaco Scalas et ad plura alia loca patrie Dalphinatus ad sciendum si gentes armorum veniant in patria ducali pro differenciis existentibus inter dominos comites Gebennensem Baugiaci et dnum episcopum gebennensem.

Adrianus dictus le Glorieux missus Lugdunum pro eadem causa.

Littere portate omnibus nobilibus patrie Sabaudie de mandato se armandi et in bono statu se tenendi in suis domibus.

Libravit die ix januarii anni cccc.lxxv Johanni Magnini servienti generali et cavalcatori pro suis expensis fiendis eundo a Chamberiaco per totum baillivatum Chablaysii terram Gay pro portando omnibus nobilibus et communitatibus litteras ducales clausas de mandato se armandi contra Alamanos etiam alias litteras directivas officiariis ipsius baillivatus ut custodirent passus et plateas.

Consimiles littere portate per alios baillivatus et alia loca.

Cavalcatores missi per plura loca Sabaudie mense januario m.cccc.lxxv pro portando omnibus nobilibus et communitatibus ipsorum locorum litteras mandati generalis guerre.

Cavalcatores et servientes missi per eadem loca pro portando omnibus nobilibus litteras clausas de mandato se reperiendi die quindecim februarii Gebennas in armis ad suas monstras faciendum.

Littere portate die xxvij mensis marcii anni lxxv omnibus nobilibus Sabaudie ut se teneant parati in armis.

Cavalcatores et servientes missi omnibus officiariis Sabaudie pro ipsis portando litteras dominicales de mandato proclamari faciendo ut omnes nobiles se reperire debeant et habeant Chamberiacum die quinta aprilis pro faciendo eorum monstras.

Alie monstre assignate pro die xvij aprilis in ville Chamberiaci.

(Les ordres sont donnés de concert par le comte d'Entremont, le conseil résidant à Chambéry et la Chambre des comptes.)

Libravit Petro Cadodi pro suis salario et expensis quatuor dierum inceptorum die xv aprilis quibus vaccavit eundo a Chamberiaco Turnonem Confletum et per totam Tharentasiam superius et inferius pro portando officiariis et nobilibus ipsorum locorum certas litteras clausas parte dominorum Intermontium consilii Chamberiaci et Camere ut nobiles et alii venirent Montemmelianum ad custodiendum villam et castrum.

Libravit Marrono servienti generali pro suis salario et expensis sex dierum inceptorum die x maii quibus vaccavit a Chamberiaco Montemmelianum Turnonem Confletum Aquamblancham Musterium Aymam et Sanctum Mauricium et per plura alia loca pro portando singulis et omnibus nobilibus ipsorum locorum litteras ducales clausas de mandato veniendi in continenti armati et in meliori statu quod fieri poterit in hac villa Chamberiaci pro conservatione ville et patrie ducalis.

Littere misse pro custodia Passuum.

Littere misse per Mauriennam et alia loca pro venire faciendum franchos archerios dictorum locorum.

Littere misse Annessiacum ad dnum comitem Gebennensem.

Quinquaginta homines missi in comitatu de Villariis pro custodia dicti comitatus.

Tornate tenute apud Pontem Bellivicini cum ambassiatoribus ducis Borbonie pro facto comitatus de Villariis.

Libravit die vi mensis jannuarii mil.iiijlxxv quatuor servientibus generalibus missis ab hac villa generaliter per totam patriam ultramontanam Pedemontis videlicet Vercellarum terram veterem vallem secuxiam principatum tam ultra quam citra Padum cum litteris domine clausis omnibus nobilibus et communitatibus singula singulis refferendo totius patrie cismontane directivis per quas eisdem mandabatur quod die vicesima hujus deberent interesse in civitate Thaurini ad faciendum eorum monstras pro tuhitione patrie Sabaudie maxime contra Theotonicos qui minas dederunt offendendi et destruendi patriam Vuandi et Gebennarum.

Libravit eadem die Johanni de Breyssia servienti generali misso ab hac villa apud totam vallem augustam deinde apud Tharentasiam cum aliis litteris clausis ejusdem exercitus generalis omnibus nobilibus dictarum patriarum per quas eisdem mandabat ut die xxiv hujus mensis eorum monstras facere debeant videlicet illi de patria vallis auguste in civitate Augusta et illi de Tharentasia Chamberiacum.

Libravit eadem die Johanni Cohennet dicto Faulcon heyraldo misso ab hac villa Montiscallerii apud Mauriennam portando litteras clausas pro dicto exercitu nobilibus Maurianne deinde apud Chamberiacum cum litteris domine clausis spectabilibus dominis presidenti et magistris camere computorum directivis per quas eisdem mandabatur quod omnes litteras clausas generalis exercitus quas dictus Faulcon portat deportari faciant omnibus nobilibus baillivatus Sabaudie et Beugesii. Deinde vadit dictus Faulcon apud Annexiacum ad illustrem dominum comitem Gebennensem deinde ad dnum episcopum Gebennensem deinde Grueriam ad dnum Marescallum Sabaudie cum litteris domine clausis certa secreta continentia deinde per totam patriam baillivatus Chablaisii terram Gay Terniaci et Galliardi cum litteris domine clausis generalis exercitus nobilibus dictorum locorum directivis per quas eisdem mandatur ut eorum monstras facere veniant in loco Gailliardi die xxiiij hujus mensis jannuarii pro tuhitione dicte patrie.

Item libravit iterum die xvi mensis hujus jannuarii quatuor servientibus generalibus iterum et secundo missis ab hac villa Montiscallerii ad omnes civitates et villas patrie cismontane cum litteris domini patentes officiariis ipsarum civitatum et villarum directivis per quas eisdem officiariis et cuilibet eorumdem mandatur quod subditos penes eos existentes non permittant venire eorum monstras apud Thaurinum juxta montem quia prout fuit visum esset ipsis communitatibus nimis sumptuosum sed ipsas monstras quilibet ipsorum officiariorum penes se recipiant et rescribant.

Generalis exercitus.

Libravit die xxiij mensis jannuarii tribus servientibus generalibus iterum missis ad omnes villas civitates et villas patrie cismontane tam nobilium quam alios cum litteris domini nostri patentibus mandati generalis exercitus per quas mandatur officiariis et communitatibus quod proclamari faciant generale exercitum cum sono campanarum et aliis solempnitatibus opportunis prout fieri est assuetum.

105

Etats généraux à Turin. — Consultés sur le fait des Bernois.

(Février 1475.)

Libravit die prima februarii m.cccc.lxxv tribus servientibus generalibus missis ab hac villa Montiscallerii ad omnes villas communitates et castra patrie cismontane tam nobilium quam alios cum litteris domine clausis pro tribus statibus convocandis in Thaurino die decima februarii ad habendum consilium cum eisdem super facto guerre per Bernenses in partibus Vuandi incepte.

Compte d'Alexandre Richardon

dès le 1ᵉʳ octobre 1475 au 1ᵉʳ octobre 1476.

106

Voyage à Genève et à Lausanne.

Et premierement ay livre le xij jour de fevrier m.cccc.lxxvi a quatre mullatiers lesqueulx ont demoure en Avilliane des le viij jour de janvier jusques a ce jour avec nombre de xxxiv mules et ce pour pourter vivres vaysselle dargent joyaulx tant de madame de monseigneur de mesdamoyselles et des dames de la maison reliques de la chapelle toutes choses dangereuses et aussi choses necessaires pour les officiers de panaterie cousine et boteillerie.

(Dès les premiers jours de janvier on avait fait transporter une grande quantité d'effets à Chambéry et de là à Genève.)

Item ay livre le xij jour de fevrier que madame est partie de Rivolles et alla dourmir en Avilliagne.

Item ay livre pour les despens de xvi hommes de la dite

ville dAvilliagne et de xvi de Bourcellin lesqueulx ont accompaigne la listiere de madame ceulx dAvilliagne jusques a Bourcellin et ceulx de Bourcellin jusques a Suyse.

Item ay livre a xxxij hommes lesqueulx ont pourte troys litieres faites en la ville de Suyse esqueulx en lungue estoit monseigneur et la pourtaont xvi des ditz hommes en laultre Charles monseigneur ou il y avoit viij hommes et en laultre monseigneur le prothonotaire ou il y avoit aultres viij hommes.

Item pour xxi hommes qui mesnoient chascun deulx ung mulet lesqueulx ont pourte le xxi femmes icy apres escriptes de Suyse a la Ferriere (ce sont des chambrières).

Item a troys hommes de la ville de Lanslebourg lesqueulx ont conduyt sur leurs mules ma dame mes deulx damoyselles et sont montes ma dite dame et mes deux damoyselles a Nouvelleyse et les ont pourte a la Ferriere ou ils ont vacques tout le jour.

Item ay livre a xxii hommes qui mesnent chascun ung mullet sur lesqueulx ils ont pourte madame de Myolans la dame de Montchanuz la damoyselle de Myolans la dame dAvanche la dame de Troches la dame de St Ignocent la dame de la Crois etc. etc.

Item ay livre pour les mulets qui ont pourte la grande lictiere de madame.

Item ay livre a deulx boviers lesqueulx ont asmenees ungne liege sus laquelle madame est allee despuis le dessus de la montagne jusque bien pres de Termignon.

Item ay livre a ung aultre bovier lequel a meysne ungne liege sus laquelle monseigneur est alle despuis le dessus de la montaigne jusques a Langlebourg.

Arrivée à Chambéry le 22, de là à Genève.

(Dépenses faites pour la construction de deux nefs qui ont conduit madame de Genève à Lausanne.)

Item ay livre le vi jour du moys de mars a Hugue Jorsin mulatier pour les journees et despens de luy et trois ses serviteurs et xii ses mules lesqueulx ont demoure iij jours en la dite ville de Genesve apres la journee de monseigneur de Bourgoigne et des Allemans en attendant sil seroit necessaire de remuer les bagues en quelque aultre lieu.

(Le glorieux buffon de monseigneur de Bourgoigne.)
Reparationes domus domini Gebennarum.
(Charriots branlants faits à Chambéry.)

Sensuyvent les aultres livrees faictes par moy Hugonin de Montfalcon escuyer descuyerie de notres tres redoubtes dame et seigneur en commencant le xxv jour de may m.cccc.lxxvi.

Et premierement ay livre en la cite de Losanne.
Bagues mesnees de Genefve a Seyssel.

107

Délivrance du duc de Savoie.

(Juillet 1476.)

Item ay livre le tiers jour de juillet en la ville de Genefve pour le boys et la faison dungne litiere faicte pour pourter monseigneur et Jacques Loys monseigneur le prothonotaire.

Il se retire à Montmélian.

Item ay livre le x jour du moys daost en la ville de Montmellian a monseigneur et a Jacques Loys monseigneur le prothonotaire a chascun ung bon perpoint de satin.

108

Envois faits à la duchesse, prisonnière à Rouvre.

(Juillet et août 1476.)

Item ay livre le xxvi jour du moys de juillet en la ville de Montmellian a Jacques serviteur dAnthoine dOrlier lequel jai envoye du dit lieu a Rovre en Bourgoigne porter des nouvelles a madame.

Item ay livre ledit jour a Anthoine de la Forest vi aulnes de bon satin noyr double lesqueulx il a porte en Bourgoigne pour fere ungne cotte a madame.

Item ay livre le xiij jour du moys daost en la ville de Chambery a Pinierol le poursuivant ung par de chausses de fin drap de Menyn noyr pour pourter a ma dite dame au Rovre en Bourgoigne.

Item ay livre le dit jour au dit Pinierol ung par de chausses de fin drap blanc de Disjon pour pourter a madame.

Item ay livre le dit jour au dit Pinierol ung par de chausses pour luy de bon drap roge lesquelles madame ma mande que luy fisse donner.

Item ay livre le xiiij jour du dit moys en la ville de Montmellian a Chivrot le mullatier pour les despens de luy et de troys mulles lesqueulx il a meyne a madame en Bourgoigne charges de bagues.

Item ay livre le dit jour au dit lieu a Jenyn le Picart chevaulcheur lequel je ay envoye en Bourgoigne pourter des nouvelles a madame.

109

Choses livrées aux deux princes Philibert et Louis à Montmélian.

(Août 1476.)

Item ay livre le dit jour a monseigneur et a Jacques Loys monseigneur le prothonotaire quatre pars de gans broudes de fin fillet dor.

Item ay livre le xx jour du moys daost en la ville de Montmellian a monseigneur ung bon par de chausses de fin drap roge de Millan.

Drap pers turchin.

Item ay livre le iiij jour du moys de septembre en la ville de Chambery a Jacques Loys monseigneur le prothonotaire ung par de chausses de bon drap fin pers turquin de Bourges.

Item ay livre le v jour du moys de septembre en la dite ville a Cathelin le mercier lequel a fait des pailliasses sur lesquelles dorment les archiers qui font le gayt la nuyt au chasteau et aultres logys de monseigneur.

110

On envoie chercher la duchesse en France.

(Octobre 1476.)

Sensuyvent aultres livrees lesquelles moy Hugonin de Montfalcon ay faictes pour la main de Jenyn le Picart chevaulcheur pour conduyre et mesner les charriots branlans despuys Chambery jusques a Lyon pour aller querre madame en la court du roy.

Et premierement ay livre pour le soupper du dit Jenyn et de son cheval le xviij jour doctobre mil.cccc.lxxvi en Grisine aupres du lec du Bourget ou il a este pour envoyer la nef de Aultecombe pour pourter le dit charriot despuis le Bourget jusques a Chanaz.

Sensuyvent les livrees lesquelles jay faictes pour la main de Mermet Mieuset charreton pour luy et son varlet a quatre chevaulx lesqueulx sont alles de Chambery a Genefve querre ung aultre charriot branlant et le mesner a Lyon.

Et premierement le xvi jour du moys doctobre...

Sensuyvent les aultres livrees que jay faictes pour la main du dit Mermet Myeuset pour conduyre et mesner les deux charriots branlans despuis Lyon jusques a Tours.

Et premierement le xxiiij jour doctobre...

111

Dépenses faites à Tours. — Retour en Savoie.

(Novembre 1476.)

Item ay livre le vi jour de novembre de lan que dessus en la ville de Tours deux aulnes de vellours noyr a double poil fin de Gennez lesqueulx ont este employes a faire ung chapperon et ungne bende a pourter dessus le front pour madame.

Item le dit jour a madamoyselle Anne de Savoye vi aulnes et demy de vellours noyr... drap escarlatte... menu vayr... hermine...

Item le dit jour et au dit lieu trois aulnes et deux tiers de fin drap noyr de Rouan pour faire deux manteaulx pour mes deux damoyselles Marie et Loyse.

Item ay livre le dit jour au pallefrenier du roy pour le vin de ungne haquennee laquelle le roy a donne a madame vi escus de roy qui valent xv florins.

Item ay livre le dit jour pour faire rapareillier la selle du cheval de Charles monseigneur.

Item ay livre le dit jour au dit lieu quatre longes pour mesner en main les deux hacquenees que le roy et monseigneur dAlabert ont donnez a madame pour les deux damoiselles Marie et Loyse.

Item ay livre le xvi jour du moys de novembre en la ville de Bourges a mes deux damoyselles et a Charles monseigneur a chascung ung par de pantouffles.

Item ay livre le dit jour au dit lieu pour faire tondre troys aulnes de fin drap noyr de Rouan pour faire ungne robe a madame lequel drap le roy luy a donne.

Item ay livre le xvij jour du dit moys de novembre en la ville de Don le Roy pour faire rapareillier le charriot branlant de madame.

Item ay livre le dit jour a monseigneur et a Jacques Loys monseigneur le prothonotaire a chescung ung pourpoint esquieulx il est entré deux aulnes de bon satin noyer double.

Item ay livre le xxviij jour du dit moys de novembre en la ville de Lyon pour faire tondre six aulnes de bon drap fin de scarlate de Paris lesquelles le roy a donne a mes deux damoyselles Marie et Loyse pour faire des robes.

Item pour le charriot qui mesne les bagues.

112

Séjour des deux princes à Apremont.

(Décembre 1476.)

Item ay livre le ix jour de décembre m.cccc.lxxvi a monseigneur et a Charles monseigneur au chasteau dAspremont une robe courte pour chevaucher.

Item ay livre le dit jour a Jacques Loys le prothonotaire une robe longue pour chevaucher.

Item ay livre le dit jour a monseigneur le duc ung mantel de bon drap noyr de Baulne.

Item ay livre le dit jour a madame un bonnet a pourter sur la teste.

Item ay livre le dit jour a mes deux damoyselles Marie et Loyse deux aulnes de vellours noyr pour faire deux thoures a porte dessus le front et des pieczes a pourter devant leur estomac.

113

Arrivée de la duchesse à Chambéry.

Item ay livre le dit jour a Symonet le tapissier lequel a envoye deux mullatiers et v mulles de Chambery a Genefve lesqueulx ont appourtez de Genefve a Chambery la tapisserie necessaire a estre tendue pour la venue de madame.

Don aux voituriers de la reine.

Item ay livre le dit jour aux troys charrotons de la royne lesqueulx ont amesnez madame de France troys pars de chausses de bon drap rouge etc. etc.

Tondeur.

Item ay livre au tondeur qui suit la court.

Robes données aux pages.

Item ay livre le dit jour a viij paiges icy apres nommes

Loys Bonnevard seigneur de Lompnez a Mathieu de Castellanet a Pierre de Challes a Xpoffle d'Avanche a Philippe Ferry le Bourgoignon a Jaques le Francoys a Urban Syrye a chascun ungne robe jusques pour dessoubtz les gennoulz.

Item ay livre le vi jour de janvier mil.cccc.lxxvij en la ville de Chambery a monseigneur et a Charles monseigneur deux pars de chausses de fin drap blanc etc. etc.

Vaisselle apportée de Genève à Chambéry.

Item ay livre le dit jour a Thuirot le mullatier pour les despans de luy de Pierre son compaignon et de viij leurs mulles lesqueulx ils menerent Annessy pour appourter de la vaysselle et aultres choses lesquelles y estoient despuis que madame fut prinse a Ges.

114

Prise de la duchesse. — Voyage à Rouvre. — Séjour. — Délivrance. — Voyage à Tours.

(Juin 1476.)

Parties livrees pour et ou non de ma tres redoubtee dame Yolant de France et par son expres commandement par moy Anthoine de la Forest son escuyer et ce despuis que ma dite dame fut prinse entre Jays et Genesve par monseigneur de Bourgoigne et mesnee en ses pays de Bourgoigne comme sy apres particollierement sensuyt touchant son escuyerie. Et ce tout en lan mil.iiij^{c}lxxvi.

Et premierement livre a saint Glaude a Guillaume Carrichon mercier pour troys pieces de boys pour mes deux damoyselles Marie et Loyse et laultre pour Charles monseigneur leur frere enfant de madame prins et amenez avecques elle livre le xxix jour du moys de juing m.cccc.lxxvj.

Item mais livre au dit lieu de Saint Glaude le dit jour pour lembourreure de deux selles des deux hacqueneez de mes deux damoyselles Marie et Loyse.

Item mais livre le segond jour du moys de juillet ensuyvant a Orjeulliet a Jehan Morel marchant dOrjeullet pour une aulne de drap noyr pour faire ungne housse pour madame.

Item mais livre le quatre jour du dit moys de julliet a Lyon le sonyer.

Item livre le xiiij jour de julliet a Rochefort.

Item ay livre le xxv jour du dit moys au Sône à Pierre le mercier pour ung estuy de barbier petit a Charles monseigneur pour son esbatement pour passer le temps garnys de rasvers piques et aultres menus ouvraiges ii flor.

Item le xxvi jour du dit moys au Sône pour le commandement expres de madame a la fillie du seigneur de Magne loste de madame en compensacion de plusieurs dons et services pour luy faictz a madame en sa maison ungne cheynete dor pesant quatre escus de roy.

Item mais livre le xxx jour du dit moys a Rovre... a Rovre...

Item a ung chevaucheur de monseigneur de Bourgoigne le ij jour daost lequel avoit apourte a madame des nouvelles du dit seigneur.

Item mais livre a Rovre pour le commandement expres de madame le x jour du moys daost a Glaude dArmays chastellain d'Orba pour bailler a Henri de Vers ung des principaulx chambrier de monseigneur de Bourgoigne pour que il aye pour recommande les afferes de madame envers monseigneur de Bourgoigne son seigneur c flor.

Item a la Janyne chambriere de madame.

Item mais livre le xi jour du dit moys a frere Jehan cordellier lequel dit les heures avec madame pour faire ung habit xii ff.

Item mais livre le xxvj jour du dit moys daost a Jehan Roust charreton de Dijon et de Rovre lequel a mesne ma dite dame mes damoyselles et Charles monseigneur despuis Rovre en labaye de Sisteaux ou ma dite dame avoit devotion daler sus ung char branlant a iiij ses chevaulx la mesne despuis Rovre a Citeaux et retourne despuis Citeau a Rovre pour sa poyne de luy et de ses chevaulx et de deux ses serviteurs de quatre liesues tant aler comme aussy a sen retourner iiij ff.

Item livre le vi jour de septembre a Rovre... a Pierre le chappuys lequel a alonge le mestier a brouder de madame.

Item mais livre le viij jour de septembre a Lambert Lorme marchant de Dijon pour xiij aulnes de damax blanc pour faire deux paremens doustel ung pour lostel de Notre Dame de Mont Rolant et laultre pour le grand autel de la chapelle du chasteau de Rovre que madame y a donne pour sa bonne devotion.

Item mais livre le dit jour au dit Lambert Lorme xxiiij canetis tant de fils dor comme de fils dargent necessaires pour la brodure des dits paremens dostel.

Item pour ix onces de soye blanche.

Item pour v onces de soye perse et pour troys onces de soye jaune tout necessaire pour la broderie des dits paremens.

Item mais le xviij jour du dit moys de septembre pour vi deaulx a couldre pour mes deux damoyselles et pour les dames.

Item mais livre le xxvj jour dudit mois de septembre a messire Jehan prestre de Rovre et gouverneur du rologe du chasteau de Rovre que madame luy a donne pour sa poyne de ce que il prenes poyne de le conduyre a droit pour lonneur de madame ii flor.

Item mais livre a Rovre le ij jour du moys doctobre que madame partist pour aler en France a Chasteillon heyraut de Bourgoigne et pourtyer du chasteau de Rovre que madame luy a donne pour faire un blason de ses harmes vi ff.

Item mais livre le dit jour a Johannes Clert du contreroleur de la dispance de Rovre pour monseigneur de Bourgoigne durant le temps que madame demouroit au Rovre aux despens de monseigneur de Bourgoigne pour ungne arbalete que luy fut prinse le dit jour pour les archiers du gouverneur de Champaigne que estoient venus acompaigne ma dite dame livre a luy pour cause que madame ne vouloit que riens se prinst iij ff.

Item mais livre le dit jour au Rovre avant le despartement de madame a frere Jehan Perrin cordelier de Lyon le Saulnier lequel dist ses heures avecques madame ij ff.

Troyes.

Item mais livre le xv jour du dit doctobre a Troyes en Champagne.

Item mais livre le dit jour a Troyes en Champagne au secretayre du gouverneur de Champagne que madame luy a donne en compensation de plusieurs grans services pour luy fais a ma dite dame.

Chartres.

Item mais livre le xxiij jour du dit moys a Chartres a la dame de Troches.

Tours.

Item mais livre a Tours le second jour de novembre mil.cccc.lxxvi.

Lyon.

Item mais livre a Lyon le xxix jour de novembre.

Chambéry.

Item mais livre a Chambery le xv jour de decembre.

Item mais livre a Chambery le xxviiij jour du moys de decembre.

Prise. — Olivier de la Marche.

Aultres parties livrees par le commandement expres de ma tres redoubtee dame Yolant de France par moy dessus dit Anthoine de la Forest son escuyer pour les chevaulchees des afferes secrets de madame durant le temps quelle a demouree en Bourgoigne et despuis quelle fust prise entre Gays et Genefve par messire Olivier de la Marche et Troyles Lombard et leurs gens capiteynes et chefs de guerre et des gens darmes de larivee du duc de Bourgoigne et enmesnee en Bourgoigne pour force avecques mes deux damoyselles Marie et Loyse et Charles monseigneur leur frere enfans de ma dite dame.

Et premierement livre le xxx jour du moys de juing a saint Glaude a ung homme de saint Glaude que madame envoya apres monseigneur de Bourgoigne qui estoit party navoit que ung jour de saint Glaude pour certaynes chouses secretes dire a monseigneur de Bourgoigne.

Item mais livre le xxiiij jour du dit moys de julliet a Ronchefort a Pierre Treinca maistre cue de ma dame pour aler en Savoye besogner certaynes choses secretes pour ma dite dame dempuys Rovre a Chambery et a Montmellan.

Item mais livre le xxviij jour de julliet a Pinerol heyrault pour la dispense de luy et de son cheval pour aler devers le roy pour les afferes secrets de madame.

Item mais livre le viij jour du moys de septembre a Guichard huyssier de madame et a Anthoine mullatier pour aller despuis Rovre a Genefve pour appourter des bagues a tout ung mullet de madame questoyent a Genefve et icelles appourter a Rovre et lesquelles bagues en venant furent prinses par les Halemans.

(Plusieurs messages envoyés en France, en Savoie, en Piémont, à Nice, etc., etc., *pour les afferes secrets de madame.*)

Prise.

Il est dehu par mon tres redoubte seigneur de Savoye a son tres humble conseillier et maistre dostel Joffrey de Riverol les livrees cy apres escriptes faites a cause de ce que ma tres redoubtee dame la duchesse mere de mon dit seigneur a este prinse ou pays de Savoye et mennee en Bourgognie par les Bourgognions aussi pour les aultres causes et raisons cy apres designees.

Et premierement luy est deu pour argent livre a Piccard chevaulcheur de monseigneur lequel le vendredi xxviij jour du moys de juing lxxvj partit de Geneve pour aller en Bourgognie pourter nouvelles a ma dite dame la duchesse sur la sauvacion faite de la personne de mon dit seigneur le duc son fils lequel les Bourgogniens avoient vollu prendre avec ma dite tres redoubtee dame.

Physicien. — Confesseur.

Plus luy est deu pour argent livre a Faulcon poursuyvant de mon dit seigneur lequel le sambedy xxix jour de juing partit du dit lieu de Geneve pour aler devers le duc de Bourgoigne et apourter sault conduit a maistre Berthelemy phisicien frere Jehan confesseur et certains aultres serviteurs de ma tres redoubtee dame lesqueulx vouloient aler par devers elle en Bourgoigne.

Item plus luy est deu pour argent contant livre au dit frere Jehan confesseur de ma tres redoubtee dame le lundi premier jour de julliet pour bailler a ma dite tres redoubtee dame pour luy survenir a ses afferes en Bourgoigne iiij^{xx} florins.

Item (pour le voyage des autres serviteurs)...

Item plus il est deu a luy pour argent contant destine a la Sansuy cuisinier de mondit seigneur lequel le samedi xiij jour de julliet partist de Montmeillan pour aler en Bourgoigne a Blecterans pourter des nouvelles occurans du Roy a ma tres redoubtee dame.

Plus luy est deu pour argent contant livre a Pierre Roux lequel le dit samedi partist de Montmeillan pour aler a Nyce advertir de la part du conseil le gouverneur sur le commandement du chasteau et du pays.

Plus luy est deu pour argent contant livre a Pierre Serteur lequel partit le xiiij jour de julliet despuis Montmeillan pour trouver les ambaxeurs de Savoye devers le roy de la part de ma tres redoubtee dame.

Plus luy est deu pour argent contant deslivre a Pynerol poursuyvant de mon dit seigneur lequel estoit venu de Bourgogne a Rouanne ou estoit le roy et lambassade de Savoye et lequel le xxi jour de julliet partit du dit lieu de Rouanne pour retourner en Bourgoigne et pourter des nouvelles a ma tres redoubtee dame.

Plus luy est deu pour argent contant livre a Pierre Curt lequel le xxviij jour du moys de julliet partist de Montmellian pour aler en France devers le roy et monseigneur levesque de Verceil.

115

Armements faits en 1475, 1476, pour la défense du pays.

Sensuyvent les dispenses et charges supportees et soustenues par magniffique et puissant seigneur Jacques conte de Montbel et dEntremons lesquelles illaz supportees pour la tuhition garde et preservation du chasteau et de la ville de Chambery dont illaz heu la charge et gouvernement par expres commandement de ma tres redoubtee dame madame Yolant de France duchesse de Savoye pour obvier aux entreprises que pour le temps devant et de present estoyent faictes a lencontre du dit chasteau et ville de Chambery tant par les circumvoisins comme certains aultres dont illaz este et est tout notoyre et que chescun bien scet. Et cecy a este en lannee mil.iiij^{c}lxxv et despuys le moys davril jusques a present et encoures dure tous les jours et pour celle cause et pour le bon voulloer et commandement de ma dite dame a este force au dit seigneur d'Entremont renforcier le gayt et la garnison tant pour le dit chasteau comme pour la ville de pluseurs gentilz hommes tant du pays de Beugeys comme daultres et parilliment dung certain nombre de gens de traitz et aussy de bombardiers et mestres dartillieries et comme tout le venerable conseil de mon tres redoubte seigneur residant a Chambery et les seigneurs de Chambre des comptes le scevent bien et desqueulx gentilz hommes et gens de trait les noms sont cy dessoubz escripts.

Les noms des gens de traitz...

Sensuyvent les archiers venus de Novalleyse a Chambery tant le sambedy vi jour de janvier m.cccc.lxxvi que la dimanche vij jour du dit moys.

Exoneratio stipendiorum soldalium peditum ad custodiam ducalem deputatorum.

Zaninus de Ferro conestable... etc.

Deux connestables et capitaynes chascun de xxxvj souldars et compaignons de guerre a pie.

Solutio stipendiorum Heusebii de Annachiaco mandati cum ejus sociis versus Augustam.

Debentur spectabili Heusebio de Analichiaco gubernatoris Vercellarum pro stipendiis sex hominum armigerorum armatorum et equestrium cum suis famulis et equis ac centum peditibus cum quibus stetit uno mense in armata domini nostri contra Valleysianos ad rationem pro quolibet homine armato cum suis tribus equitibus sexdecim florenorum cum dymidio quolibet mense...

...Cum centum peditibus partim cum spays et coraciis et partim cum balistis et aliis cum tarchetis mense decembris m.cccc.lxxv.

Stipendia magnifici comitis Challandi destinati ad partes Auguste pro guerra contra Vallesianos.

Stipendia Amedei de Gingino dni Bellimontis capitanei generalis fortaliciorum et franchorum archeriorum totius baillivatus Chablasii et baronie Gay.

A vous madame la duchesse expose votre tres humble et tres obeissant serviteur et tresourier de Savoye Alexandre Richardon disant que yer xvij jour de juing m.cccc.lxxvj en ceste ville de Geys par votre commandement il bailla a xxxij fans de pie quavies retenuz en votre garde des compaignons quavoit amene Georgin Dupuys en ceste guerre a chascun six gros pour soy entretenir trois jours jusques a ce que lon eusse trouve argent pour leur poyer ses gaiges dung ou de deux moys et ne print point le dit tresourier quittance des dits compaignons et fans de pie de xvi flor. quil leur baillia esperant que quant il leur feroit payement dung moys que ils feroient la quictance tout ensemble et ainsy le luy promirent. Et le lendemen bien matin les dits xxxij fans de pie sen alerent sans prendre congie de vous ma dite dame et sans fere quictance au dit tresorier des dits xvi florins si supplie le dit tresaurier a votre haulte seigniorie quil soit de votre pleisir luy pourvoir tellement quil ne perde pas les dits xvi florins...

Infrascripti sono li capitulli firmati inter la illustrissima et excellentissima madama Violant fiola et sorella de li serenissimi re di Francia matri et tutrice de lo illustrissimo et excellentissimo signore monsignor Philiberto ducha di Savoia et lo magniffico cavaller miser Collacio de Griffis de Callabria filius domini Anthonii episcopato di Girapii. In prima mente che lo dito mesire lo cavalere se conducha cum armeti vintezinque videlicet lanze xxv a quatro cavali per lanza infra lequali sia un homo darme armato inbardato cum la testera de azalle in ordine ad uso talliano cum uno sachomano et uno rigazo elquale sachomano avera la balestra en utno lazellata e lo corseto cum la lancia o sia pertesana e uno altro sachomano apresso a lo cavalo cum la lanza in mane. Item per ogne lanza et homo darme cum quatro cavale in modo supradicto li sia dato per suo soldo e pacto ff. xx de Savoia per zascaduna lancia et per zascaduno mese pagando lo suo soldo de tre mesi in tre mesi senza alcuna difficulta et so intenda per pacto expresso incomenzare li suo soldo conducto e zenti chezia vel termo de la illustrissima madama y sua zente al servicio de sua illustrissima segnoria et conduto che sia la mostra li sia facta per non perdere tempo. Item la ferma sua se intenda per uno anno del di conduto comenzando lo termine facta la mostra et in questo termine finito che sia la sua ferma compita el sia in sua libertade salvo se la prelibata illustrissima madama lo volesse poi ritenere solo diti pati e debia notifficare de doy mesi avante e previdere del suo soldo al modo et forma predicti etiam sel dicto cavalero non li piacesse piu stare lo debia notifficare a la prelibata illustrissima madama de doy mesi avante la firma...

Item promecte lo dicto miser le cavalere fidelmente e ben servire cum juramento debito et opportuno et stare et andare donde piasera a la sua illustrissima segnoria in Ytalia e offendere e diffendere come per sua seignoria sara comendato...

Item per condurisse cum la dicta compagnia ben in ordine pro honore et fama de la illustrissima madama et per honore et contenteza de lo dito miser el cavalero li sono dati ff. septem cento zinquanta di Savoia di contanto et lo resto de li dara facta la mostra el compimento de lo dicto trenta lance per tre mesi a la rasone chi dito di sopra...

Item prometi el dicto miser le cavalere essendo in guerra e pigliando homo de stato e capo de guerra a de conducta et interesse del stato per personer et contentissima che lo sia in podestati de la excelsa madama e cossi ville castelle o altre terre stara ad obedienciam de quella persona che a sua illustrissima segnoria piasera et del suo merito remete in la discrecione della illustrissima madama...

Rippolis die vij novembris m.cccc.lxxv.

Stipendium Jacobi de Provanis capitanei et conductori centum peditum ad tuhitionem patrie citramontane (Sabaudie) contra Vallesianos et alios...

Stipendia Johannis pedis (pié) Bertrandi le Hardy et Petri Faulcoz bombarderiorum.

116

Séjour de la duchesse à Genève et à Lausanne.

(Mars et avril 1476.)

Librate a die ix marcii m.cccc.lxxvj facte per me Alexandrum Richardom thesaurarium Sabaudie generalem ad causam messageriarum cavalcatarum et aliarum libratarum extraordinariarum incohatarum dicta die in loco Gebennarum ut sequitur.

(Mars ; lettres envoyées au duc de Bourgogne et reçues de lui.)

Marquet le fol.

Item libravi die xi marcii dicto Marquet fatuo seu fatuum finginte ij florenos.

Jeudi saint.

Item libravi Lausanne die xij aprilis pro elemosinis pauperibus die Jovis sancta mense aprilis ubi domina tunc erat.

Le Glorieux.

Item libravi dicto le Glorieux fatuo et buffono illustrissimi ducis Burgundie die xxv aprilis Lausanne quatuor nobiles rose quos prelibata dna nostra ducissa eidem le Glorieux donavit ut ceteri magni magnates et domini Burgundi donaverunt ad complacendum dicto domino Burgondie pro fieri faciendo unam cathenam auream quam fieri fecit ponderis ij^c scutorum et valent ad rationem sex florenorum pro singulo nobili xxiiij flor.

117

(Juin 1476.)

Item libravi in loco Gaii die iij junii prelibate domine nostre xij ff.

118

Mission pour empêcher que les Français ne viennent en Savoie.

(1er septembre 1476.)

Item libravi die prima septembris de precepto dominorum de consilio Francisco heyraldo destinato Gratianopolim ad dominum admiraldum Francie cum litteris domini clausis ad contra mandandum ut gentes armorum non intrent patriam Sabaudie.

119

Armements contre les Bernois.

(1476.)

Sequuntur librate facte per Philippum Allegreti...

Servientes et messagerii missi omnibus nobilibus Chablasii et terre Gay ut se reperiant in meliori statu quo poterint in armis Gebennis die xxv octobris anni m.cccc.lxxv.

Item et in omnibus aliis locis patrie Sabaudie.

Et omnibus nobilibus et franchis archeriis ut se reperiant Gebennis dicta die contra Alamanos.

Consimiles littere mandate omnibus nobilibus Sabaudie de mense februarii m.cccc.lxxxvj ut se reperiant in certis locis designatis ad faciendum eorum monstras et recipiendum eorum stipendia.

Monstre prolongate ad xx diem dicti mensis februarii.

Consimiles littere de se preparando ad guerram de mense aprilis.

120

Entreprise du duc de Milan. (Voy. n°s 115 et 117.)

(Novembre 1476.)

Libravit die xviij mensis novembris anni m.cccc.lxxvi Bercthodo Duvernoy cavalcatori pro suis et ejus equi expensis fiendis eundo a Chamberiaco ad serenissimum regem Franchorum pro sibi portando quasdam litteras clausas super secretis agibilibus dni nostri et etiam significandum quomodo dux Mediolani invaxit patriam ducalem pedemontanam cum magna gentium armorum congregatione et artillieriarum.

121

Entreprise du comte de Baugé.

(Novembre 1476.)

Libravit ulterius die xx dicti mensis novembris Petro de Fontana pro suis expensis eundo a Chamberiaco ad illustrissimam dominam nostram duchissam in Francia pro sibi portando certas litteras clausas super certis novis habitis a dicto domino Chaudiaci a patria ultra montana etiam quia asserebatur quod illustris dnus comes Baugiaci intravit patriam villam et castrum Nicie.

122

Duc de Milan. (Voy. n°s 113 et 117.)

(1476.)

Libravit ulterius Petro Riveti pro suis expensis eundo ad illustrissimam dominam nostram in Francia pro novis occurrentibus quod dnus dux Mediolani assacamendavit villam Sancte Agathe.

123

Etats généraux à Chambéry.

(Décembre 1476.)

Libravit die xxviij dicti mensis novembris dicto Faulcon cavalcatori pro suis expensis eundo a Chamberiaco Aquis Rumilliacum Gebennis Galliardum per totam terram Gay et dehinc per totam patriam Vuandi etiam Friburgum Grueriam et per plura alia loca pro portando litteras ducales clausas directivas ecclesiasticis nobilibus et communitatibus locorum predictorum ut venire deberent Chamberiacum et ibidem se reperire die xij decembris pro tribus statibus ibidem tenendis in hac villa. Ideo fuerunt congregati dicti tres Status Sabaudie.

Consimiles littere mandate in pluribus aliis locis.

124

Duc de Milan. (Voy. nos 113 et 115.)

(1476.)

Messagerius missus ad dominam in Francia pro portando sibi nova quod dux Mediolani mandavit Ypporegiam ut sibi ministrarent victualia et passagia quia ipse vult intrare Augustam in numero xxx^m personarum.

125

Etats généraux à Montcalier.

(Mars 1475.)

Item reddit computum quos recepit triginta duorum millium florenorum per totam patriam pedemontanam nemine excluso puro dono concessorum tribus statibus in villa Montiscallerii congregatis die prima mensis marcii anno Dni m.cccc.lxxv.

Secundum formam et tenorem taxe inde facte per spectabiles dominos Dominicum de Ayrascha. Mauricium de Ripalta. Matheum de Confanoneriis capitaneum Sancte Agathe. Dominicum de Provanis et alias personas per tres status ad predicta deputatas.

Terra vetus.

Mandamentum Avigliane in terra veteri.

126

Mission auprès des Bernois.

(1475.)

Dnus Dominicus Ayrascha reverendissimus abbas Stamedei et dnus presidens consilii Chamberiaci apud Bernenses missi in ambaxiata pro insultibus per ipsos factis sedandis.

Subside accordé par les Etats de Montcalier.

La duchesse de Savoye a notre tres cher et tres ame conseillier Domaine Provane.

Tres cher et bien ame conseillier. Nos ambaxadeurs quavons envoye a Berne pour paciffier le differend quest entre nous et eulx nous ont escript que les Bernoys et certains aultres sont delibere nous fere guerre. Et car avons delibere a layde Dieu et des bons subgetz de notre tres cher et tres ame fils le duc de obvier quil ne envadissent les pais terres et seigneuries de notre dit fils et employer ce quavons autant quil le facent vous saves que dernierement aux trois estas tenus en ceste ville nous fust concede subsisde xxx^m florins lequel convinrent poer a certains termes bien lognians quil nest pas bien convenant les actendre considere ce que dit est par ainsy voullons et vous mandons tres acertes que incontinent venues ces presentes vous transpourtes a Avillianne et aultres lieux que verrez a tous nos lettres de creance que vous envoyons et illecques de notre part dictes que ils ayent incontinent a mectre sus gens darmes et aultres pour envoyer de la les montz a lencontre des ditz Bernoys et aultres et pour poyer la rate du dit subside a eulx appartenant affin que puissons poer les gens darmes qui serviront nous et notre dit filz a lencontre des dessus ditz. Et ny faictes faulte en tant que aves lonnour et estat ausy preservation de ceste maison. A Dieu soyez. Ecript a Montcallier le xxi jour de mars m.cccc.lxxv.

YOLANT.

127

Guerre contre les Bernois.

(Juin 1475.)

La duchesse de Savoye a notre cher et bien ame escuyer Guigonet Mareschal.

Cher et bien ame apres votre departement notre cousin le

seigneur de Myolans nous a mande quil na point dargent pour delonges ses gens darmes pour aler sur Seyssel et que ly voulsisions survenir de quatre ou v⁵ escus aultrement quil ne pourroit fere desmarcher ses gens et que nous seroit trop dammagable et desplaisant. Et pour ce vous prions et mandons tant de bon cueur que plus pouvons que au dit seigneur de Myolans vueilliez survenir de v ou vi⁵ flor. ou de ce que vous semblera expedient ly baillier ains les empromtes a changes et riere changes et en recepvant confession de ly de ce que luy deslivreres nous vous promectons par ces presentes le vous fere poyer et realment contenter par tresaurier de Savoye tellement que seres contans si vous prions que a ce besoing ne nous faillies cher et bien ame Notre Seigneur soit garde de vous. Escript a Montcallier le xv jour de juing mil.iiij°lxxv. YOLANT.

A notre cher et bien ame escuyer Guigonet Mareschal.

Cher et bien ame escuyer apres ce que vous avons hier escript en faveur du seigneur de Myolans nous avons entendu que les gentilz hommes et gens darmes pie et chival estans de par della tant a Chambery comme aillieur different et ne veullient partir pour aller deschasser les gens darmes qui sont ses jours passes intres oultre nostre voulloer a Seyssel sans avoir dargent dont sumes bien despleisante sil restont pour faulte dargent et pour ce vous mandons et prions tant affectueusement que plus pouvons se bien devies empromter largent a changes que aux dits gens darmes veullies baillier et deslivrer dargent a chascun selon quil vous apparestra affin quil ayent cause de partir et en recepvant deux confessions a notre non ou du tresourier de Savoye de ce que aurez delivrer nous le vous ferons poer realment par le dit tresourier avecques interest se point en y a. Sy vous prions que a ce ne veuillies fallir. Cher et bien ame Notre Seigneur soit garde de vous. Escript a Montcallier le xvj jour de juing m.cccc.lxxv.

YOLANT.

(Frère Merle des comtes de Plosasque, chevalier de Jérusalem, institué gouverneur du château de Montmélian avec sept chevaux, six domestiques et 42 hommes de pied.)

Il est deu pour le saulpetre virotons et aultres chouses que lon a achepte tant en ceste ville de Montcallier comme a Thurin que ma tres redoubtee dame az envoye au chastel de Montmélian pour la garde du dit chastel.

Pour xii rubz de saulpetre.

Pour deux quesses de viretons contenant ung millier tous ferres et enpennes.

Pro six milibus octo centum et quinquaginta virotones omnibus garnitis ferris conductis ad castrum Montismeliani pro custodia ipsius castri.

Pro quatuordecim rubis salpetri.

Item pro tribus chargiis virotonum in quibus existebant quinque millia trecentum et quinquaginta virotoni.

Libravit nobili Bertrando de Annibaldis capitaneo et connestabili xxiij armigerorum peditum et duorum equorum.

Libravit nobili Octamano de Tractis de castellacio de Mediolano capitaneo armigerorum peditum infra nominatorum cl...

Il est deu par ma tres redoubtee dame Mme la duchesse de Savoye a son tres humble et tres obeyssant serviteur et capitaine de Sommerive Glaude Ruffin lequel par lexpres commandement de ma dite dame et de son conseil a ly fait de bouche fus envoye au chastel de la val de la Perousa pour yceulx garder pour cause que lon disoit que il sestoit feste une assamblee de gens darmes au Daulphine et es confins de la dite Perousa que lon doubtoit quil ne voulsissent pranre les passages et chastel de la dite Perouse et ly fust commande par ma dite dame et messeigneurs du conseil quil deu mener avesque luy trente compagnons de traict pour la dite garde... Et ont demore au dit lieu de la Perouse despuys le xiiij jour du moys davril inclos jusques au xv jour du moys ensuyvant de may enclos m.cccc.lxxv.

Libravit nobili Michaeli Caquerani vicario Fossani... Et primo littere dominicales.

Communitas civitatis Montisregalis. Communitas Fossani. Communitas Savilliani. Communitas Busche. Communitas Sancti Albani. Communitas Caballarum majorum. Communitas Caballarii Leonis. Communitas Genolis. Communitas Piperagin. Communitas Benetarum. Communitas Cluxe. Communitas Bovixii. Communitas Carruti. Communitas Trinitatis Communitas Bennarum.

Yolant primogenita et soror christianissimorum Francie regum ducissa tutrix et tutorio nomine illustrissimi filii nostri carissimi Philiberti ducis Sabaudie dilectis vicariis Fossani Savilliani Montisregalis ac ceteris prelibati filii nostri seu ipsorum locatenentibus salutem.

Ad resistendum contra patriam ducalem ultramontanam invadere volentes pedites tam ballistas quam collovrinas magis bellicosas fultas arnesiis pulverum et tractus in magno numero destinari. Hoc ideo vobis et vestrum cuilibet in solidum districte mandamus sub pœna vestrorum privationis officiorum et centum marcharum argenti pro quolibet quathenus ad villas et loca in rotulo presenti annexo mentionata accedentes monstras per homines eorumdem locorum illic fieri faciatis in presentia bene dilecti consiliarii nostri Michaelis de Caqueranis domini Bricareisii quem pro hominibus peditibus magis bellicosis ut predictum est in eisdem destinavimus et quorum onus habet ipsos hinc ad nos conducendi quibus fiet satisfactio de eorum stipendiis pro tempore nobis et dilecto filio nostro servienda ordinando ipsos ad id faciendum per penarum impositionem declarationem et mitigationem franchesiarum suarum perditionem personarum arrestationem detentionem et incarcerationem ac modis aliis omnibus quibus fieri poterit fortioribus cogendo et compellendo. Nos enim ad premissa peragenda vobis et cuilibet vestrum plenam et omnimodam presentibus impartimur potestatem et ab omnibus pareri volumus cum et sine penis velut proprie persone nostre quibuscumque in contrarium adducentibus et facientibus non obstantibus. Datum in Montecallerio die ix maii mil.cccc.lxxv.

Compte d'Alexandre Richardon.

128

Achat d'une tapisserie à personnages. — Passage à Lyon.
(Novembre 1476.)

Il est deu par ma tres redoubtee dame madame la duchesse de Savoye a Alexandre Richardon pour xi pieces de tapisserie de layne cest assavoir troys murailles le ciel dune couche et ses troys goctyeres le ciel du cheves de la dite couche ung aultre ciel qui se met au long de la dite couche devers le mur la grande couverte de la dite couche et la couverte de la petite couche. En quoy est ouvree et peinte en personnaiges une ystoyre de la loy ancienne et judayque dont les personnaiges sunt en partie ouvres de soye et de diverses colleurs sellon que louvraige le requiert. Laquelle tapisserie madame a fait acheter et poyer par le dit tresourier a Lyon dernierement quant elle y fust la en venant de France de Lyonet de Rubeis gouverneur de la banche de Medicis demourant a Lyon marche fait avec le dit Lyonet en presence de madame de monseigneur levesque de Verceil labbe de Tamie et le seigneur de Varey des dites onczes pieces de tapisserie pour le tout a rayson de viii^c escus de Savoye que valent convertis a florins de Savoye m.vi^c flor. p. p.

Item mais est deu pour fere pourter la dite tapisserie despuys Lyon jusques a Chambery ii flor. p. p.

Parties livrees pour et ou nonz de madame Yolant de France

duchissa de Savoye a Francoes Annequin marchant az Troes en Champagnie de la detenue des mains du duc de Bourgoigne par le moyent du roy son frere pour venir par devers luy a Tours en Thoureyne.

129

Banquet offert au comte et à la comtesse de Genève.
(Décembre 1476.)

Sensuyvent les livrees faictes par Lancellot de Lans escuyer de cuisine de ma tres redoubtee dame et de son commandement tant en morisques momeries entremes et aultres choses cy dessoubz escriptes pour le banquet que ma dite dame fit a Chambery le xv jour de decembre lan mil.cccc.lxxvj es compte et comptesse de Geneve es ambasseurs de France de Millan et de Monferra.

Et premierement pour les follies destaing dequels lon a covert les entremes qui portoit les livrees escantelles dort et dargent les porcellons armes et les testes de sangler dorees et les quatre pucelles.

Item pour xxxv livres dort cliquant pour charge les dits capitaynes et quatres pucelles du triumphe et pour fere xxxvij plumas qui portoient le dessus nommees et les pucelles dessus nommees le mores de la momerie et menestriers garnir les bastons des grans plas qui estoient comme coronnes dempereur que pour forme les bandieres que pour fere les garnisons des dits pocellons.

Item pour xviij^c follies dargent fin pour argenter les chouses dessus dites enclus estandars et bandieres et les visaiges des morisqueulx.

Item pour deux minuisiers qui ont fas les dains de sanglers les pies de ix grans plas.

Item pour quatre canons dor de bassin pour lyer le vergier du triumphe et pour fere les huppes des danseurs.

Item pour xxvij tournelles de tole pour bucter sur les plas ou ung fesoet le feu.

Item pour terre grasse pour fere le moelle du grant comme de ix petis hommes darmes que pour les post de terre que pour les verres que pour les veryer et batons de iiij^c bandieres.

Item pour les poet de quoy lon a fait la lietiere du triumphe comme le haut siege des menestriers.

Item pour troys lances et v manges de pertisanes qui portoient les v grans estandars et la grant teste de Golias.

Item pour le folliage vert que pour les flours rouges et blanches de quoy lon a fait les jardyns des plas.

Item pour cent bastons roges desqueulx furent fait le jardyn du triumphe.

Item pour le taffetas cramoysy de quoy fust faicte la robe du capitaine du triumphe et la jorneda de monseigneur le prothonotaire.

Item pour la toyle de quoy fust fait lermitage.

Item pour le poyl de la grant teste dessus nommee.

Item pour la toyle noyre de quoy lon az fait les roubes aux quatre mores.

Item pour deux Alamans qui ont peyn au chastel de Chambery ix jours pour les dites chouses dessus nommees.

Item pour deux aultres payentres de la ville de Chambery qui ont fait cent bandires v estandars charges de flours de lys les roubes de monseigneur le prothonotaire et du cappitayne dessus nommes.

130

Roi de la fève.

(1476.)

Donum factum nobili Glaudio de Marcossey regi fabe v. ff. pp. quos tam in subventionem onerum ad manutentionem sui regni incumbentium quam laudabilis consuetudinis actenus in similibus usitate observationem lxvi.

Claudius de Marcossey magister hospicii.

131

Voyage à Rouvre.

(Juin 1476.)

Il est deu a Pierre Serteur pour la dispense de luy et de son chival laquelle il a faicte a aller despuys Ges a Saint Glaude a Orjollet et Lyon pour acheter de froment et davoyne pour la provision de lostel de mon tres redoubte seigneur et de ma tres redoubtee dame a cause que lon ne en trovet pas au pays pour la grande compagnie de gens darmes de Bourgoigne lesqueulx par le temps dadonques estoyent au pays de Vueau avec monseigneur de Bourgoigne xv juin an m.cccc.lxxvi.

132

Conférences d'Annecy.

(Avril 1477.)

Sensuyt la dispense faicte par les ambaxadeurs dAlamagne au nombre de cent personnes et cent chevaulx et aussy des ambaxeurs de Valley au nombre de quatre personnes et quatre chevaulx despuys le vanrandi xviij jour du moys davril lan m.cccc.lxxvij jusques au vanredi ensuyvant tant a Crusellie Annessie coument a Rumillie et ce oultre la dispense faicte pour les chouses de la dite ambaxade ou chastel de Annessie.

133

Ambassades diverses.

(1476.)

Il est deu a Andre Sermet hoste de lostellerie de la croix blanche de Chambery pour la dispense de xxvij chevaulx tant de monseigneur levesque de Melleres de mons. de Bessy ambaxeurs du roy de France despuys le lundi ix jour du moys de decembre m.cccc.lxxvj jusques au jeudi xix jour du dit moys quils sen partirent pour retourner devers le roy.

Berne.

Expense facte Chamberiaci per ambaxiatam communitatum Friburgi Berni Chvrit Lucernaz Fuyt Ordival et aliarum ligarum Alamannorum a die iv decembris lxxvj usque ad diem vi dicti mensis.

France.

Despense faite per lambaxade de France en decembre lxxvi mons. de Chasteau Villen et mons. de Sainct Prest ambaxadeurs du roy de France.

134

Conférences d'Annecy.

(1477.)

Il est deu par ma dite dame a son tres humble et tres obeissant serviteur Bonifface de Challand chivallier seigneur de Varey et grand maystre doustel de Savoye six cens escus iiii^{xx}xviij ff. bons a deux florins a ung chascun et dix gros de monnoye lesqueulx par le commandement de ma dite dame aussi pour la deliberacion de tout son conseil elle estant en la ville et chastel de Annessie furent donnes tant en or contant comme en xix pieces de camellot qui coustarent a Geneve clxxi ff. dAlemagnie bons a la dicte rayson es ambaxeurs des ligues dAlamagne qui la estoient venus pour appoincter les differens estans entre la maison de Savoye et les dites ligues par ainsi que si apres est particullierement escript.

Et premierement a messire Pierre de Vuabert cxxv ff.
Item.....
Item.....

Ambassade antérieure.

Il est deu par ma tres redoubtee dame a son tres humble serviteur et tresaurier Alexandre Richardon pour quatre pieces de camellot fin quil a achete az Chambery lesquelles ma dite dame az envoye par Bertrand le chevaucheur a Lucerne a ses ambaxadeurs qui son la pour les donner a ceulx a qui lon semblera car les ditz ambaxadeurs avoyent rescript a madame que sans point de faulte elle leurs envoya les dites quatre pieces pour donner a aucuns personnages qui seroient propices a appoincter les matieres pour quoy ils estoient la.

Urbanus de Chivrone abbas Stamedœi.
Bernardus dnus Mentonis.
Bertrandus de Deyria presidens Gebennensis.
Johannes de Lestelley magister requestarum.
Stephanus Pacocti.

Ambaxiatores destinati apud Bernenses et Friburgenses ad partes Alamanie.

135

Conférences d'Annecy.

(1477.)

Il est deu a messire Claude de Challes conseillier et president des comptes de Savoye pour la dispense de ly et de v chevaux et atant de personnes ly enclus pour la dispense que le dit messire Claude de Challes a faict du commandement de ma tres redoubtee dame la duchesse pour laccompagnier ly et mon tres redoubte seigneur Philibert le duc son fils et ce jusques Anneyssie avesque les Bernoys et les ligues de Lucherne Chuyrich Suychirt et les Valleysans et apoynter le pays avec les dites ligues et Bernoys et Friborjoys lesques sont venus Annessie par devers ma tres redoubtee dame la duchesse et monseigneur le duc son fils le conte de Geneve levesque de Geneve et plusieurs prelas de leglise et barons chivalliers seigneurs nobles du pays de Savoye. Et partit le dit messire Claude de Challes le vendredy xi jour de may de Chambery et lequel xi jour de may ma tres redoubtee dame partit de Chambery et monseigneur le duc aussy pour aller Annessie et a demeure le dit messire Claude de Challes en la compaignie de ma tres redoubtee dame despuys le dit xi jour de may mil.iiij^clxxvij jusques le xxvj jour du dit moys que sont xvi jours entiers.

136

Crainte d'une attaque de la part des Bernois.

(Avril 1475.)

Debentur nobili Johanni Locterii ex magistris camere computorum causis inferius declaratis.

Et primo pro suis expensis eundo de Chamberiaco Annessiacum ad illustrem dominum comitem Gebennensem cum instructionibus concernentibus motiones guerre et pericula occurentia a die xij aprilis anni m.cccc.lxxv usque in crastinum.

Item magis pro suis expensis duorum dierum integrorum videlicet xxviij et xxix mensis aprilis quibus vacavit eundo de Chamberiaco Annessiacum stando et redeundo mandatus parte magnifficorum dominorum de consilio et camere ad prefatum illustrem dnum comitem Gebennensem iterum cum aliis instructionibus ad eumdem advisandum iterum de motionibus et periculis guerre predicte. Etiam quia dicebatur quod nonnulli patriam illustrissimi domini nostri et maxime Montemmelianum et Chamberiacum invadere intendebant ut suis in armis preparari faceret pro conservatione status illustrissimi dni nostri et sue patrie.

Item magis de Chamberiaco Annessiacum mandatus fuit parte qua supra ad eumdem illustrem dominum comitem Gebennensem ut Chamberiacum veniret cum dictis suis gentibus et armigeris quando dicebatur quod nonnulli armigeri intrare debebant patriam quem dominum reperit in itinere venientem Greyssiacum et vacavit die undecima mensis maii et remansit ipse Locterii Aquis et in crastinum revenit Chamberiacum et retulit adventum dicti domini comitis et suarum gentium.

Item magis pro suis expensis eundo Aquis die jovis xv mensis junii ad reverendum illustresque dominos episcopum Gebennensem et comitem Gebennensem.

137

Guerre contre les Valaisans. — Diète de Contheys.
(Décembre 1476.)

Debentur Johanni Locterii...
Et primo pro suis expensis factis eundo de Chamberiaco Contegium mandatus cum domino advocato et certis aliis parte magnifficorum dominorum presidentis consilii et camere pro interessendo in dicta per illustrem reverendissimumque dominum Johannem Ludovicum de Sabaudia sedis apostolice prothonotarium et episcopum Gebennensem cum sedunensibus ad causam guerre inter illustrissimum dnum nostrum sive illustrissimam dominam nostram et sedunenses incohate et nundum sopite in qua dieta interfuerunt diversi ambassatores Berne et Friburgi et certarum aliarum communitatum Alamagnie ac etiam reveniendo de Contegio de quorum supra mandato ivit prefatus Locterii Gayum visitatum custodias castra et reparationes et ad advisandum patriotas et burgenses Gay propter minas in dicto Contegio datas per dictos ambassatores Berni et Friburgi de invadendo dictum locum Gaii si Burgundis et Lumbardis transitus non deffenderetur per dictam terram Gay et vacavit a die ultima decembris anno Dni m.cccc.lxxvi usque ad diem xviij januarii.

.....Quando sedunenses ceperunt locum Sancti Mauricii Agaunensis a die ij januarii ad diem xviij ejusdem mensis... Pro prolungando treugas cum sedunensibus a die xv octobris ad diem xix ejusdem mensis.

138

Passage des Lombards. — Campobasse.

(Janvier 1476.)

Il est deheu par mon tres redoubte seigneur monseigneur le duc de Savoye a son tres humble subget et serviteur Glaude dAmbel prevost des mareschaux pour la dispense de ly de deux ses serviteurs et troys chevaulx et de six hommes de pie lesqueulx le dit dAmbel a menne avesque ly et a este envoye par le commandement de monseigneur le president et les seigneurs du conseil de Thurin au rencontre du conte Colle dit Campobassuz lequel passoit deypuys le pays du roy de France ou pays dAst a grant nombre de gens darmes et pour ce que lon volloyt obvier ou dit conte Colle qui ne passat puent sans licence en armes lon manda le dit prevost pour fere gens mestre surs et en puent tant a Montcallier a Carignan a Lombriasch a Raconix a Cavallermaiour a Savillian et aultres lieux pour aller ou rencontre de la ou le dit conte debvoit passer avant que le dit prevost i fust. Et partit le dit prevost du lieu de Thurin le jeudi xxi jour du moys de may lan mil.iiij$_c$lxxvj et y a vacque jusques le sambedi xxxi jour du dit moys.

139

Gens d'armes envoyés au roi de France comme auxiliaires.

(Mai 1477.)

Il est deu par ma tres redoubtee dame madame la duchesse de Savoye a son tres humble et tres obeissant serviteur et soubjet Alexandre Richardon tresourier de Savoye pour cause du payement quil az fait pour le commandement de ma dite dame aux nobles hommes darmes et aultres gens darmes et de trayt cy apres particulierement nommes lesqueulx ma dite dame a envoye au service du roy contre ses ennemys estans en la Franche Comte de Bergongne et esqueulx hommes dar-

mes et de trayt ma dite dame a fait poyer et deslivrer par le
dit tresourier leurs gaiges et poye pour deux moys prochey-
nement venans ce assavoir a raison de vingt florins pour moys
pour ung chascun homme darmes sa lance garnie de troys
chevaux dung custillier et dung page et pour chacun homme
de traict quil meyne avecques ly pour chascun moys dix florins. Et pour chascun custillier quil meyne oultre sa lance
garnie six florins et vuyt gros pour moi comme dit est. Et pour
une lance gaye a deux chevaux pour moys xvi ff. viij gros.
Ainsy chascun homme darmes sa lance garnye pour les dits
deux moys importe xl ff. iiij gros la lance gaye a deux chevaux xxxiii ff. iiij gros. Et est assavoir que les ditz hommes
darmes gens de trait custillier et aultres ont fait leurs monstres en la place du chasteau de Chambery lesquelles monseigneur dAys par le commandement exprest de ma dite
dame az receup et les a fait jurer comme il est de coutume
tousjours en la presence du dit tresourier par ainsi que si
apres est particulierement escript.

Et premierement ay livre a noble Vincent dOrlye lequel
feit ses monstres au dit chasteau le xix jour du moys de may
lan mil.iiij°lxxvij pour sa lance garnye a trois chevaux comme
dessus. Item aultre pour deux archiers et deux custilliers lesqueulx il moyne avesque ly oultre sa dicte lance garnye.

Item ay livre a noble François Loys Belletruche lequel feit
les monstres le dit jour pour sa lance garnie a troys chevaulx
et aultre pour troys custilliers et ung archier lesqueulx il
moyne avesque ly.

Item ay livre a noble Pierre de Mouxis lequel feit ses monstres le xxi jour du dit moys de may pour sa lance garnye et
aultre pour troys custilliers.

Item a noble Pierre Carrion pour une lance gaye a deux
chevaux.

(Vingt gentilshommes ayant une lance garnie ou une lance
gaie et menant avec eux archers et custilliers.)

140

Garde ducale.

(1476.)

Le roule des gens darmes retournes pour la garde de mon tres redoubte seigneur le duc de Savoye au moys de septembre lxxvj — cent archers.

Cy apres sont escriptz et nommes les gens et archers desputez pour la garde de ma tres redoubtee dame madame la duchesse de Savoye et de mon tres redoubte seigneur monseigneur le duc de Savoye son filz qui cza devant estoient au nombre de cent a payer mortes lesqueulx ma dite dame a reduyt et ordonnes az lxxij archiers chascun a cheval desoures en avant pour cause que nos dits dame et seigneur sen vont au pays de Piemont et plus honnestement seront accompaigne. Et az este faicte la dite ordonnance a Chambery le premier jour de juing mil.cccc.lxxvij. Et esqueulx lxxij archiers az cheval a este ordonne capitayn messire George de Menthon chevalier seigneur de Collognie que paravant il estoit.

141

Fortifications du château de Chambéry.

(Mai 1475.)

Fortificationes castri Chamberiaci de mense maii lxxv.

Item plancheando et travando les tours arsses pour mectre lartillierie.

Item faciendo barrerias prope portam Machiaci existentes super murum castri.

Faciendo barrerias et gradus per quos itur a parvo viridario supra menia ville Chamberiaci a parte porte Richardonis.

Struendo bombardarias in pede turris nove.

Salarium magniffici dni Myolani capitanei castri Chamberiaci.

142

Lettre écrite de Langres par la duchesse.

(3 Octobre 1476.)

A notre tres chier et bien amez conseillier et tresorier de Savoye Alexandre Richardon la duchesse de Savoye.

Chier et bien ame conseillier pour la grace de Dieu et a laz bonne ayde de monseigneur le roy nous sumes hors des prisons de Bourgonie et nous en alons tout batant devers mon dit seigneur le roy. Et comme il nous est mestier avoir de largent comme asses poures entendre pour ce vous mandons que incontinent jour et nuyt vous en venes en France pour devers nous et appourter toutes les finances que pourrez amasses pour subvenir a nos afferes. Et gardes que a ce ne faictes faulte. Escript a Lengres le iiij jour doctobre m.cccc.lxxvj.   YOLANT.

(Le trésorier emprunta de l'argent à Lyon à la *banche* des Médicis : six mille florins.)

143

Séjour à Tours.

(Novembre 1476.)

Dona facta forreriis regis Francie — camerariis dicti regis — porteriis — magistro hospicii dicti regis — secretario regio — cantoribus — cavalcatoribus — Tours viij jour de novembre.

Mimes.

Item ay livre le dit jour xxviij du moys de decembre a quatre compagnons que joyent de larpe du lehu du taboryn et du rebec lesqueulx ma dite dame a amene en sa compagnie despuys Lyon en ceste ville de Chambery cest assavoir iv escus de roy lesqueulx ma dite dame leur a fait donner pour eulx entretenir jusque a ce que ma dite dame les aye fait mettre en lordonnance de lestat.

144

Etats généraux à Chambéry.

(Avril 1477.)

Libravit die ultima aprilis anno lxxvij Anthonio Vignet misso a villa Chamberiaci ad omnes communitates et villas baillivatus Beugesii cum litteris domine clausis sindicis et hominibus ipsorum locorum directivis per quas eisdem mandatur quod die decima maii compareant in loco Chamberiaci pro tribus statibus tenendis.

Alie consimiles littere.

145

Etat des menus serviteurs.

(1476.)

Roule des gens et menus serviteurs de lostel de madame et de mon tres redoubte seigneur.

Lespicerie.	3	personnes.
Panatiers	5	—
Forniers	3	—
Boteilliers.	5	—
Lardonniers	2	—
Maistres cueux	2	—
Cuisiniers.	5	—
Pastissiers.	1	—
Chambriers de monseigneur et de messeigneurs ses freres.	5	—
Tapissiers.	2	—
Palafreniers de monseigneur.	2	—
Mareschal.	1	—
Clercs de fourerie	2	—
Chevaucheurs	4	—
Valet de salle.	1	—

Pourtiers	5	personnes.
Charrotons	6	—
Chambrier de madame.	2	—
Buandiers.	2	—
Chambrières de madame	5	—
En la lietiere.	5	—
Chambriers de mes petits seigneurs et de mes damoiselles.	5	—
Enffans de cuisine	6	—

Compte d'Alexandre Richardon.

146

(1ᵉʳ Octobre 1477. — 1ᵉʳ Octobre 1478.)

Etrennes.

(1477.)

Estraines de lan mil.cccc.lxxvij a Chambery.

Livrees faites a Chambery du commandement de madame au moys davril lxxvij.

147

Venue de la comtesse de Baugé.

(Mai 1477.)

Expense facte ad causam adventus illᵉ dne comitisse Baugiaci de mense maii lxxvij.

148

Retour en Piémont.

(Juin 1477.)

Livre a Amye Ratel et a Jehan Monyer pour ce quil ont servi mes dits dame et seigneur duchesse et duc au numbre de xv mulles despuis le iij jour de juing qui furent areste a Chambery jusques au xxiij jour du dit moys tout le jour que madame entra en la ville de Thurin.

149

Etrennes.

(1478.)

Etrennes de 1478 données à Rivoli.

Séjour à Rivoli.

Livrées faites à Rivoli en décembre 1478.

Momerie.

(Momerie faite au château de Rivoli le 29 janvier 1478 *pour festoyer lambassade de Millan qui vient devers le roy de France.*)

(Livrées faites au château de Rivoli en février. Idem en mars 1478.)

150

Mort de la duchesse.

(29 Août 1478.)

Sensuyt ce que je Hugonin de Montfalcon ay livre pour le dueil de feue ma tres redoubtee dame Yolant ainsnee de France duchesse de Savoye que Dieu absolve mere de mon tres redoubte seigneur Philibert duc de Savoye laquelle trappassat a Montcravel le xxix jour daoust lan mil.cccc.lxxviij et fust pourtee et ensevellie a Sanct Ysobe de Verceil.

Livre le vi jour de juillet lxxviij au lieu de Vigon a ung chevauchier du roy qui apporta lappoinctement quil avoit prins avecque les Bourguignons ly fit donner madame iij escus dor qui valent vij florins vi gros.

Douaire.

Livre pour la dispense de mons. le archidiacre de Cambres ambasseur du roy quil a fait a cinq voyages daller de Vigon a Pinierol es journees qui la se tenoient pour le doyaire de madame.

Item livre du commandement de madame au lieu de Vigon le xviij jour du moys de juillet a Arnollet faulconier de mon tres redoubte seigneur pour fere les pannes et artiffices convenables a faire mouer les faulcons de mon dit seigneur.

Vigon.

Le 22 juillet la duchesse part de Vigon dans son charriot branlant.

Montcalier.

Le 26 elle était à Montcalier; le 6 août, à Turin.

Montcrivel.

Le 10 août, départ pour Montcrivel.

151

Diète pour le fait de Valaisans.

Sensuyt la despense faicte par Guigue Ponet au nom d'Alexandre Richardon tresaurier de Savoye a cause de la journee qui sest tenue a Berne le jour de saint Urbain et les aultres jours ensuyvans entre mon tres redoubte seigneur monseigneur le duc de Savoye et monseigneur levesque de Syon laquelle journee a laultre journee qui cestoyt tenue au dit lieu de Berne du moys de mars passe (lxxviij) par tous ceulx des ligues estoit eue prinse au dit jour saint Urbain quest le xxv du moys de may passe touchant la restitution du pais de Chablais lequel indument destient le dit evesque de Syons et ses gens et en laquelle journee ont este reverend pere en Dieu messire Urbain de Chivron abbe de Thamye messire Anthoine Champion docteur et chivallier president de Thurin et Etienne Pacot ambaxeurs envoyes de la part de mon dit seigneur esqueulx et par le commandement desqueulx ont este fait les dons et despenses qui sensuyvent.

Sensuyvent aucuns dons qui furent donnes es ligues questoyent la venus pour tenir la journee dessus mentionnee a celle fin quilz eussent mieux pour recommander les afferes de Savoye contre les Vallesiens.

A lavoyer de Berne
Au bourguemestre de Zurich
A lambasseur de Lucerne
Id. de Soleure
} florins du Rhin.

152

Guerre des Valaisans. — Le duc de Savoie à Martigny.

Sensuyvent ce que mestre Jehan Gautier bombardier de mon tres redoubte seigneur demande a luy satisffere par mon dit seigneur du temps quil demoura ou chasteau de Martignie durant la guerre de Valloex.

Item pour fere troes serpentines ensemble les aultres engens que le dit mestre Jehan a fait ou chastel de Martignie.

Je Francoys dAlinges seigneur de Servete capiteyne de Martignie.....

153

Restitution du pays de Vaud.

(21 Février 1478.)

Nos oratores mandatariique urbium et patriarum magne veteris lige alamanie superioris...

...Cum per appunctuamenta tractatusque alias factos fuerit conventum ut mediante quinquaginta mille florenorum renensium patria Vuandi domine ducisse nomine dni ducis restitueretur...

...His mediantibus cedimus quictamus remictimus et transferimus dictam patriam Vuandi.

...Datas die xxi mensis februarii anno Dni m.cccc.lxxviij.

154

Banque de Médicis.

Laurencius de Medicis Franciscus Sasseti et socii banche de Medicis licet absentes.

Lyonet de Roussis marchand florentin gouverneur de la banche de Medicis a Lyon.

155

La duchesse délivrée de la prison.

(1476.)

Pro precio unius equi corserii quem domina nostra misit magniffico gubernatori Champagnie ultra duos alios corserios sibi pridem per eam missos. quos tres equos dicto gubernatori donavit consideratione serviciorum per ipsum eidem domine nostre impensorum potissimum circa liberationem ipsius a patria Burgundie.

156

Louise et Marie sont conduites en France. (Voy. n° 171.)

(Octobre 1478.)

Libravit reverendo in Xpo patri dno Johanni de Compesio episcopo Thaurinensi ad partes Francie in comitiva illustrium Marie et Ludovice de Sabaudia sororum tunc presentialiter accedentium.

...ducentum scutos auri regis — octobre 1478.

Anne primogenita.

Anna primogenita dni nostri ducis Philibert.

Alia dona facta dominabus Marie et Ludovice accedentibus ad serenissimum Francorum regem avunculum ipsarum.

157

Musiciens. — Bouffons.

(1476.)

Donum factum per dominam nostram ducissam tubicinis illustris ducis et marchionis Ferrare qui in conspectu dicte domine tubis exultantibus diutius cecinerunt.

Donum factum buffono regis Neapolitani.

158

Le sire de Lhuys, gouverneur du duc.

(Mai 1478.)

Yolant primogenita et soror Xstianissimorum Francie regum tutrix ac tutorio nomine illustrissimi principis filii nostri carissimi Philiberti ducis Sabaudie etc. Cogitantibus nobis sepius...

Talibus igitur considerationibus effectum inter multos dilectum magnifficum virum Philibertum Groleam dnum de Luis ut ingentem hanc assumeret tot litteris tot precibus tot denique nunciis venire accersiverimus quippe qui pericia rei militaris consilio moribus prestancia virtutum justicia integritate et militarium rerum experiencia tantum valet quantum alium quemvis magis prestare videmus neminem habunde hoc testatur ejusce prestantissimi viri per omnem Galliam integerrima fama. Eum christianissimus ille dominus et frater noster metuendissimus Francorum rex summe diligit commendat et in rebus gravibus et importantissimis fideliter exercuit quemque postremo ut virum optimum cristianissimo avunculo benigne placuit humilimi nepotis sui doctrine et gubernio a nobis prefici eo quidem libentius sit et crebre petentibus quod ipsius dni de Luys studium immensum amorem et diligentissimam curam in dictum filium nostrum et status sui res omnes multiphariam experte sumus. Carissimi igitur filii nostri predicti primum cambellanum et ad regimen instructionemque et gubernium ejusdem dictum dnum de Luis deputamus retinemus et ordinamus per presentes eidem duo millia florenos Sabaudie parvi ponderis annualiter constituentes et assignantes ea spe ducte quod dictus filius noster hinc tanto viro emerita stipendia amplioremque mercedem aliquando daturus est...

...Datas Pinerolii die prima mensis maii anno Domini m.cccc.lxxviij.

159

Lancellot de Lans.

Salarium nobilis Lancelloti de Lans magistri coquine.

160

Maladie de la duchesse.

(Juin 1478.)

Il est deu par ma tres redoubtee dame a son tres humble et tres obeissant serviteur le tresaurier de Savoye deux florins et six gros lesqueulx il az baillie a Gonin Barreux pour six barreaulx quil az achete oultre beaucop daultres qui desja furent achetes longtemps a pour aller querir laigue des bens de Vinay de la Cony xii millies pour apporter en ceste ville de Pinerol pour bagnier ma dite dame pour guery de sa gotte — v juing lxxviij.

161

Le fait des Valaisans.

Item die xx aprilis libravi messagerio misso apud Thaurinum ad dnum Jaqueminum de Sancto Georgio ad habendum erga eum juris allegationes per eum fiendas in facto Vallesianorum.

162

Maladie de la duchesse.

(Août 1478.)

Item libravi die xiiij augusti m.cccc.lxxviij Thome Gavent Chamberio dne pro emendo tria candelabra lothoni ad tenendum in camera illustrissime dne nostre ducisse que infirmatur.

163

Guerre entre les sires de Viry et de Montchenu.

Libravit die xxiij augusti lxxvii cuidam cavalcatori qui fuit mandatus apud Sanctum Ragnibertum pro portando litteras clausas pluribus personis et baillivo ut proclamari faceret ne quis in armis se preparari deberet pro differenciis existentibus inter dnum Montiscanuti et dnum Viriaci.

Compte d'Alexandre Richardon.

164

(1er Octobre 1478. — 1er Octobre 1479.)

Départ des frères du duc pour la France.

(Septembre 1479.)

Sensuyvent les draps de soye de layne et aultres chouses prinses et achetees a Lyon pour abillier mes redoubtez seigneurs Charles et Jacques Loys de Savoye freres de mon tres redoubte seigneur monseigneur le duc de Savoye lesqueulx mon dit seigneur le duc et son conseil font conduyre et menner devers le roy qui les a envoye querre et mande que lon ly envoye et lesqueulx draps et aultres chouses ont este acheptees et prinses a Lyon tant en la banche de Medicis comme ailleurs et tout a escus dor monnoye de roy.

Pour xiij aulnes de fin veluz noir pour fere a chascun de mes dits seigneurs une robe longue jusques a tenre et une robe bastarde jusques au geneux pour chevauchier.

Pour deux aulnes de taffetas doure pour doubler les robes curtes.

Pour viij aulnes de satin cramoesin figure fait en velu pour fere deux robes longues jusques a terre a mes dits deux seigneurs.

Pour iv aulnes descarlate pour fere deux roubes longues jusques a terre a mes dits deux seigneurs.

Pour six aulnes et demy de velu noir tiers poil pour doubler tout du long les dites deux robes descarlate.

Pour sinq bonnes descarlate simples pour mes dits seigneurs.

Pour une aulne et demy de satin noir pour fere deux occotons a mes dits deux seigneurs.

Pour xii peaulx de penne blanche pour doubler les dits occotons.

Pour sept aulnes de velu noir tiers poil pour fere quatre robes curtes es quatre paiges que mes dits deux seigneurs meynent avecques eulx.

Pour v aulnes de satin viole cramoysin pour fere quatre perpoyng es quatre dits paiges.

Pour xxiiij aulnes de drap gris pour fere xij roubes a xij serviteurs de mes dits deux seigneurs.

Achete en septembre lxxix.

(Le duc Philibert était au château de Vigon le dernier jour d'avril 1479.)

165

Le duc va trouver le roi. — Bagages.

(Avril 1479.)

Livre a deux mulatiers de Vigon pour porter des bagues de mon dit seigneur sur lours mules la ou mon dit seigneur iroit le vendredy dernier jour davril mil.cccc.lxxix lesqueulx ont pourte sur deux leurs mules a bast despuys Vigon a Brianczon.

Tabornis.

Item luy est deu quil a paye es serviteurs et serventes du logis de mon dit tres redoubte seigneur et aussy es tabornis lesqueulx ont joye devant mon dit seigneur es dances.

Embrun.

Plus luy es deu quil a paye au botolliers serviteurs et serventes de larceveschie dEbron la ou mon tres redoubte seigneur estoit logie.

Grenoble.

Item a paye despuys le xi jour du moys de may que mon dit seigneur partit de Ebron pour venir a Grenoble jusques le vendredy xiiij jour du dit moys que mon dit seigneur arriva au dit Grenoble.

Plumets pour les chevaux.

Item a Grenoble pour reparer le charriot de monseigneur... et vingt plumes pour les chevaux de mon dit seigneur.

Saint-Marcelin. — Romans.

Plus luy est deu quil az paye a les hostesses de monseigneur de la maison de Antoine Riout de Saint Marcellin le xx jour de may alans a Romans.

Braconnier. — Chiens courants. — Chasse.

Plus a paye au braconier du seigneur de Sassenage lequel a amene ung lyaminer du dit seigneur et six chiens corans a mon dit seigneur pour la grosse chasse et pour aler chasser es boys de Peyrin et a demoure en ceste ville de Romans a tous ses chiens par lespace de dix jours.

Epidémie.

Plus a livre a Pynerol poursuivant a Romans le xvj jour de

juing du commandement de monseigneur de Luis pour aler a Grenoble et se informer se lon y moroit point.

Veneur de l'archevêque de Vienne. — Cerf.

Plus a livre a Romans le ix jour de juilliet au veneur de larcevesque de Vienne qui a appourte un cerf a mon dit seigneur.

Vienne. — Eglise de Saint-Maurice. — Eperons.

Plus livre aux enfans de cuer de Saint Mauris de Vienne pour ce que quant mon dit seigneur ariva en la dite eglise pourtoit ses esperons pour leur viij — vi gros.

Tapisserie.

Plus livre a Vienne au mulatier envoye a Romans pour aler querre la tapisserie de mon dit seigneur que la estoit demouree despuys le xiij jour de juilliet.

Oiseaux de Vigon.

Plus livre a Jaquemet le faulconier que estoit venu de Vigon ou il avoit este envoye par mon dit seigneur le duc pour visiter ses oyseaulx que sont la desmoures.

Pages.

Plus livre pour les paiges de monseigneur.

166

La duchesse à Rouvre. — Chaînes d'or.

(1476.)

Philibertus dux Sabaudie etc serie presentium facimus manifestum quod hodie nostram et consanguineorum consiliariorumque nostrorum subscriptorum adveniens presentiam dilectus servitor noster Janinus Lenvuyer qui velut probus et erga nos semper fidelis nobis exposuit verum fore quod existente illustrissima nunquam delende memorie domina genitrice nostra honoranda domina Yolant de Francia Sabaudie ducissa in loco de Rouvres patrie Burgondie pridem detenta ipsa in presentia dilectorum scutifferorum nostrorum Anthonii de Foresta Glaudii de Gorrevodo et Glaudii de Marcosscy tunc in ejus servicium existentium sibi ipsi Janino tradidit in custodiam certas cathenas aureas ut presertim Janinus predictus illas secum defferret ad patriam nostram Sabaudie secreto ac tuitiori modo quo posset apportaret quod et fecit dictus Janinus. quibusquidem cathenis ut premittitur apportatis et liberata prelibata quondam domina nostra a detentione predicta atque ipsa ultima existente in Chamberiaco dictus Janinus cathenas ipsi remictere ac restituere voluit quod tamen eadem domina nostra facere recusavit quinymo easdem in lingotis tribus auri fundi precepit prout ita factum est exponens insuper Janinus sepe dictus predictos tres lingoctos auri actento decessu memorate domine matris nostre se amplius custodire nolle ymo illos nobis quibus pertinent remittere et restituere velle humiliter supplicando quatenus eosdem recipere aut recipi facere indeque quictanciam ac exonerationem opportunam sibi graciose concedere dignaremur cujus supplicationem velut honeste et rationi consone annuentes presertim ut predictorum lingoctorum aureorum medio onera supportanda pro exequiis et funeralibus ipsius quondam domine genitricis nostre de proximo fiendis facilius ac celerius supportare et explere valeamus. Ex nostra certa scientia ac pro nobis et nostris heredibus ac successoribus universis predictos tres lingoctos auri una cum quadam pecia auri larga in qua effigies et arma dicte quondam domine matris nostre imprimuntur ipsis prius in quorum supra consanguineorum et consiliariorum nostrorum visis exibitis et per Anthonium Borgesii burgensem hujus nostre civitatis Thaurini et monete nostre que ibidem cuditur operarium in talibus expertum de nostro verbali mandato ut convenit ponderatis ac justo pondere ad marchas quatuordecim uncias quatuor et denarios sexdecim auri ascendentibus atque ad rationem sexaginta octo ducatorum pro singula marcha facto aliquali moderamine auri quia in tanta lige perfectione ac finicie prout aurum fine exigit nequaquam in toto comptum est ad summam novem centum et nonaginta ducatorum auri fini taxatis ab eodem Janino habuimus et recepimus habuisse ac recepisse confitemur per presentes manibus dilecti fidelisque consiliarii et thesaurarii nostri Sabaudie generalis Alexandri Richardonis qui de illis nobis legitime computare debebitur. De quibus quidem tribus lingoctis et unica pecia auri ponderis ac valoris premissorum per nos ut supra habitis et receptis ipsum Janinum perpetuo solvimus et totaliter quictamus cum pacto etc. etc.

Datas Thaurini die ultima augusti m.iiij^{c}lxxviij.

167

Once d'or.

Ung collier que pese quatorze unces dor que sont un marc et six onces.

168

Anneau de saint Maurice. — Sceaux.

Il est deu par mon tres redoubte seigneur a son tres humble serviteur et dorier maistre Arnaud Butaire.

Premierement pour la fasson dune petite cheyne dor pesant deux onces qua este faicte pour estacher lagneau de monseigneur sainct Muris.

Item pour la fasson dung seel quest accoustume de garder par les chambellans de monseigneur que sappelle le seel de chambre et pour ung aultre petit seel duquel sellont lectres clauses que mon dit seigneur rescript.

169

Livre de prières historié. — Prix des illuminures.

Il est deu par mon tres redoubte seigneur a son tres humble subjectz et serviteur maistre Amye Albin de Montcallier peintre et illumineur lequel a illumine unes belles heures en parchemin que sont a Charles monseigneur et que feue ma tres redoubtee dame ly avait donne et fait les ystoires et lettres dor et aultrement par ainsy quest ycy apres est escript et marchie fait avecques luy par mons. le doyen de Savoye ainsy que sensuyt.

Et premierement pour xii grans estoeres tenant une pagine chescune a rayson de x gros pour chescune ystoire inclos xii vignetes montent a raison de x gros pour chascune ystoire et vignietes — x ff.

Item pour cent et sinquante cinq grandes lectre dor brunir montent a raison dung petit blanc por piece — iij ff. ij gros iiij quars.

Item pour deux lettres a ymage et une vignete a raison de cinq gros pour chacune lettre montent x gros.

Item pour xii petites liectres que entervalles toutes faictes dor mollu montent a iiij gros pour cent — iiij ff.

Somme xviij ff. iij gros.

170

Le duc continue son voyage.

(1479.)

(Offrandes à différentes églises du Dauphiné.)

Romans. — Eperons.

Item a livre le xxi jour de may aux clergons de lesglise de Romans pour ce que monseigneur estoit entre au cueur de lesglise pourtant ses esperons — i florin.

La trésorière de Grenoble.

Item livre a madame la tresoriere de Grenoble le xviij jour de may pour la bonne chiere par elle faicte a monseigneur le duc en son hostel a Grenoble ou il fut logie et aultres bons services en x escus de roy — xxv florins.

Oiseaux de Vigon.

Item a livre le xv jour de juing a Jacotin faulconnyer lequel fut envoye par monseigneur le duc de Romans en Piemont cest assavoir a Vigon pour visiter les oysieaulx de mon dit seigneur qui la sont en la mue — iij ff.

Valence.

Naves empte pro conductu bagagiorum dni ducis a loco Vienne Valenciam.

171

Marie et Louise en France et à Tours. (Voy. n° 156.)
(Septembre 1476.)

Sensuyt la dispensa faicte par mesdamoyselles Marie et Loyse de Savoye aussy les seigneurs gentilz hommes dames et aultres cy dessoubs nommes ordonnes pour les servir et accompaigner au viage de France despuys Thurin envers le roy a Tours paye par noble Michiel de Rivaulte maistre daoustel de mes dites damoyselles despuys le samedy xxv jour de septembre m.cccc.lxxviij quils partirent du dit lieu de Thurin apres diner...

172

Frères du duc envoyés en France. (Voy. n° 164.)

Sy ensuyt la dispensa faite par messeigneurs Charles et Jaques Loys et leur compaignie et serviteurs qui sont en nombre xlvj personnes et xlvj chevaux alans devers le roy.

173

Sépulture de la duchesse.

Cy apres sensuyt la dispensa faicte pour lenterrement de ma tres redoubtee dame madame Yolant de France duchesse de Savoye laquelle trespassa ou chasteau de Montcravel le samedi xxix jour du moys daoust lan mil.cccc.lxxviij entre deux et troys heures devers le vespre du grand reloge et fut gardee morte au dit chasteau de Montcravel jusques le mercredy ensuyvant second jour du moys de septembre devers matin que on lempourta a grant magniffcence et nombre de gens a Verceil en lesglisé de Saint Ysobie pour ensevelir en la dite eglise ou pies de feu mon tres redoubte seigneur Amye duc de Savoye son mari cui Dieu ait larme Amen. Et a este conduite la dite dispense par Claude de Marcossey maistre daoustel.

174

Continuation du voyage. — Séjour à Vienne.

(Août 1479.)

Il est deu par mon tres redoubte seigneur... le lundy xxiij jour du moys daoust... a fere affreles tendues pour la chasse a les grosses bestes...

Chasse aux grosses bêtes.

...Et firent la chasse avesques monseigneur larcevesque de Vienne et en la dite chasse prinrent ung gros cerf et une biche... que sont en somme dix personnes et dix chevaulx... plus pour quatre braconniers... plus pour les bonnes gens du lieu (de la Vulpilliere) lesqueulx sont ale la ou se devoit fere la chasse pour fere les ages et tendues necessaires... enclus le pain donne aux chiens durant les dits troys jours.

175

Séjour à Tours. — Banquet donné au roi.

(1476.)

(Dépenses faites par la duchesse Yolant à Tours pour un diner par elle donné au roi, à la reine, au roi de Portugal et a plusieurs seigneurs, au parc du roi à un quart de lieue de Tours où elle demeurait avec le roi.)

176

Restitution du pays de Vaud.

Solutio facta ligis nove et veteris Alamagnie superioris pro redemptione patrie Vuandi et ultimo termino... xxv februarii lxxviij.

177

Le seigneur de Lhuys.

(1479.)

Philibertus dux Sabaudie etc. Cum magnifficus fidelis consiliarius et gubernator noster Philibertus de Grolea dominus de Luis superiori anno vivente bone memorie illustrissima principissa domina et genitrice nostra metuendissima jussu ipsius genitricis nostre verbali pro arduis suis et nostris agilibus ac negociis plures nuncios et diversis vicibus et reiteratis propriis suis denariis mandaverit ad serenissimum principem dominum et avunculum meum honorandum dominum regem Franchorum. Successo autem decessu prefate domine et genitricis nostre ipse qui res nostras non minus quam suas accurate dirigit nuncios ad ipsum avunculum meum diligenter reiteravit pro quibus egregiam summam pecuniarum communi judicio usque ad quatuor centum scutos Sabaudie exbursavit de qua ignorans stilum curie et camere computorum nostrorum rotullos nullos fecit. Et quia ex hoc nolumus illi qui res et negocia nostra ardua satis solerte curavit dampnum aliquod seu perdam succedere. Preterea sorte fortuna tunc superioribus diebus capta hoc in loco domo in qua equi sui hospitati fuerant ignis incendio quo sic equos ipsos numero novem amiserit qua re perdam substinuit non modicam cujus compensam efficere nostra proprie interest. Cum nostris in serviciis ea substinuerit qui illi omni ex parte merito efficimur. Igitur consilii nobiscum residentis matura deliberatione ex nostra certa scientia in compensationem dictorum suorum equorum ac omnium pecuniarum quas causis premissis hunc usque in diem exbursavit eidem presenti et cum gratiarum actione acceptanti largimur presentibus et liberaliter donamus videlicet mille et sexcentum florenos parvi ponderis Sabaudie etc. — Datum in Montecallerio die quinta mensis februarii anno Dni m.cccc.lxxix.

178

Maladie de la duchesse. — Goutte.

(1478.)

Libravit magistro Thome juvenis silorgico novem florenos et octo den. gros. quos eidem pro certis medicinis emptis ad sanandam gutam quam pro tunc habuerat in civitate Thaurini bone memorie illustrissima dna nostra quondam…

179

Fauconnier du duc de Milan. — Condoléances. — Faucon pèlerin.

(1478.)

Il est deu par mon tres redoubte seigneur monseigneur le duc de Savoye a son tres humble serviteur et gouverneur Philibert de Grolee seigneur de Luis dix ducas lesqueulx par le commandement de mon dit seigneur et de son conseil il az donne a ung faulconnier du duc de Millan lequel az aporte de la part du dit duc a mon dit seigneur son faulcon pellerin et a este ordonne par le dit conseil pour lonnour de mon dit seigneur observe ly donne les dits dix ducas que vaillent xxvi ff. viij gros.

Dona facta aliis falconneriis.

180

Condoléances du marquis de Montferrat. — Le fol du marquis.

(Octobre 1478.)

Libravit die xviij octobris lxxviij de precepto consilii quatuor ducatos cuidam fatuo seu fatuo fingente ex servitoribus dni marchionis Montisferrati qui est de progenie Curletorum de Clavaxio et qui venerat parte dicti domini marchionis causa prefatum dominum nostrum ducem solaciando. Valent x ff. viij gros.

181

Maladie du prince Charles. — Religieux de la vallée de Lucerne.

(Novembre 1478.)

Item libravi iv novembris lxxviij cuidam cavalcatori misso parte consilii ab hac villa Montiscallerii apud vallem Lucerne ad conducendum hic quemdam religiosum ibidem existentem qui debet sanare illustrissimum dnum Carolum fratrem illustrissimi dni nostri ducis de quadam infirmitate quam habet.

Fièvre quarte.

Ad eum sanandum de febribus quaternis.

182

Emerillons envoyés par le duc de Milan.

(1478.)

In tribus scutis auri donatis cuidam servitori ducis Mediolani qui parte dicti ducis apportavit prelibato dno nostro duos emyrilhions aptos ad venationem.

Leçons d'escrime.

Pro uno floreno dato magistro qui illustrissimo domino nostro duci docet artem ludendi cum spata.

Chasse à pied.

Pro uno pari usetarum usque ad genua expeditarum infanti pedis qui semper insequitur prefatum dnum nostrum ducem cum vadit ad venandum pedester.

183

More fatuorum. — Galéas, napolitain.

Item libravi die xii februarii lxxix spectabili dno de Luis duos ducatos quos de mandato dni nostri ducis donavit cuidam fatuo sive fatuum finginte ex servitoribus Galias neapolitani capitaneique serenissimi regis Francorum qui ut moris fatuorum est venerat ad visitandum prefatum dnum nostrum ducem — v ff. iiij gros.

Pro emendo certas res ad faciendum unam morestam.

184

Gens d'armes du Dauphiné. (Voy. n° 188.)

Je Bertran de Gillie confesse davoir repceu pour les despens de moy mon serviteur et deux chevealx fes alant despuys Moncallier a Suyse pour obvier le passage a certayns gens darmes estans au Daulphine. — mars lxxix.

185

Le duc à Vienne.

A notre tres chier et bien ame conseillier Alexandre Richardon tresaurier de Savoye le duc de Savoye.

Oiseaux laissés en Piémont.

Tres chier et bien ame nous envoyons presentement en Piemont notre faulconnyer Jacquinot pour nous appourter nos oyseaulx que la laissasmes quant en despartismes. Sy vous mandons que luy deslivres xx florins pour fere ses despens et des dits oyseaulx et ce que luy est necessaire a ce fere. Et dyceulx xx florins vous en ferons descharge en notre chambre des comptes et en ce ne faictes faulte. Escript a Vienne le xiiij jour daoust.   PHILIBERT.

A Vienne. — Joueur de gobelet.

Ay livre en la cite de Vienne a ung batelleur nomme maistre Anthoine de Saloges qui jouya daspertise devant monseigneur le xxvij jour de juilliet i florin de pape.

Biche.

Item le vi jour daoust a ung serviteur de monseigneur larcevesque de Vienne qui amena a mon dit seigneur une biche — demy franc de roy valent viij gros.

Ménagerie.

Item le xv jour daoust feste de Notre Dame az certains hommes de Grece qui monstrerent a mon dit seigneur et messeigneurs ses freres en la presence de toute la court deux bestes souvaiges cest assavoir ung elephan et ung tigre en deux escus de roy. — v ff.

Harpistes et tabornis.

Item le devant dernier jour daoust a deux tambornins et ung arpeur pour ce quils vindrent sonner en la presence de mon dit seigneur — en ung florin de tret xxiij quartz.

Argent pour jouer.

Item le v jour de septembre a mon dit seigneur pour jouyer avecque le pollalier capitayne Franczois en quatre florins de tret et ung aultre florin de Savoye livre ca devant pour jouyer au guillies — vii florins x gros.

Item a Charles monseigneur pour certaines offrandes.

186

Etats généraux à Rumilly à cause de la mort de la duchesse.

(Septembre 1478.)

Libravit de mandato totius consilii cismontani Peroneto Regis ducali cavalcatori pro suis expensis factis eundo a Chamberiaco Aquis Rumilliacum Mouxiacum Altamvillam Sonnacum Terniacum Galliardum et per totum baillivatum Chablaysii terram Gay et per totam patriam Vuandi usque Grueriam pro portando communitatibus sindicis villarum et nobilibus ac ecclesiasticis litteras magniffici consilii Chamberiaci residentis super congregatione trium statuum in villa Rumilliaci et decessum illustrissime domine nostre ducisse Sabaudie.

Libravit dno Johanni Dompnerii collaterali dicti magniffici consilii pro suis suorum duorum servitorum et trium equorum expensis quinque dierum quibus vaccavit a Chamberiaco Rumilliacum ad dictos tres status cum dominis presidente computorum et ceteris commissariis inceptorum die xxvi inclusive dicti septembris anni lxxviij et finitorum die i octobris.

Libravit Glaudio Dambelli preposito marescallorum pro suis expensis eundo a Chamberiaco ultra montes ad illustrissimum dnum nostrum ducem pro sibi refferendo gesta et negociata ordinata et appunctuata in dictis tribus statibus.

187

Etats généraux à Chambéry. — Super gubernio patriæ.

(Janvier 1479.)

Libravit pluribus et diversis cavalcatoribus pro portando omnibus nobilibus ecclesiasticis et syndicis et communitatibus litteras clausas ut se recipere deberent Chamberiacum sexta januarii lxxix pro tribus statibus tenendis pro electione gubernii ducatus Sabaudie.

Libravit cuidam cavalcatori pro eundo ad dominos comitem Camere comitem Montismajoris dnum Myolani dnum Choutagnie et plures alios nobiles patrie ducalis pro sibi apportando consimiles litteras trium statuum... Pro portando communitatibus Maurianne capitulo et episcopo consimiles litteras.

Libravit die v januarii predicti pro precio duarum torchiarum cere ponderantium vi libras pro adventu nobilium Gouffredi de Estrambino et egregii Jacobi Lamberti ambassiatorum missorum per dominum ad causam trium statuum quia erat jam quasi nox quando venerunt et volebant exponere onus suum quia dietas pendebat ad diem sequentem et ideo fuerunt illuminate dicte faces.

Libravit de mandato dominicali etiam consilii et camere Peroneto regis ducali cavalcatori pro suis salario et expensis eundo per totam terram Gay et per totam terram et baillivatum Vuandi usque Grueriam inclusive pro portando nobilibus ecclesiasticis et communitatibus litteras ducales clausas ut se recipere deberent Thaurini decima februarii quia ibidem tenentur tres status totius ditionis Sabaudie de mandato regio pro electione fienda super gubernio totius patrie Sabaudie et super pluribus aliis.

Alie littere consimiles.

188

Gens d'armes du Dauphiné. (Voy. n° 184.)

(Mars 1478.)

Sequuntur librate facte per nobilem et egregium virum Alexandrum Richardonis thesaurarium Sabaudie generalem ad deffensionem patrie ne certe gentes armorum congregate in Delphinatu in fronteriis Sabaudie numero circa iiij^m qui volebant intrare patriam et fingebant ire velle ultramontes intrarent ipsam patriam Sabaudie.

Et primo libravit de mandato totius consilii cismontani et camere nobili Lyonardo du Gers misso a Chamberiaco ad loquendum capitaneo dictorum gentium armorum etiam locum tenenti gubernatoris dalphinalis et certis aliis circa sibi commissa.

Libravit Petro Vigneti misso a Chamberiaco in pluribus locis ut passagia custodire habeant.

Libravit diversis cavalcatoribus et servientibus missis ad portandum pluribus nobilibus litteras consilii clausas ut faciant parare ad arma et levare banderias.

Libravit die xxv marcii nobili Caterino Fardelli capitaneo passagiorum Scalarum et de Couz pro expensis suis et gentium suarum existentium in dictis passagiis.

Libravit Petro Machardi misso a Chamberiaco Scalas associato xxviij sociorum guerre pro deffendendo passagia ne ipse gentes intrarent patriam.

Libravit die xxvi marcii dno Petro de Grandimonte collaterali misso a Chamberiaco Gratianopolim pro certis sibi commissis parte dicti consilii pro negociando cum dominis parlamenti.

Libravit Jacobo de Foresta misso ad dominos Montismajoris Myolani Intermontium Chivronis Sancti Mauricii Gerbasii Verelli Grandimontis Luyriaci Natagii et pluribus aliis.

Libravit pro precio unius sachi de chamos ad tenendum pulveres artillieriarum pro mittendo pulveres gentibus armorum existentium in passagiis.

Libravit pro precio v^e virotonum ferrotorum pro mittendo dictis gentibus.

Libravit die i aprilis dicto Margoto misso a Chamberiaco Tharentasiam pro contramandando armigeros qui veniebant ad deffensionem patrie.

Libravit Petro Mugnerii misso a Chamberiaco Mauriennam eadem causa.

Libravit Claudio Pachodi misso ad dnos Asperimontis et Camere eadem causa.

Anno lxxix.

189
Change des monnaies.

Cambiis et conversis.

Singulis octo solidis forcium pro xii den. gross. quolibet flor. auri renensi ad xxv pro xxv den. gross. p. p. quolibet scuto auri regis pro xxx den. gros. — quolibet ducato auri pro xxxij den. gross. — singulis duodecim den. gros. pro uno floreno p. p.

Compte d'Alexandre Richardon.
(1ᵉʳ Octobre 1479. — 1ᵉʳ Octobre 1480.)

190
Le duc et ses deux frères à Vienne. — Armures.

Il est deu a maistres Michellet Janson et Philippes de Montacu armuriers citoyens de Vienne pour troys arenoys comples de salades banyeres et aultres chouses et pieczes darnoys lesqueulx les dits maistres ont fays et delivres pour monseigneur et messeigneurs Charles et Jaques Loys ses freres. cxxx ff.

Vaissella argenti pro domino et ejus fratribus.

Arbalètes.

Pour troys arbalestes belles et pollyes garnies de trays et chouses necessaires faictes pour mon dit seigneur et ses deux freres cest assavoir pour chascon une xiii florins iiij den. gros. pp.

Item pour troys aches darmes faites pour mon dit seigneur et ses freres — v ff.

191

De Valence à Tours et en divers autres lieux. — Valence.

(Novembre 1479. — Mars 1480.)

Sensuyt ce quest deu par mon tres redoubte seigneur monseigneur le duc de Savoye au seigneur de Luys quil a paye et delivre pour luy es lieux et parsonnes si apres escriptes despuys le mercredy xxiiij jour du moys de novembre m.cccc.lxxix quil despartit de Valence pour aler vers le roy.

Lyon. — Eperons.

Et premierement le xxvij jour dudit moys de novembre lan que dessus a Lyon pour les esperons de monseigneur au clerjons de lesglise de Sainct Jehan de Lyon — un florin.

Fauconniers du duc de Bourbon.

Plus a livre le x jour du moys de decembre au Croset aux faulconiers de monseigneur de Bourbon lesqueulx vinrent a tous leurs eysiaux vers mon dit seigneur au pont dys et le suyrent a la volerie jusques au dit lieu du Croset troys escus dor — **vii flor. vi gros.**

Bourges. — Eperons.

Plus livre le xi jour du dit moys a Bourges pour les esperons de monseigneur aux clerjons de Saint Estienne de Bourges — **i flor.**

Tamborins de Bourges.

Plus luy est deheu quil a livre le xiij jour du dit moys aux tamborins de Bourges lesqueulx ont festoye mon dit seigneur et les dames de la ville le sambedi et la dimenche — troys escus dor.

Yssoudun. — Prince de Tarente et de Dinois.

Plus a livre le xiiij jour du dit moys a Ysoudom a mon dit

seigneur pour jouer avecques messeigneurs le prince de Tharente et de Dinioys — x ff.

Plus le dit jour aux tamborins de Ysoudon — ij ff.

Chaînes et anneaux d'or.

Cathene et annulus auri empti pro domino.

Armes.

Item pour la facon des armes de mon dit seigneur que jay fait a Valence pour ses tamborins ensemble lor et largent que je y ai employe.

Le 15 mars 1475 à Chambéry.

Et primo die xv marcii m.cccc.lxxx habuit dictus illustrissimo dominus Chamberiaco summas infra scriptas…

Sensuyvent les quantites que mons.. le general Ruffin de Murres a livrees a mon tres redoubte seigneur.

A Valence. — Sommes pour jouer.

(Sommes assez fortes données au duc à Valence : *pour joyer avecques monseigneur de Dunoys et aultres gentils hommes.*

A Bourges.

A Bourges pour joyer avec monseigneur le prince de Tharente de Dunoys d'Argenton et aultres etc. etc.

Arc. — Flèches.

Item pour arc et fleches de mon dit seigneur.

Fauconniers envoyés au duc.

(Argent donnes a differents fauconniers envoyes devers le duc par divers seigneurs.)

Envoi d'un chien par l'évêque de Genève.

Item donnes a Abrien fam de pies de monseigneur levesque de Geneve pour amener ung chien cuchan a mon dit seigneur — v ff.

Librate spectabilis Ruffini generalis financiarum.

A Chinon, janvier 1480.

Et primo die xxiv januarii lxxx pro helemosina in oblatione in ecclesia Domine Nostre de Ripperia apud locum Chinon — i fl.

A Tours, 6 février 1480.

Item die vi februarii in ecclesia D. N. pietatis in Tours pro elemosina. — i fl.

Pulchris filiabus.

Item die viij februarii in dicto loco pulchris filiabus transeundo per ejus carreriam — i fl.

10 Février, à Tours. — Cartes.

Item die x februarii in Tours dno nostro pro ludendo ad cartas — ii fl.

24 Février, à Varrens.

Item die xxiv februarii a Varrens...

26 Février, à Rouen.

Item die xxvi februarii in Roanna pro ludendo ad cartas.

1ᵉʳ Mars, à Lyon.

Item die prima marcii in Lugduno.

Item die ix marcii illustrissimo dno nostro pro ludendo ad cartas etc.

29 Janvier 1480, à Chinon.

Item plus livre le xxix jour du moys de janvier lxxx a Jehan Raffon maistre dostel du roy et hoste de monseigneur cent escus de roy lesqueulx mon dit seigneur luy a donne tant pour bonne chierre xxxix jours que mon dit seigneur a este logie en sa maison comme pour certaine quantite de vin donnee a mon dit seigneur — ii^{c}l ff.

Flèches d'or.

Item pour achepter des fleches dor pour mon tres redoubte seigneur.

Ad illustrem comitem de Denioys et r. dnum episcopum Carchassone...

192

A Vienne. — Mission au conseil ducal. — Peste à Turin.

(Juillet 1479.)

Debentur per illustrissimum dnum nostrum ducem spectabili et clarissimo juris utriusque doctori dno Alerano de Provanis condomino Laynici ejus fideli consiliario per excellentiam suam ad illustrem dnum comitem de Denioys et reverendum dnum episcopum Carchassone regios legatos mandato ex Romanis in Delphinatu in Pedemontio cum litteris eorum ad saviores patrie convocatos in loco Rippollarum in presentia magniffici consilii ultramontani illuc residentis propter pestem regnantem in Thaurino et ad exponendum bonum velle regis magnas oblationes sui parte per dictos suos legatos prelibato dno nostro factas et ad intelligendum quomodo restabant contenti recessus prelibati dni nostri a patria sua pedemontana pro suis expensis xix dierum incohatorum die x jullii lxxix qua recessit a dicto loco Romanis.

193

Mission au roi pour le retour du duc.

(Février 1480.)

Debentur dno Petro de Grandimonte collaterali pro suis expensis factis de mandato dni gubernatoris dominorumque de consilio destinato ad serenissimum regem Franchorum pro eum persuadendo ut dignaretur illustrissimum dnum nostrum ducem ad suas patrias pro consolatione suorum subditorum qui merto portabant illum videre et in suis patriis residere quod premissis auditis ipse serenissimus rex annuendo voluit quod ipse dnus noster ad dictas suas patrias quando voluerit cum deliberatione sui consilii reverteretur et per suo scumdem dnum nostrum associare faceret ad que vacavit xxviij diebus integris inceptis die x februarii m.cccc.lxxx.

194

Comte de la Chambre, gouverneur général.

(1479.)

Libravit nobili Aymoni Chevrerii quem magnifficus comes Camere vice comes Maurianne locum tenens et gubernator generali tam citra quam ultra montes pro prelibato illustrissimo dno nostro destinavit...

195

Réformation de l'administration.

(Juin 1479.)

Il est deu par mon tres redoubte seigneur a son tres humble serviteur et secretaire Benoit Fortellet pour la despense par luy faite alant de Vigon a Chambery pour avoir la double de plusieurs estatz ordonnances et aultres secres afferes de grande importance questoient besoing avoir pour la reformation et ordre que lon a propose generalement de mettre es afferes de mon dit seigneur — juin et juillet 1479.

196

Comte de la Chambre.

Debentur... per illustrem et magnifficum dnum comitem Camere gubernatorem et locum tenentem generalem illustrissimi dni nostri ducis citra et ultra montes...

Sequuntur ea que debentur nobili Lyonardo du Gours magistro artillieriarum ducalium ad causam expensarum per eum factarum in exequendo contenta in ducalibus commissionis litteris sibi factis contra eos qui se parabant ire in armis ad partes Burgondie contra serenissimum regem Francie datis in Montecallerio die x mensis marcii mil.iiij$^\text{c}$lxxix.

Tam citra quam ultra montes.

Magnifficus Ludovicus dnus et comes de Camera vice comes Maurianne gubernator et locum tenens generalis tam citra quam ultra montes illustrissimi dni nostri ducis.

197

Constance Pagliacia.

(1480.)

Debentur per illustrissimum dnum nostrum Sabaudie ducem ejus humili et fideli servitori Borbonio de Stratu vicario Thaurini pro expensis factis ad causam exequcionis persone et bonorum quondam Constancii Pagliacia propter seductionem per ipsum in loco Montisregalis tractatam de anno mil.cccc.lxxx.

Et primo pro expensis factis in castro Thaurini eidem Constancio a die x junii usque ad diem primam mensis julii.

Item pro constructione duorum zafaudorum factorum super platea castri unius ubi fuit lata sententia per spectabilem dominum judicem Thaurini et alius ubi fuit primo decapitatus deinde scarteratus.

Item pro una manaria seu achia pro decapitando dictum Constancium.

Item pro una poste magna et larga cum duabus magnis rotis super qua poste ipse Constantinus fuit per civitatem Thaurini treynatus ad caudam equi.

Item pro uno equo empto pro treynando dictum Constancium.

Item pro uno pari gantorum et uno parvo gladio ad apperiendum corpus dicti Constantini datis magistro Bartholomeo Coquardo laniste.

Item pro uno famulo qui associavit dictum magistrum Bartholomeum a civitate Thaurini usque ad civitatem Montisregalis qui portavit caput dicti Constancii et unum ex quarteriis sue persone et posuit in locis publicis.

Item pro uno famulo qui associavit dictum lanistam a Thaurino usque ad locum Secuxie.

Item familie Thaurini quia associaverunt dictum lanistam usque ad puteum Strate qui portaverunt ibidem ad furchas unum aliud quarterium dicti Constantini.

Item pro uno quarterio salis pro salando corpus et caput dicti Constantini aliter non poterat conservari.

Item pro alio quarto quarterio qui fuit sepultus quia non poterat portari propter magnum fetorem.

Constancius Victali alias Pagliacia.

198

Lettre écrite de Troye par la duchesse.

(Octobre 1476.)

A notre tres chier et bien ame feal conseillier et chancellier de Savoye messire Pierre de Sainct Michiel la duchesse de Savoye.

Rouvre.

Tres chier bien ame et feal conseillier pour vous donner consolacion nous vous advertissons que despuys notre delivrance de Rouvre lon nous a fait tres grant honneur et bonne chere riere le pays de monseigneur le roy ou nous sumes passee et nous envoye au devant mon dit seigneur de tres notables et grans personnages des siens pour nous conduyre devers ly. Et que plus est il de soy meismes nous a fait a dire que seurement et bien bref il nous tournera sans point de faulte en notre gouvernement et nous fera largement des biens. Pour quoy rejoyssies vous et eyes nos afferes de par della singulierement recommandez. Daultre part pour ce que avons a substenir en ceste notre allee grand dispense et que sumes mal fornye dargent comme poves asses entendre nous vous voullons prier que par notre clavaire de Plastro nous voullies envoyer et prester ij^c escus et nous le vous ferons remborser sil plait a Dieu et bien bref. En quoy faysant nous surviendres au besoing et vous en serons tenue priant encore que ny veulliez fere faulte. Tres chier bien ame feal conseillier Notre Seigneur vous ayt en sa garde. Escript a Troyes le xv doctobre.

Exoneratio solutionis debiti Friburgensium.

199

Le comte de la Chambre.

(Janvier 1480.)

Libravit magniffico dno Ludovico comiti Camere et vice comiti Maurianne rectori ministro ac gubernatori omnium patriarum ducalium tam ultra quam citra montes existentium ac in illis locum tenenti et procuratori ducali speciali et generali per illustrissimum dnum nostrum dnum Philibertum Sabaudie ducem constituto videlicet ad et per unum annum et ulterius quamdiu ipsius domini nostri fuerit voluntatis et ut onera et impensas gubernio ejusmodi actingentes ipse gubernator et locum tenens melius substinere posset ipse illustrissimus dnus noster eidem statuit et ordinavit stipendia quatuor millium flor. pp. singulis annis durante dicto tempore levandis et percipiendis et sub aliis modis et formis contentis et descriptis in litteris ipsius dni nostri constitutionis predicte datis Chinoni die xix mensis januarii anno Dni m.cccc.lxxx quarum tenor talis est.

Philibertus dux Sabaudie Chablaysii et Auguste etc. universis serie presentium facimus manifestum. Quod postquam illustrissima quondam bone memorie dna Yolant de Francia genitrix et tutrix nostra morte preventa minorem et pupillum nos relinquit decrevimus pro status nostri manutentione et patrie nostre tuhitione subdictorumque nostrorum bono et saviori regimine nostros ac patriarum nobis suppositarum legatos dirigere ad serenissimum et xpianissimum dominum et avunculum nostrum Franchorum regem a quo tam ratione affinitatis et conjunctionis sanguinis quam singularis sui amoris in nos per antea demonstrati quod optimo jure auxilium et consilium sperabamus ut dignaretur nobis subditisque et patriis nostris propitiari et admodum sub ejus garda et protectione amplecti qui susceptis cum sua solita clementia dictis legatis et condolens mortis prefate illustrissime genitricis nostre sue sororis liberaliter et benigne nos subditos et patrias nostras in sua protectione suscepit seque obtulit ac presentavit opere summo pro nobis et deffensione status nostri prompte posituro facultates patrias suas ymo propriam personam nec minus facturo pro nobis quam pro illustrissimo dno germano nostro dno Dalphino suo unico filio ac in omnibus agendo nobiscum non ut avunculus sed ut proprius pater. Postmodum regressis ad nos dictis legatis suasu et consilio prefati xpianissimi dni et avunculi nostri congregavimus in loco Montiscallerii ubi tunc residebamus status patriarum nostrarum tam citra quam ultra montes quibus per consiliarios nostros communicari fecimus majora status nostri negocia. Cupientes et non immerito visitare prefatum xpianissimum dnum et avunculum nostrum regem ut eidem pro beneficiis in nos suis et non debitas saltem possibiles gratias ageremus usque in hunc locum Chinonii venimus a quo et per omnes patrias suas cum quantis honoribus munifficentiis et rationibus jocunde et benigne fuerimus suscepti ipsa docuit experientia et longissima egeret recitatione. Ex quo tandem factum est quod nos consideratis grandi affectione et ex corde sincere radicato amore prefati serenissimi dni avunculi nostri in nos disposuimus affectu singulari cum ipso dno avunculo nostro ejus bene placito quosdam dies moram trahere...

...Nolentes tamen subdictos ac patrias nostras improvisas ac destitutas relinquere statuimus virum aliquem dignum eis gubernatorem dare et locum tenentem constituere...

...Etc. etc.

200

Séjour à Vienne. — Braconniers.

(Septembre 1479.)

Livre le xiij jour de septembre a deux braconniers de monseigneur larcevesque de Vienne que se ayderent a prendre certaines bestes sauvages — ii ff.

Dames de Vienne.

Livre le viij jour de septembre a troys tabornis que ont sonne devant monseigneur et les dames de Vienne a ce convoques — xxiij gros.

Item ay livre le xij jour de septembre a deux tabornis que furent a feu monseigneur de Calabre que jouerent et sonnerent de leurs instrumens en la presence de monseigneur et des dames a Vianne — v ff.

Joueurs d'instruments.

Item a livre le xxvi jour de septembre a quatre menans et joyans de leu rebec don saymie et arpe qui jouyerent de leurs dits instrumens devant mon dit seigneur — ii ff. vi gros.

Taborins de Vienne.

Item a livre le dernier jour de septembre a Loys Magnyan et Mathieu Morel thaborins de Vianne lesqueulx a plusieurs fois despuis que monseigneur arriva a Vianne ont sonne de leurs taborins devant mon dit seigneur — ii ff.

Arbalète.

Item pour le prys dung gondar dacier pour tendre larbaleste de mon dit seigneur.

201

Gens d'armes passant par la Savoie.

(Septembre 1479.)

Libravit die xxv septembris Lyonardo du Gors et Stephano

de Sanciaco missis a Chamberiaco Gebennis ad sciendum que erant certe gentes in armis que transierunt per extra villam Chamberiaci et ibant Gebennis in magno numero.

202

Prise d'armes.

(Juillet 1480.)

Littere portate omnibus nobilibus patrie ut se reciperent in armis Morgie die xv jullii lxxx ad serviendum domino de mandato dni Marescalli.

Compte d'Alexandre Richardon.

(1er Octobre 1480. — 1er Octobre 1481.)

203

Etrennes à Chinon.

(Janvier 1480.)

(Etrennes données par le duc lorsqu'il était à Chinon en janvier 1480.)

(Grand nombre de *taborins menestriers et trompettes* venus a Chinon *pour festoyer monseigneur.*)

204

Fête aux dames de Lyon.

(Février 1480.)

Item ay livre le dernier jour du moys de fevrier en la ville de Lyon a cinq joyeux dinstrumens differens lesqueulx lon a fait venir que monseigneur a voulsu dancer pour festoyer les dames de Lyon ung escu au solleil qui vault ij flor. vij gros.

205

A Chambéry.

(Juin, juillet, août, septembre.)

Livre a monseigneur en la ville de Chambery le x juing lxxx.

Item le xxii jour du moys de juilliet a Chambery.
La haquenee blanche et la haquenee noyre de monseigneur.
Item le xxviij daoust a Chambery.

Momerie.

Item le xxviij jour de septembre a Chambery pour une momerie faite pour les noces de la Jeanne damoyselle de madame de Luys femme de Bonifface de Lasez.

Joûtes.

Item mays livre pour six aulnes troys quarts de taffetas blanc pour fere xij mantellines pour monseigneur le gouverneur monseigneur le mareschal monseigneur de Luis monseigneur de Challant monseigneur dAix monseigneur le maistre malconseil monseigneur de Montlian pour lenfant de pye et pour trois archiers lesqueulx accompagnerent monseigneur es joustes encontre Belletruche actendant.

Livre le xxviij jour doctobre a monseigneur a Chambery...
(En novembre préparatifs pour aller à St-Genix.)

206

A St-Genix.

(Novembre 1480.)

Livre a Saint Genix le xxvj jour de novembre lxxx.

Momerie.

Momerie faite a Saint Genix es nopces de Charlotte de Monteson le ij jour de decembre.

Robe écarlate.

Robe descarlate pour monseigneur doble de martres cibelines.

Livrée des pages.

Vellours viole et vellours noyr pour fere des robes desparties es pages de monseigneur.

Satin viole et satin noyr pour fere des porpoens despartys comme les dites robes.

207

Roi de la fève.

Vestis velluti pro rege fabe.

208

A Chambéry. — Joûtes.
(Janvier 1481.)

Item ay livre (janvier lxxxj) a Chambery xiiij aulnes de satin cramoisy pour fere le parement de jouste pour monseigneur quant illaz jouste encontre les actendans messire Reguyn de Vauxpergue et contre Chasteauvillains et aussi pour fere xij ocquetons es seigneurs icy apres nommes pour monseigneur le gouverneur monseigneur dAis monseigneur de Luys monseigneur lescuyer monseigneur le meistre Marcosseyt monseigneur de Luyrieu monseigneur de Lompnes Belletruche Lenix et pour les heraux et enfans de pie et aultres gens lesqueulx accompagnierent monseigneur es dites joustes.

209

A Chambéry. — Venue de la fiancée du Dauphin.
(Juillet 1481.)

Il est deu a Lancellot de Lans pour le banquet et morisque qui a este fait a Chambery le mardi x jour de jullet lan mil.cccc.iiij^{xx} et ung a la venue de fillie du marquis de Mantoue femme de monseigneur le conte Daulphin du commandement de mon tres redoubte seigneur et de son conseil.

Banquet.

Et premierement a livre la fuste necessayre pour fere ix tours a boulevert pour mettre ix pourcellons pour la garde et ix buissons pour atacher ix oisons mis en pate a mode de vonyure.

Item a maistre Anthoyne menuisier pour ix chasteaux fais de menuyserie a faulces braies et a barbacanes.

Item a maistre Galiot paintre pour xl tours rondes pour mettre es coings des chasteaux dessus nommes fait de toylle et de papier colle toutes rouges de fin vermeillion maczonne et bombarde.

Item pour xl gabiolles de tolle a mettre au songeon des tours pour faire le feu dedans pour mieux voir la viande que lon mettoit dedans les dits chasteaux et les dites tours.

Item pour lx testes domme fait en moulle armez de sallades tout de fin argent de bateure pour armer lx poulasllies a mettre au songeon tant des dites tours comme des dits chasteaux dessus nommes.

Item pour lx coctes darmes armes chescune en quatre cartiers tant des armes du roi comme de mon tres redoubte seigneur et de monseigneur le conte Daulphin et du marquis de Mentoue et les lx coctes estoient pour vestir chappons et poulaillies qui portoyent les testes armes aux entremes dessus nommes.

Item pour lx estendars faiz aux armes de France de Savoye du conte Daulphin et de Mentoue qui portoient les pollallies armees des testes armees et couctes darmes.

Item pour ij^c et v escussons armes des armes des quatre seigneurs dessus nommes pour fornir places chasteaux basse-court bouleurs dessus nommes et aussi pour planter par dessus la patisserie.

Item iiij̊ canons dor clinquant pour fere des franges aux estandards et pennonceaux et pour fere iiij˟ plumes dor es testes des poulaillies et pareillement des porcellons.

Item pour xij xij^es de feullies destain pour argenter les chasteaux boulvers et bastilles.

Item pour deux paniers de fleurs tant de vielletes roses marjolaines flours de lis pour reparer les places et entremes dessus nommes.

Item pour argente xx patez de venaison et pour dorer les pastez de canars en forme de vonyure et xxxvi poussins tout dor et dargent et dore et argente neuf ymages de saint Anthoine et painte ix herissons.

Morisque.

(Plus les étoffes pour les habillements de la morisque.)

210

Au Bourget.

(Novembre 1480.)

Livre le mercredi xvij jour du moys de novembre m.cccc.lxxx es serviteurs de monseigneur le prieur du Borget pour leur vin et a cause que monseigneur y a disne — i flor.

A Yenne.

Plus a livre le jour ensuyvant a Yenne es menestriers du dit lieu lesqueulx ont sonne devant monseigneur — xvi gros.

A L'huis.

Plus a livre le mardi vij jour du moys de decembre lan que dessus au chasteau de Luis pour donner es serviteurs du dit chasteau damoiselles et aultres pour leur vin auquel lieu monseigneur le duc a demoure trois jours entiers et a este deffreye cest assavoir despuis le samedi ix jour au sopper jusque au jour present au disner c florins.

Plus au dit lieu pour donner es menestriers et tabornis qui ont sonne durant les dits troys jours que estoyent pluseurs iij ducas valent viij florins.

211

Guerre contre le marquis de Montferrat.

(1481.)

Il est deu par mon tres redoubte seigneur a son tres humble et feal conseillier camberlan et gouverneur de ses pays Loys seigneur et conte de la Chambre et viconte de Maurienne a cause de lalee par le dit gouverneur faite dernierement es pays de Piemont lan present lxxxi.

(Jacquemetus de Spina magnus falconnerius) p. 291.

212

A Rumilly. — Prise du seigneur de L'huy par le seigneur de la Chambre.

(17 Novembre 1481.)

Libravit sibi ipsi Philippe Allegreti pro suis expensis trium dierum quibus vaccavit a Chamberiaco Rumilliacum ad illustrissimum dnum nostrum ducem de mandato dni presidentis et magistrorum computorum ad eumdem visitandum parte camere post captionem dni de Luis factam per dnum camere ad sciendum an velit eisdem aliquid precipere inceptorum die xvij novembris mil.cccc.lxxxj.

Prise d'armes.

Littere portate eodem tempore omnibus nobilibus ut se pareant ad arma.

Etats généraux.

Libravit ulterius pro portando alias litteras pro congregando tres status ditionis Sabaudie in Rumilliaco die viij decembris.

Littere portate pro contremandando dictos tres status usque ad decimam octavam jannuarii immediate sequentis qua die teneantur se presentare in loco Chamberiaci.

Compte d'Alexandre Richardon.

(1ᵉʳ Octobre 1481. — 1ᵉʳ Octobre 1482.)

213

A Chambéry.

(Mars 1481.)

(Dépenses faites en mars lxxxi a Chambéry pour le duc Philibert.)

A St-Genix.

Plus ay livre a Anthoine Lambert tapissier trois cens croches pour tendre la tapisserie de monseigneur a Sainct Genix le viij jour de mars m.cccc.lxxxi.

A Beaurepaire.

Item livre aux mulatiers qui ont porte la tapisserie de monseigneur a Beaurepaire.

Item pour la momerie faicte pour la venue de monseigneur levesque et pour les nosses de mons. de la Beaume.

Item ay livre a Nicoz Rappier chambrier de monseigneur le xi jour de mars que monseigneur despartit pour aler a Sainct Genix et de la a Beaurepaire.

Item ay livre a monseigneur le xv jour du dit moys de mars a Chambery.

Plus pour rapporter la tapisserie des Echielles a Chambery.

A St-Genix.

Plus pour fere pourter les bagues de monseigneur de Chambery a Saint Genix le xxij jour de may lxxxi.

214

A Chambéry. — Momerie.

Pour une mommerie que monseigneur fit fere la veille de la sainct Jehan m.cccc.lxxx a Chambery au millieu des Verneys.

215

A St-Genix.

(Juin 1481.)

A Saint Genix le xxviij jour du moys de juing lxxxi livre a monseigneur.

216

Venue de la fiancée du Dauphin.

(Juin 1481.)

Item pour le cheval sur lequel monseigneur estoit monte a la venue de la contesse Daulphine pour aller a lencontre delle.

Plumes de chapeaux.

Item pour trois granz plumes blanches et grises a metre a chapeaux de monseigneur a la venue la marquise de Mantue.

Hoquetons des archers.

Item pour xvij aulnes et demy de roge et de blanc pour fere de ocquetons a bendes es archiers ci apres nommes a la venue de la femme du conte Daulphin.

Farceurs.

Item plus ay livre a Humbert Barrin a Nycolas et a Jaquet Hobert farseurs lesqueulx firent des farses a la venue de la dite dame.

Trompettes.

Item aux trompettes qui allerent a lencontre de la dite contesse Daulphine.

Bains d'Aix.

Item pour porter a Ays la tapisserie de monseigneur quant ille se alat bagnier (juillet).

217

Noces. — Momerie.

(Août 1481.)

Item pour une momerie faite au moys daoust a Chambery es noces de mons. le maistre Marcossey.

Bonnet rouge.

Pour un bonnet roge simple livre a monseigneur a Chambery le xvi jour de septembre.

Chapeau noir.

Item pour ung chappeaux noer pour mon dit seigneur.

218

Voyage en France.

(Septembre 1481.)

(Préparatifs du voyage que le duc doit faire en France devers le roy.)

Vêtements faits à Genève pour le duc, pour ses pages, etc.

Singe de monseigneur.

Item pour ung quartier de drap gris pour fere une robe a la singe de monseigneur vi gros.

219

De St-Genix à Rumilly.

(Novembre 1481.)

Item livre le xv jour du moes de novembre m.cccc.lxxxj pour porter les coffres de monseigneur de Sainct Genix a Romillie.

D'Annecy à Faverges.

Item plus ay livre le xxiiij jour du dit moys de novembre que monseigneur devoit partir de Annexie pour aller au gipte a Faverges.

A Confluns.

Item pour le port de deux coffres despuys Annexie a Conflens.

Chiens pour la chasse.

Item pour celluy qui a amene les chiens pour chasser avec monseigneur.

Fans de pie donnés au duc par le comte de la Chambre.

Item plus ay livre le second jour de decembre un quart de vellours noer pour fere deux collets de porpoen a Pierre et a Godet fans de pie que monseigneur de la Chambre a donne a monseigneur pour estre ses fans de pie.

Fauconniers.

Item donne aux faulconniers...

Braconniers.

Item aux braconniers...

A St-Jean de Maurienne. — A Suse.

Item ay livre le xix jour du dit moys de decembre iij gros que monseigneur a donne es enfans de cour de Sainct Jehan de Morianne et pour le port de la tapisserie despuys Sainct Jehan a Suyse livre au corrier de Sainct Jehan ii ff. iij gros.

A Turin. — Momerie.

Item livre le xxix de decembre pour une momerie que monseigneur a faite a Thurin.

Item ay livre le i janvier m.cccc.lxxxij pour fere dabilliemens de mommerie pour monseigneur de Bresse le seigneur de la Chambre le seigneur de Myolans le seigneur de Roelle.

Pour les robes de femmes.

Momerie.

Item le x jour de janvier pour une momerie pour monseigneur de la Chambre le seigneur d'Aiz les seigneurs de Role de Lurieu de Montfalcon.

Pour la dame de la dite mommerie.

Momerie.

Item le xviij jour de janvier pour fere des carmagnioles pour une momerie pour monseigneur Chastelvieux Michallet et Rollet.

Pour la dame de la dite momerie.

Item le xxij jour du moys de janvier pour une momerie que a fait monseigneur Chasteauvieux Luyrieu Belletruche Villenove et une robe de femme pour habillie ung homme en guise de femme.

220

Drap d'or envoyé à Lyon pour mettre sur le corps du duc.

Il est deu a Pierre Lanyer peagneur de Chambery pour porter le drap dor de la ville de Chambery a Lyon qua este mys sur le corps de mon tres redoubte seigneur defunt du commandement de messeigneurs president et mestres des comptes.

Pour deffrayer les ambaxeurs de Berne et Fribourg despuys Conflens jusques a Thurin...

221

Gens d'armes à St-Genix.

(Septembre 1481.)

Il est deu par mon tres redoubte seigneur monseigneur le duc de Savoye a son tres humble serviteur Artaud de Bocsozel marechal de ses logis lequel a este envoye de la part de mon dit tres redoubte seigneur et de son conseil devers le capitayne des gens darmes du roy qui sont logies empres de Saint Genys et du Pont pour les advertir que sur le pais de mon dit seigneur il ne fissent nul exces ou illa vaquez trois jours entiers despuys le x jour de septembre jusques au xiij jour du dit moys.

222

Mission auprès du comte de Challant.

(Juillet 1481.)

Il est deu par mon tres redoubte seigneur le duc a son tres humble et feal conseillier et maistre dostel messire Reguin de Vaulpergue pour sa dispense faicte despuys le i jour de julliet lan m.cccc.lxxxi lequel jour il partit de Chambery du commandement de monseigneur et de son conseil pour aller en la Vaudoste devers monseigneur le conte de Challand pour le fere aler a Nyce et dilec a Thurin par devers le conseil les gentilz hommes et communes du pays de Piemont pour leur exposer aulcunes chouses de la part de mon dit seigneur a cause daulcunes nouvelles que mon dit seigneur avait heu du roy...

223

Etats généraux de Vigon.

Il est deu a Pierre de Duyng seigneur de la Valdysere pour la dispense quil az faicte daler despuys la Valdysere jusques a Vigon ou se tenoyent lors les troys etats della les monts du commandement de monseigneur avec messire Philippes Chevrier advocat fiscal de Savoye pour besongner eulx deux es dits estats de xij jours entiers commences le vij jour daout et finis le xviij jour du dit moys.

224

Ecus prétés par le comte de la Chambre.

(1481.)

De mille scutis regis per illustrem dnum Camere comitem locum tenentem generalem dno nostro mutuo concessis.

225

Le livre de la buse en cour.

(1481.)

Cy apres sensuyt ce que couste le livre de la buze en court lequel je Jehan Rodat chapellain de la chapelle de mon tres redoubte seigneur ay fait par son commandement.

Pour le parchemin.

Pour lescripture.

Pour lenluminure tant pour xii grans ystoieres et une vignete ou sont les armes de monseigneur comme aussy pour lectres dor et parafles.

Pour la relieure.

A notre tres cher ame et feal conseillier messire Pierre Bonnivard president de nos comptes. Le duc de Savoye. Tres cher bien ame et feal conseillier. Nous avons baillie a messire Rodat ung livre pour illuminer faictes luy payer ce que luy advient pour le lieutenant de notre tresorier et le baillie a Pynerol present porteur pour le nous apporter ainsi que luy avons commys. Daultre part nous mandons par nos lettres patentes relacher le seigneur de Luys et avons desputez commissaires a cella fere messires Philippes Chevrier Anthoine Bollier advocat fiscaux. Pierre Gonteret Lestelley Sanciaco avecques les aultres ausdites lettres nommes et leur en escrivons. Solicites les et y faictes en maniere que nos dites lettres ayent leur execution et a ce ne faictes faulte. A Dieu soyez. Escript a Thurin le penultieme jour de janvier. Philibert.

226

Pierre trouvée dans le corps du duc.

Libravit Colino dicto Chastiau Regrand heyraldo qui apportavit lapidem incisionis corporis illustrissimi nunquam delende memorie dni nostri dni Philiberti Sabaudie ducis in ejus corpore per cirurgicos et medicos inciso compertum...

227
Emprunt de 15,000 florins.

De quindecim millibus florenis tunc nuper datis mutuo illustrissimo dno nostro Carolo Sabaudie duci Lugdunum in bancha de Medicis.

228
Garde ordinaire et extraordinaire du duc.

Archerii garde ducalis.

Exoneratio stipendiorum lx peditum per dominum pro custodia persone sue ultra acherios ordinarios garde sue ordinatorum.

Per Philibertum ducem.

Exoneratio stipendiorum aliorum xxxiij peditum per dominum ultra predictos retentorum.

Stipendia aliorum quinque peditum.

Sensuyvent aulcunes gens de pie alamans lesqueulx mon tres redoubte seigneur a envoye querre au pays dAlemagne qui sont en nombre iiij^{xx}viij personnes que monseigneur a retenuz pour sa garde oultre ses archiers et aussy oultre certayns aultres gens de pic en nombre lv.

Stipendia aliorum archeriorum equitum numero xxv ultra alios suos ordinarios retentorum.

229
Prise du seigneur de la Chambre.

(Janvier 1422.)

Il est deu par mon tres redoubte seigneur monseigneur le duc de Savoye a son tres humble et obeissant oncle subject et feal monseigneur Philippes de Savoye seigneur de Bresse pour cent et cinquante fantz de pie lesqueulx mon dit tres redoubte seigneur a retenu pour ung moys pour la garde de sa personne a cause de la prinse du seigneur de la Chambre commençant le dit moys le xxij jour de janvier m.cccc.lxxxij dessoubs les gages de six florins pour moys pour ung chascung des dits fants et lesqueulx gaiges du dit moys le dit seigneur de Bresse a paye et preste du commandement de mon dit tres redoubte seigneur pour ce que le tresorier general de Savoye alors navoit pas argent content pour satisffaire les dits gaiges que montent en somme a ix^e flor. pp.

Item il est mes deu au dit seigneur de Breysse pour les gaiges de quatre contestables deputez a la conduyte des dits fantz xl flor.

Item est deu au dit seigneur de Breysse cent florins lesqueulx du commandement que dessus il a preste et paye a cent homme de pie qui furent deputes pour la garde du chasteau de Thurin le jour que le dit de la Chambre fut prins ou ils ont demoure quatre jours entiers c ff.

Item est deu plus au dit seigneur de Breysse quil a preste du commandement que dessus et livres a dix hommes a chival commys et envoyes a fere furnir et garder les passages du pays decza les mons a ce que les Alemans et certains aultres alors suspectz a mon dit tres redoubte seigneur ne feissent quélque innovite es pays decza les montz et aussy pour entendre que se fesoyt pour le pais et ou les dits Alemans tireroyent au desparty de Verceil c ff.

Il est deu par mon tres redoubte seigneur monseigneur le duc de Savoye a son tres humble et tres obeissant oncle subject et feal monseigneur Philippe de Savoye seigneur de Bresse pour cent xxij fantz de pie du nombre de cl fants de pie lesqueulx furent retenu et poye pour ung moys par mon dit seigneur de Bresse du commandement de mon dit seigneur pour la garde de sa personne quant le seigneur de la Chambre fut detenuz au chasteau de Thurin comme se conste par ung role et lectres sur ce faictes et donnees a Thurin le xxij jour de janvier mil.cccc.lxxxij et lesqueulx cent et xxij fans de pie mon dit seigneur le duc a esleu et retenu du dit nombre pour le accompaigner jusque a Grenoble ou la ou bon luy semblera ou il veut aler de present et leur a fait deslivre par moys nonobstant que le moys duquel il ont este poye nest encore passe mes il leur a faitz avance demy moys pour cause que les despens seront chiers par le Daulphine a cette fin quil nayent cause de fere quelque dommage — iii_clxvi ff.

Libravit nobili Glaudio de Verdone vice baillivo et castellano Montismeliani cui prelibatus bone memorie illustrissimus dnus noster Sabaudie dux certis de causis et bonis respectibus presertim ut scandalis obviaretur volens castrum dicti loci Montismeliani condecenter muniri decem quintalia pulverum tractuum artillieriarum pro munitione dicti castri — anno lxxxl.

Verceil.

Libravit nobili Petro Vellieti peditum garde ducalis capitaneo cui prelibatus bone memorie illustrissimus dnus noster dnus Philibertus quondam Sabaudie dux commiserat ut deberet conduci vehi et portari facere certos baculos artillierie a civitate Thaurini apud civitatem Vercellarum ad que exequenda eidem Petro Vellieti per dictum thesaurarium de et super pecuniis sibi illustrissimo dno nostro duci per illustrem cambellanum et locum tenentem suum generalem Ludovicum comitem Camere tunc noviter mutuo concessis librari et vice sua expediri mandavit triginta florenos pp.

Libravit nobili ducali scutiffero Glaudio de Vallegrigniosa capitaneo deputato ad custodiam garde magniffici Ludovici comitis Camere cui prelibatus illustrissimus dnus noster Philibertus quondam dux Sabaudie volens subvenire expensis personarum ad custodiam predictam prefati comitis tunc presentialiter de sui mandato in castro Avilliane detenti librari et realiter expediri mandavit l ff. pp.

Seigneur de Miolans. — Verceil.

Tres redoubte prince votre tres humble et tres obeissant serviteur feal et subjet Ayme Candye expouse tres humblement comme ainsy soit que ses jours passes estant monseigneur de Myolans mareschal de Savoye a Verceil accompagnie dung grant nombre de gens en armes tant de vous pays comme estrangiers a cause daulcune rebellion que alors se disoit fere de votre chasteau du dit Verceil sourvindrent aulcuns afferes au dit monseigneur le mareschal pour quoy de votre commandement le dit Candie presta realment cinq cents florins lesqueulx il deslivra et baillia a monseigneur de la Chambre et lesqueulx cinq cents florins le dit monseigneur de la Chambre envoya au dit monseigneur le mareschal pour soubvenir aux dits vous afferes comme de ce en est veritablement informe monseigneur de Breysse votre oncle desquelles chouses le dit Candie na peu avoir aulcune confession lectre ne escript pour la justifficacion des dits v^c florins quil az preste a cause de ce que le dit monseigneur de la Chambre a este prinse lendemain de ce que le dit argent luy fut deslivre et est encoures prisonnier aussi pour ce que le dit monseigneur le mareschal sen est ale en Savoye ou aultre part sans venir par devers vous... Sy supplie humblement quil vous playse etc.

(Pension de six mille florins accordée au comte de Baugé, seigneur de Bresse.)

(Patentes datées de Turin 1er février 1482.)

230

A St-Genix. — Chasse. — Seigneur de Gex.

(Octobre 1481.)

Il est deu a Johanne vesve de feu Guillaume hostesse du lyon dor de Saint Genys pour la dispense de trois serviteurs du seigneur du Gas aussy quatre chevaulx et ses chiens que sont en grant nombre lequel seigneur du Gais a fait venir monseigneur au dit Saint Genys pour chasser avecques luy et arriva illeques le xiij jour doctobre ou luy ses dits serviteurs et chiens ont demore vij jours entiers.

Nobiles Franciscus Ludovicus et Anthonius de Belletruchis capitanei castri et ville Chamberiaci...

..... Ad faciendum guetium et excubias.

231

Le duc malade.

(Avril 1482.)

Livre aux medecins et cirurgiens pour ce quilz ont visite mon dit seigneur en ceste ville de Lyon luy estant malade de la gravelle.

Maistre Jean Lallemant et maistre Jehan le Breton medecins maistre Jehan Salas et maistre Barthe cirurgiens.

232

Trajet de Turin à Lyon.

(Février, avril 1482.)

Livre a monseigneur le xii jour de fevrier a Thurin.
Le xvij jour de fevrier a Suyse.
Le xxi jour de fevrier a Ebron.
Le xxiiij jour de fevrier a Gap.
Le iiij jour de mars a Grenoble.
Le xij jour de mars a Lyon.
Le xiiij jour davril a Lyon a petit Jehan valet de sale de monseigneur lequel fut envoye devers messeigneurs les freres de monseigneur pour leur signiffier la maladie de monseigneur.

233

Diète concernant le retour du duc.

(1481.)

Item libravit Thome Leporis servienti misso cum litteris clausis magniffici consilii ducalis dominis ecclesiasticis nobilibus et egregiis communitatibus ad causam conferendo de modo tenendo ut illustrissimus dnus noster ad partes suas veniat...

234

Siége de Verceil.

(1481-82.)

Expense facte ad recuperandum castrum Vercellarum.

Expense facte de precepto illustrissimi dni. comitis Camere gubernatoris et locum tenentis generalis Sabaudie et magnifici dni baronis Myolani marescalli Sabaudie de anno lxxxij ad causam impresie facte ad habendum castrum et officium gubernature Vercellarum.

Et primo magistro Hugoni bombarderio pro faciendo sachos ad tenendum pulverem bombardarum.

Item pro reparando currus artillieriarum loci Sancti Germani et Clavaxii Vercellis conducturum.

Item pro affinando pulveres bombardarum.

Item pro factura octo pedum capre.

Item pro ligaturis et cugnis vuglarii Clavaxii.

Item pro decem septem pedibus capre.

235

Etats généraux à Turin.

(Août 1482.)

Lan mille quatre cens et lxxxij le xxiij daoust moy Loys Tailliant confesse avoir receu pour les despens dung home envoye de la part de monseigneur le president de Pyemont monseigneur Anthoine de Champion et de moy a mon tres redouble seigneur le duc pour luy notiffier la deliberation et response des troys estats de Piemont ces jours tenus a Thurin et aultres charges quavions de mon dit seigneur cest assavoir xxx flor. de Savoye.

236

Prise du seigneur de la Chambre. — Destitution du seigneur de Myolans.

Libravit die ultima januarii servientibus et cavalcatoribus missis in diversis locis patrie tam cismontane quam ultramontane pro exequendo litteras dominicales per quas mandabatur quod fierent cride generales per omnia loca quod dnus Camere deponebatur a gubernio patrie ducalis et ab omnibus preheminentiis et prerogativis quas habebat et etiam dnum Antermum dnum Myolani de officio marescalcie Sabaudie et aliis prout supra et etiam quod preconizentur quod nemo ab inde sibi parere nec intenderent nec aliter obedirent sub pena ducalis indignationis.

Messagers envoyes de Turin aux gentils hommes et communautes du Piemont pour quils aient a se mettre en poent.

Et pour quils aient a venir incontinent trouver monseigneur icy a Thurin.

237

Funérailles du duc Philibert.

Notiffication de deces du duc Philibert a Philippe seigneur de Bresse et a leveque de Geneve. Et aussy quil (leveque) voulsit appresler pour venir accompaigner le corps de mon dit seigneur qui se debvoit pourter a Aultecombe...

(A l'époque de ce décès, Charles, frère du défunt, était à Chinon, en France, auprès du roi.)

238

Change des monnaies.

Cambsis et conversis omnibus monetis computatisque.

Quolibet scuto auri Sabaudie pro xxiv den. gros.

Quolibet floreno auri Alamagnie dutret pro xxiij den. et obolo unius den. gross. pp.

Quolibet scuto auri regis pro xxx den. gros.

Quolibet scuto auri regis solis pro xxxi den. grós.

Quolibet ducato auri pro xxxij den. gros.

Quolibet arfonsino pro xlviij den. gros.

Qualibet oncia argenti pro xxiij den. et obolo unius den. gros.

Qualibet libra cupri pro uno den. et obolo unius den. gros.

Et singulis duodecim den. gros. pro uno floreno parvi ponderis.

Fin. — Laus Deo.

III

Comptes des trésoriers des guerres.

Compte de Guigonet Mareschal de la dépense par lui faite aux gens de guerre, à cause de la guerre contre les Vallesiens et Allemans.

(1477.)

Libravit idem thesaurarius guerrarum contestabilibus et peditibus ad custodiam status ducalis deputatis nominatis et cognominatis in quodam rotulo cujus tenor sequitur.

Nomina capitaneorum seu contestabilium et peditum sub conductu dictorum contestabilium de garda illustrissime domine nostre duchisse Sabaudie retentorum et existentium sub stipendiis per mensem inferius in fine cujuslibet nominis et cognominis ipsorum descriptis ut sequitur.

Et primo Zeco de la Rocha contestabilis peditum inferius nominatorum x ff.

(45 fantassins à 5 florins ou 5 florins et 3 ou 6 gros par mois.)

Janino de Ferro connestabili peditum inferius nominatorum x ff.

(54 fantassins, y compris un trompette et un tambour.)

Angello de Zecca contestabili peditum inferius nominatorum v ff.

(17 fantassins.)

Nomina contestabilis et peditum sub conductu suo existentium et in comitiva spectabilis dni Myolani in presenti armata Sabaudie facta contra Alamanos et Vallesienses servire debentium.

Remigius de Bonyno contestabilis v ff.

(40 fantassins.)

Alexander de Castellano contestabilis quater viginti peditum.

Dominicus de Mediolano contestabilis viginti peditum.

Libravit Glaudio Nigri qui fuit receptus per spectabilem dnum Grandimontis commissarium ad hoc deputatum in Bellicio die xxi mensis februarii anno m.cccc.lxx sexto cum duobus balisteriis equestribus.

Libravit nobili Johanni de Grandimonte bastardo qui prout superius fuit receptus cum tribus equis et totidem personis custilleriis.

Nobili Francisco de Balma pro duobus equis uno nobili arbaresterio et uno servitore simili arbaresterio.

Libravit nobili... pro stipendiis suis cum duobus equis custilleriis.

Libravit nobili... pro stipendiis suis unius quernequerii et unius custillerii equitum.

Libravit nobili... recepto in papiro monstrarum cum duobus custilleriis equitibus.

Libravit nobilibus... armigeris pro stipendiis eorum duarum lancearum ac duorum quernequerneriorum duorum custilleriorum equitum ultra lanceas et duodecim hominum peditum sub eorum conductu existentium.

Libravit nobili... pro stipendiis suis ac etiam trium custilleriorum et unius archerii omnium equitum.

Etc. etc.

Libravit reverendo dno episcopo Gebennensi pro stipendiis duorum suorum archeriorum et unius custillerii equitum pro ipso facientium.

Nobili Jorcino de Putheo armigero capitaneo et contestabili novem equitum ultra ejus lanceam ac centum et unius hominum peditum sub conductu suo existentium.

Il est deu a Guillaume Marchand pour la dispensa quil az faicte despuys le vendredy xix jour du mois davril jusques au samedi xxvi jour du dit moys m.cccc.lxxvj quil partit de Lausanne pour aler a Genève du expres commandement de ma tres redoubtee dame de son conseil et de son tresaurier de guerres pour recepvoir sinquante coppes de ble pour faire moudre et cuyre et transmettre a mons. de Myolans et aux gens darmes estans en Chablays.

IV

DOCUMENTS, LETTRES ET ACTES DIVERS

1

Delits et ouvres de fait perpetres par messire Loys de La Chambre

(Archives de cour, province de Maurienne, paquet 3, n° 1.)

JHUS

Infra proxime sequuntur continentie delictorum criminum operum facti invasionum homicidiorum et aliorum criminum nephandorum perpetratorum per Ludovicum olim comitem Camere tam contra illustrissimum dominum nostrum personam suam quam alios tam ejus gubernatores subdictos homines quam etiam extraneos transeuntes tam equos quam pedes per patriam illustrissimi dni nostri Sabaudie ducis.

Et primo ipse Ludovicus olim dominus Camere de anno Dni millesimo quatercentesimo octuagesimo primo de mense novembris ex improvisia et cum magna ac longeva deliberatione congregatis gentibus in armis tam equitibus quam peditibus se transtulit a loco Chamossii noctis tempore transeundo prope villas illustrissimi dni nostri ducis ad locum Hyenne in quo loco erat illustrissimus dnus noster quondam Philibertus dux cum curia sua et ibidem applicuit summo mone ad cameram ipsius illustrissimi dni ducis associatus multitudine gentium armatarum accessit et ibidem dominum de Luis exeuntem cameram prefati dni nostri ducis nundum abbiliatum et allompnum et gubernatorem persone prefati illustrissimi domini nostri ducis deputatum et electum per patriam ducalem de voluntate et requesta serenissimi Francorum regis violenter et vituperare accepit nec non nobilem Anthonium Chevrerii capitaneum archeriorum prefati illustrissimi dni nostri ducis asserendo quod eos capiebat auctoritate regia et ipsos vinctos et ligatos per patriam et territoria ducalia vituperose transferri fecit ad castrum Acus in quo eosdem multis temporibus detinuit incarceratos quamvis fuerint facta precepta de relaxando sub pena confiscationis bonorum quibus obtemperare non curavit committendo carceres privatos cum non haberet jurisdicionem in eos et crimen lese majestatis et rebellionis.

Item non contentus de persona allompni et gubernatoris prelibati illustrissimi dni nostri ducis illico et incontinenti seu paulo post prefatum illustrissimum dnum nostrum qui iturus erat versus Bellicium et alia sua loca et territoria retroduxit per loca Maurianne et Tharentasie et invito ac de facto et cum magnis frigoribus in qua patria ipsum algidum detinuit dehinc per maxima frigora transduxit ad partes pedemontanas ipso tamen non contento adeo quod infra paucum tempus fuit transductus prefatus illustrissimus dominus noster versus Lugdunum per montes scabrosos difficiles et penales ac insolitos et in ipso loco propter mala tempora et frigus sustentum propter tantas deductiones et translationes dies suos clausit extremos deffectu prefati Ludovici olim domini Camere et hoc est notorium non solum apud principes vicinos sed apud longe extraneos.

Item cum decessisset ab humanis dnus prior prioratus Bellentri situati in ducatu Sabaudie magnifficus dnus Myolani de licentia et precepto illustrissimi dni nostri ducis cepit possessionem custodiendi ad opus cujus interesset et sub salvagardia illustrissimi dni nostri ducis nihillominus prefatus olim dnus Camere congregatis gentibus armatis mandavit ad ipsum prioratum Bellentri tercentum socios vel circa in armis in quo prioratu ipse gentes de ejus precepto morti tradiderunt viginti duos homines vel circa non obstante salvagardia dehinc se retraxerunt in loco in quo erat prefatus olim dnus Camere qui eos receptavit approbando ipsum delictum.

Item cum constitutus fuisset per illustrissimum dnum nostrum nobilis Stephanus Bayeti castellanus suus Tharentasie prefatus olim dnus Camere authoritate propria et de facto non verendo apponere manus in officiarios ducales ipsum Bayeti castellanum capi fecit et transduci ad locum Cuyne et castrum ipsius quondam dni Camere in quo carceratus detentus fuit multis temporibus et cohactus fuit antequam relaxaretur componere ad octocentum florenos cum prefato olim dno Camere et cohactus fuit solvere.

Item cum loca Villarissalleti Briancsonis et Montismajoris omnimodo pertinerent illustrissimo dno nostro duci tenerenturque sub manu ipsius ipse olim dnus Camere tam per machinationes quam alias industrias ymo et de facto intravit ipsa castra et ipsa detinuit quatuor vel quinque annis et quamvis fuissent facta precepta de restituendo nihilominus non curavit obedire ymo a pauco tempore citra compulit homines Villarissalleti et Montismajoris sub pena furcharum ad sibi faciendum fidelitatem relicto principe et quum aliqui fuerunt qui noluerunt ipsam prestare sed auffugerunt eos quos capere potuit incarceravit alios autem forragiavit et bona ipsorum abstulit. Et cum fuissent mandati officiarii parte illustrissimi dni nostri cum litteris ad ipsum castrum Villarissaleti ad precipiendum ut relaxaret ipsum castrum cum aliis fuerunt ipsi officiarii percussi et expulsi ymo compulsi ad revocandum executionem.

Item cum decessisset ab humanis dominus noster Karolus ipse olim dnus Camere intravit villam Chamberiaci associatus quinque vel sexcentum hominibus armatis sub specie boni dehinc cum blandis verbis intravit castrum ipsius hopidi cum ipsis gentibus armatis et nisi gentes ipsius hopidi posuissent se in armis periculum erat forrageacionis ville et tandem noluit remictere dictum castrum donec fuissent sibi traditi seu promissi duodecem millia florenorum et ex ipso castro multa bona exportavit seu exportari fecit.

Item cum decessisset ill. ac R. D. episcopus Gebennensis ultimus fuit capta possessio episcopatus pro parte dni Karoli de Seyssello et quum protectio ipsius episcopatus spectat et pertinet tam de consuetudine quam etiam ex indulto S. D. N. P. illustrissimo dno nostro duci fuit mandatum ut remicteretur ipsa possessio in manu ducali quod videns prefatus olim dnus Camere in spretum mandatorum ducalium mandavit gentes armatas in bono numero per patriam ducalem ad diffendendum ne remicteretur ipsa possessio adeo quod fuit necessarium quod illustris dnus Breyssie gubernator generalis ducatus Sabaudie personaliter accederet ad civitatem Gebennarum in qua fuit eidem facta resistentia aliqualis per prefatas gentes et tandem tractu ipsius olim dni Camere fuit facta magna congregatio gentium armatarum tam in patria Vaudi ad instanciam ipsius olim dni Camere que gentes depopulaverunt aliquas villas patrie ducalis quam etiam per ipsum olim dnum Camere qui congregatis multis gentibus transivit per patriam ducalem cum ipsis gentibus que gentes bona subdictorum ducalium capiebant et sumptibus etiam ipsorum vivebant et multas insollencias faciebant et ipsas gentes ipse olim dnus Camere ducebat Gebennas pro expellendo ipsum illustrem dnum Breyssie gubernatorem et locum tenentem prelibate dominationis et hoc contra mentem prohibitionum factarum parte ducali.

Item cum egregius Petrus Lourerii fiscus ducalis terre Gay iret ad curiam ducalem pro negociis prefati dni nostri ducis venit ad noticiam prefati olim dni Camere et incontinenti mandavit gentes servitores suos ut eumdem caperent et bene verberarent que gentes primo percusserunt eumdem Lourerii cum una lancea ferrea dehinc cum depredati fuerunt tam aureum argentum et equum post modo eum duxerunt ad locum Chamossii et presentaverunt dno Camere olim qui eum remisit ad locum Baptiste Seysselli ubi longeve fuit detentus.

Item cum prefatus ill. dnus Breyssie mandasset unum custodem in ecclesia sancti Stephani Aquebelle cum salvagardia videlicet magistrum Jacobum Bissardi secretarium ipse olim dnus Camere mandavit circa viginti homines armatos qui intraverunt ipsum prioratum de facto et primo abstulerunt arma ducalia a portis dehinc acceperunt ipsum magistrum Jacobum Bissardi et decalciaverunt dehinc spoliarunt usque ad camesiam inclusive aufferendo eidem pecunias mulum et omnia que habebat dehinc ipsum duxerunt super pontem aque Hercus volendo eum necare et tamen mediantibus promissionibus et bonis verbis evasit in camesia tamen.

Item cum mandatus fuisset egregius procurator fiscalis ad locum Aquebelle patrie ducalis pro sumendis infirmationibus super captura ipsius Bissardi super latrociniis depredationibus homicidiis et aliis nephandis criminibus que fiebant in patria Maurienne prefatus olim dnus Camere precepit xvi seu xx ex servitoribus suis ut se transferrent ad locum Aquebelle et ibidem caperent ipsum procuratorem ducalem et eidem frangerent tibias et brachia ac male tractarent qui socii de ejus precepto se transtulerunt ad ipsum locum Aquebelle et ipso procuratore recepto in hospicio Sancti Georgii eumdem extraxerunt ab ipso hospicio vi et violenter et in carreria publica in presentia officiariorum Aquebelle pro uno ictu super caput percusserunt ex quo ictu fuit prostratus in terram semi mortuus dehinc ipso existente in terra aliis ictibus eumdem percusserunt super brachiis et cruribus et aliis locis persone sue adeo quod caro multum cassata et nigra restavit et fere morti tradiderunt. Dehinc eumdem depredati fuerunt aurum et argentum verberarunt que ejus servitorem et adduxerunt duos equos pilleum brurgiquinos ensem dagam cum aliis abilliamentis et hoc facto se transtulerunt ad prefatum olim dnum Camere et premissa eidem narraverunt et fuit irritatus eo quia non fregerant ei crura brachia dicendo ego faciam quod transibit in exemplum ceteris commissariis ducalibus qui non venient ad exercendum commissiones contra me.

Item prefatus olim dnus Camere de facto et sine causa accepit nobilem Danielem Colin vaxallum et subdictum ducalem super quo nullam jurisdicionem habet et eumdem incarceravit et ab eodem extorsit circa xxx mille flor.

Item de facto et fraudulenter accepit dnum du Cie vaxallum et subdictum illustrissimi dni ducis et in domo sua propria absconditum in lecto in quem nullam habebat jurisdicionem et eum duxit seu duci fecit ad locum Chamossii et eumdem sine causa detentum tenuit et quamvis uxor ipsius dni du Cie et filii eumdem repeterent et relaxari peterent tam in judicio quam extra nichillominus nunquam parere voluit ymo eum detinuit adeoque in ipsa detentione ex malo tractando et ex dolore mortuus est in carcere miserabiliter.

Item de facto accepit nobilem Aymonem Ravoyrie dominum Urteriarum subditum ducalem et eumdem incarceravit in loco Chamossii et quamvis per fratrem ipsius nobilis Aymonis religiosum observancie multiplices fuerint presentate littere ducales super relaxatione ipsius nobilis Aymonis nichillominus nulla unquam fuit obedientia ymo nisi ille pauper religiosus latenter auffugisset fuisset morti traditus et semper detentus fuit usque ad captionem castri Chamossii in qua captione fuit relaxatus per officiarios ducales.

Item ipse olim dnus Camere mandavit magnam comitivam gentium armatarum ad locum Montisgreponis mandamenti Aquebelle que gentes depopulaverunt et forrageaverunt omnes habitantes ipsius loci subdictos immediate illustrissimo domino nostro adeo quod nihil ipsis pauperibus remansit.

Item cepit duos subdictos et jurisdiciabiles ducales scilicet Petrum Ramusii et Glaudium Milloz et duci fecit ad locum Chamossii et incarcerari et antequam relaxarentur fuerunt compulsi componere cum eodem olim dno Camere ad vi^c flor.

Item de anno presenti ipse olim dnus Camere cogitavit et impreyssiam fecit de capiendo et invadendo castrum Asperimontis quod est illustrissimi dni nostri ducis et ad hoc faciendum petiit duos ex servitoribus suis unum nomine Johanem Philippi et alium nominatum Godet quibus detulit juramentum de non revellando ea que diceret et hoc in castro Chamossii dehinc eisdem detexit voluntatem suam dicendo ego multum cupio habere castrum Asperimontis scitis non aliquem modum. Tunc ipsi duo dixerunt bonum erit habere colloquium cum dicto Vallesano olim servitore vestro et nunc servitore dni Mugneti. Et hoc dicto ipsi duo fecerunt venire illum Vallesanum ad alloquendum olim dnum Camere et conclusionem fecerunt quo ipse Vallesani haberet formam clavium super cera et faceret fieri claves castri Asperimontis secundum stampam cere quod et factum fuit. Et factis ipsis clavibus secum ipse olim dnus Camere vacavit ipsos duos Johannem Philippi et Godeti et concluserunt quod ipse claves nichil operabantur nisi quis esset intra castrum. Tunc olim dnus Camere dixit modus erit quod capiatur dnus Mugneti et ipso capto faciam quod restituet castrum ideo faciatis impreyssiam vos duo de intrando domum Mugneti ut capiatur quia nunc est in eadem. Et hoc dicto fuit facta impreyssia cum ipso Vallesani et uno sero hora tarda noctis mandavit ipse olim dnus Camere quesitum multas gentes quas retraxit in castro Chamossii et vocavit eos ad partem et eisdem detulit juramentum de non revellando postmodum mandavit eos ad domum Mugneti et ibidem intraverunt in bassam curtim dehinc posuerunt ignem ad portam turris et pendente combustione porte circa horam medie noctis supervenit ipse olim dnus Camere associatus multis sociis armatis per blanda verba tantum fecit quod ipse dnus Mugneti apperuit eidem portam et intravit in camera dni Mugneti et eidem petiit ut eidem traderet castrum Asperimontis seu scriberet litteram illis qui erant intus ut ei traderent qui dnus Mugneti respondit quod habebat in custodia ab illustrissimo dno nostro duce et cum juramento et quod ipsum castrum nemini traderet sine consensu prefati dni nostri. Tunc ipse olim dnus Camere intulit minas de morte si non faceret et demum viso quod nihil aliud habere poterat jussit ipsum capi et duci ad castrum Acus et fuit in ipso loco Mugneti subdicto illustrissimo dno nostro captus et ductus ad castrum Acus in quo detinetur. Dehinc cepit servitores ipsius dni Mugneti quos mandavit cum servitoribus suis ad Asperummontem quod tradictorie tradiderunt prefato olim dno Camere et ipsum castrum detinuit invito illustrissimo dno nostro adeo quod opus fuit ad ipsum rehabendum facere armatam.

Item in crastinum ipsius capture ipse olim dnus Camere congregavit tres vel quatuor centum socios et constituit capitaneum dnum de Vens et eosdem mandavit ad ipsum castrum Asperimontis ad providendum circa necessaria ad deffenciam ipsius castri et ex eo multa bona mobilia abstulerunt et eisdem sociis intrusis parte olim dni Camere injunxit ut se deffenderent ab inimicis et eisdem auxilium et juvamen prestaret et non dubitarent de aliquo.

Item et mandavit quod ipsi caperent pecunias dni Mugneti que ibidem erant ut posset supplere expensas que faciebat. Et multas pecunias reperierunt quas abstulerunt et olim dno Camere portaverunt.

Item multo tempore ipse olim dnus Camere iter Maurianne occupavit et timore ipsius et suorum satellitorum nemo erat ausus transire per ipsum iter et patriam ducalem quia multi reperiebantur occisi multi depredati adeo quod nemo erat ausus transire per ipsam patriam ducalem in magnum prejudicium ducalis dominationis.

Item multa usurpavit de patrimonio illustrissimi dni nostri in faciendo sibi recognosci et fidelitatem fieri per subdictos ducales exercendo jurisdictionem in patria ducali in non suos subdictos ac si fuisset princeps.

Item cum nobilis Jacobus de Putheo secretarius ducalis veniret per patriam Maurianne ducalem ipse olim dnus Camere eumdem capi fecit et incarceravit in castro Cuyne in quo longo tempore detinuit nec unquam voluit relaxare per mandata ducalia multiplicia donec et quousque extorserit ab eodem mille scuta auri.

Item Castellanum Aquebelle deputatum per illustrissimum dnum nostrum cepit et incarceravit in eodem ejus castro nec voluit relaxare ymo ante relaxationem extorsit ab eodem vj^c florenos.

Item cum illustrissimus dnus noster multiplices ayraldos et cavalcatores mandaret tam in Francia ad serenissimos reges quam ad alia loca oportuna cum litteris suis clausis ipse olim dnus Camere ipsos ayraldos capi fecit et incarcerari et auferebat litteras quas portabant et legebat et aliquos in aqua projecit aliquos incarceratos detinebat adeo quod opus erat quod transirent per alienam patriam propter metum premissorum.

Omnia autem premissa sunt notoria et constant per multiplices informationes de quibus fiet fides cum tempus erit.

Mêmes archives, même paquet, n° 2.

(13 Août 1491.)

Sentence contumaciale prononcée par Philippe de Savoie, gouverneur et lieutenant général du duc Charles-Jean-Amé, par laquelle il déclare tous les chasteaux, lieux, fiefs, arrière-fiefs, biens et revenus possédés par lui de la Chambre, confisqués pour les crimes de fellonie et de lèse-majesté par lui commis.

(14 Novembre 1491.)

Avec la confirmation de la sentence par le conseil ducal.

N°. 3.

(20 Septembre 1491.)

Patentes de la duchesse Blanche de Savoie d'union et d'incorporation au patrimoine du duc des châteaux, lieux, fiefs, arrière-fiefs, hommages, péages, censes, rentes et émoluments confisqués au préjudice de Louis de la Chambre.

2

(Archives de cour, province de Maurienne, paquet 5, n° 4.)

Sensuyvent les delitz et ouvres de fait perpetres et comis par messire Loys de la Chambre pour lesqueulx justement sunt confisques ses biens et adjuges a notre tres redoubte seigneur et prince monseigneur le duc et a son procureur fiscal.

Premyerement le dit Loys de la Chambre a prins le seigneur de Luys depute du voloir du roy gouverneur de la personne de notre tres redoubte seigneur de bonne memoyre monseigneur Philibert duc de Savoye en la compagnie du dit monseigneur le duc et contre sa volunte et de son autorite privee lie le menaz aut chasteau de Luly et la le detient par force long temps en faisant prison privee.

Item incontinent apres la prise du dit de Luys print le dit de la Chambre notre tres redoubte seigneur monseigneur le duc Philibert et par grans pluyes et neges de jour et de nuyt le menat par montagnes oultre les mons et retournaz ainsi mal tracte que en brief temps apres moruz le dit notre seigneur et prince a cause du mal tractie.

Item estre mort le prieur de Bellentroz estans dedans aulcuns de la part de monseigneur le prothonotaire de Myolans tenant possession subz la main et saulvegarde de notre tres redoubte seigneur envoya le dit de la Chambre le seigneur de Vens son serviteur et trois cents hommes en armes qui par force entrerent dedans le priore.

Item mandat le dit de la Chambre pour ses gens et serviteurs prendre noble Stevent Bayet chastellain de notre tres redoubte seigneur monseigneur le duc de Salins en Tharentaise et le fit mener en son chasteau de Chamox et de la a son aultre chasteau de Cuyne et la le fit ransonner a viij^c ff. avent qui peu estre delivres de prison.

Item estant le chasteau et mandement de Villart Sallet es mains de notre tres redoubte seigneur monseigneur le duc de Savoye vint le dit de la Chambre acompagnetz de ses serviteurs et complices et par cautele et deception entra dedans le dit chasteau et ceux qui le dit chasteau teneint pour mon dit seigneur monseigneur le duc gecta dehors et la tenuz par force et prins les obventions quatre ou v annees contre les mandemens et commandemens a ly faitz de la part de notre tres redoubte seigneur monseigneur le duc. Encores plus a compelly les subjectz a soi recognoistre la fidelite leur disant qui regniessent la croys blanche.

Item estre trapasse notre tres redoubte seigneur de bonne memoyre le duc Charles dernierement vint le dit de la Chambre en compagnie de sept ou vuyt cents hommes en armes entra au chasteau de Chambery et par dernier la poterle fit entrer le dit nombre de gens et la tint a subjection la ville et nonobstant que de la part de notre tres redoubte dame luy fussent fais plusieurs commandemens james ne volut sortir jusques a ce que ly furent bailles ou accordes xii^m ff.

Item a fait le dit de la Chambre plusours fois grans amas et congregacions de gens en armes tam des pays de notre tres redoubte seigneur que destranges et mesmement pour contrevenir et resister au voloir et bons mandemens de notre tres redoubtee dame madame la duchesse et de notre tres redoubte monseigneur de Breysse gouverneur general de Savoye et denpuys Pasques dernierement passees en ha mis ensamble de gens en armes tant a pye come a cheval deux mille lesqueulx il la passe par les pays de notre tres redoubte seigneur en pregnant vivres et pilliant les subjects de notre tres redoubte seigneur contre les deffenses et prohibitions sur ce faictes et publiees sur payenne de confiscacions de corps et de biens et aultres payennes contenues aux lettres a ce faictes.

Item du moys de juing dernierement passe manda le dit de la Chambre prandre Pierre Leuriez procureur fiscal ducal de la baronne de Jays au chemin public alant a la cour de notre tres redoubtee dame pour les afferes de notre prince et duc par ses serviteurs lesqueulx baptirent le dit Pierre et le menerent au dit de la Chambre a Chamox et luy prirent chevaulx or et argent tout ce qui portoyt et de la le fit mener au seigneur dAys a la Bactie ou illa este mal tractez.

Item mandaz le dit de la Chambre en novembre xxv de ses gens a Ayguebelle de nuyt prandre meistre Jacques Bisard secretaire de mon dit redoubte seigneur monseigneur le gouverneur de Savoye qui tenoit le priore de Saint Estienne dAyguebelle soub la souvegarde et protection de notre tres redoubte seigneur monseigneur le duc et tout despollie le menerent sur le pont dAyguebelle pour le noyer apres luy prinrent son mullet son cheval ses habillemens or et argent et tout ce quil avoit.

Item apres fust envoyes de la part de notre tres redoubte seigneur monseigneur le duc de Savoye Gariod procureur fiscal general de Savoye au dit lieu dAyguebelle prendre informacions et former proces contre aulcons criminels et delinquans et le dit procureur estant... mandaz le dit de la Chambre xxv ou trante de ses gens et serviteurs en armes qui le dit procureur prinrent en la presence du chastellain curial et sergens du lieu et le baptirent et maltracterent oultre plus ses procest informacions chivaulx or et argent et tous ses habillemens luy prirent et emporterent et comme mort le laysserent gesant a terre.

Item incontinent apres vint le dit de la Chambre en personne de nuyt en la maison forte de noble Jehan du Mugnet deputez capitain et chastellain dApremont de la part de notre tres redoubte seigneur accompagnez don grand nombre de ses gens et serviteurs en armes et mist le feu a la porte de la dite maison et estre brulee la dite porte ly et ses gens entrerent dedans et prirent le dit chastellain et capitain et piez et mains lyes le menarent en prison a Luly et tousjours le detient encores pris et forrajat tout ce qui trouva en la dite maison a usance de guerre combien que la dite maison soit de la juridicion de notre tres redoubte seigneur monseigneur le duc.

Item plus envoya ses gens et serviteurs xxv ou trante prandre et surprendre damble le chasteau dessus dit dApremont duquel estoit capitain le dit Jehan du Mugnet et le dit chasteau fit forrage et apres la prinse envoya le dit seigneur de Vens son serviteur et troys cents hommes de pie en armes au dit chasteau dApremont pour le dit chasteau garder contre notre tres redoubte seigneur et come henemis de guerre les marsais estans en apres le dit chasteau fit bruler et mectre le feu et les documens garnimens or et argent qui estoit dedans troys ou quatre mille florins prirent et emporterent.

Item un marchant appelle Daniel Quart subject de notre dit tres redoubte seigneur ha prins en prisonne et garde long temps... que a deux foys a accorde et compose au dit de la Chambre le dit Daniel a xxx^m ff. sans nulle cause.

Item le seigneur du Crest a prins en sa maison et mene au chasteau de Chamox et la tenuz long temps contre son voloir et celly de sa feme et luy a fait faire aucons actes de vendicion et donacion de ses biens et la tant garde quil est mort au dit chasteau de Chamox.

Item le seigneur dUltieres a prins prisonnie et garde xxij moys sans nulle occasion combien qui soit de toute juridicion de notre dit tres redoubte seigneur monseigneur le duc.

Item mais le dit de la Chambre a mande ses gens au village de Mont Greppon au mandement dAyguebelle et les bonnes gens a fait forrager prandre et pillier tout ce quil avoient encores plus les a contraint a composer et accorder a ly a troys cents florins combien qui sont subjetz a notre tres redoubte seigneur monseigneur le duc.

Item Pierre Ramus et Glaude Millioz pour ce qui ne vindrent a ly pour le servir en armes contre monseigneur le duc les a prins imprisonne et fait ransonner a vj^c ff.

Item ung dit Fetaz pour ce qui le recontra qui venoit de fere ses monstres en armes au commandement de notre dit tres redoubte seigneur le battit de sa dague et si ny ly eu de gens le tuasse disant ribaut vous faut il fere monstres contre moy et daultres qui estant fit mectre en fuyte aultrement fussent battus et mault tractes.

Item a coherci et compelli les hommes de notre tres redoubte seigneur a soy recognoistre lomage et fidelite quils devoyent a notre tres redoubte seigneur le duc par force.

Item a exerci et fait exercir par ses officiers sur le terrain et juridicion de notre tres redoubte seigneur pregnant et assignant les subjectz tenant les vivres et mener en ses maysons par force sans poyer sur les dits subjectz de notre dit tres redoubte seigneur.

Item ha tenu les chemins de la Maurianne serres long temps

par maniere que nulle personne na passe qui nait este prins pillies et visites. Les heraux chevaucheurs et messagiers envoyes de la part de notre tres redoubtee dame et aussi de monseigneur le gouverneur pour les afferes occurrens comme il est de besoing a prins et fait prendre hoster leurs lectres mener en ses meysons batre les ruer en la riviere et pluseurs aultres maulx ont este faicts aux dits messagiers.

Item plusieurs estrangies passans par la dite Maurianne tant de France que daultres pays ont este desrobes et plusieurs aultres occis par les gens du dit de la Chambre lieutenant que mie nousey plus passer pour la dite Maurianne et quant les officiers ont volu enquerir de ses meffais ont este baptus et chasses pour les gens du dit de la Chambre.

Et de tous ces delits et crimes dessus escripts soit constant plus applain pour informacions sur ce dieuhement prinses et plus largement sen trouvera quand de besoint sera et tout pour vrai et sans nul mensonge.

Item de castro Briansonis per vim et traditiones capto.

Item de canonico Aquebelle quem cepit et componi fecit.

Item de egregie Jacobo de Putheo secretario illustrissimi dni nostri ducis quem in... cepit et captum detinuit et composuit ad mille scuta auri.

Item de heraldis et cavalcatoribus quibus fuerunt ablate littere et qui plures in gleba et alii in aqua projiciebantur alii nudi... permictebantur.

3

(Archives de cour, Storia della real casa. Categoria 3ª, Storie particolari, masso x, n⁺ 1.)

Relation de la manière que Philippe de Savoye, comte de Baugé, seigneur de Bresse, appelé Philippe Mors de Savoye, cinquième fils du duc Louis, depuis duc de Savoie, sous le nom de Philippe II, surnommé Sans Terre, fit enlever de Thô-

non, dans la maison où était logé le duc Louis son père, le marquis de St-Sorlin, seigneur de Varax, maréchal de Savoye, et Jacques de Valpergue, chancelier de Savoye, lequel marquis fut tué par son ordre immédiatement après par le bâtard de Rochechoard, et ledit chancelier fut conduit à Morges, où il fut condamné à la mort et ensuite jeté au lac, et comment ledit Philippe demanda pardon à genoux au dit duc Louis, son père, dans l'assemblée des Etats tenue exprès à Genève sur cette affaire à la prière dudit duc.

Le roy estant a Blaye au pays de Bordellois en lan 1462 bailla la charge de ses gens darmes qui estoient au pays dAst au dit Philippe monsieur de Savoye comte de Basgeue filz quatriesme de tres hault et tres puissant prince monsieur le duc de Savoye...

...Et des lors le dit Philippe monsieur de Savoye feit le serment es mains du roy mesmement de bien et loyalement le servir en la charge quil luy avoit baillie ainsi quil est accoustume en tel cas...

...Et a tant le dit Philippe monsieur de Savoye prinst conge du roy et sen retourna a Bordeaulx et avec luy le dit messire Guillaume Chenu chevalier auquel lieu de Bordeaulx le dit Philippe monsieur de Savoye trouva un nomme le Picard serviteur du bailly de Lyon auquel il demanda des nouvelles de Savoye dont le dit Picard venoit lequel dit au dit Ph. M. de Sav. que le marquis de Saint Sorlin seigneur de Varax estoit encores a la cour de M. de Savoye son pere. Et avec ce luy dit le dit Picard que M. P. de Savoye son pere *(sic)* avoit ete condampne envers messeigneurs Jacques de Valpergue chevalier chancellier de Savoye a six vingt mil ducatz dont et desquelles choses le dit Ph. M. de Sav. fut tres desplaisant et courrouce pensant que aussi seroit le roy quand il le scauroit, auquel des le temps de son advenement a la couronne le dit Ph. M. de Sav. avoit dit et recite ce que desparavant il

avoit veu et sceu du gouvernement de la maison de Savoye.
Et comme le dit marquis de Saint Sorlin le seigneur de Seyssel mareschal de Savoye et le dit chancelier deshonnoroient et desgastoient la dite maison et le pays de Savoye en vendant la justice et les offices du pays et en faisant plusieurs aultres grands maulx en suppliant alors au dit seigneur (roy) quil luy plaise y mettre remede et avoir la dite maison et le pays pour recommandez.

... Auquel lieu dAst un messager serviteur du dit seigneur de Myolans vinst devers le dit Ph. de Savoye et luy apporta et bailla lettres escrittes et signees de la main du dit seigneur de Myolans par lesquelles icelluy seigneur de Myolans luy mandoit quil avoit parle au roi de ce quil luy avoit dit et aultres tels mots comme sensuit ou semblables...

... Et sur ce temps lors Ph. de Sav. estant encores au lieu dAst luy furent faictes plusieurs plainctes par les gentilz hommes de Piemont et de Savoye lesquels discours que le dit de Valpergue chancellier de Savoye destruisoit le pays de Savoye et prenoit les places sur les passages tout ainsi que sil heust voullu estre seigneur de Savoye desquels rapports tant de ce que luy avoit dit le dit Boniface de Chalan comme de ce que luy avoit rapporte le devant dit Picard et comme aussi des plainctes des dits gentilz hommes de Piemont le dit Ph. M. de Savoye fut tres mal content et tres fort desplaisant. Et neantmoins que des le temps quil partist de Bordeaulx apres ce que il heust ouy lez nouvelles que luy avoit dettes Picard au dit lieu de Bourdeaulx il heust en propos delibere en luy mesmes doster de la maison de Savoye le dit marquis de Saint Sorlin et chancellier le dit mareschal de Seyssel et le comte de la Chambre son filz toutefois ny avoit point conclud et ny conclud point jusqua ce que le dit Boniface de Chalan fut retourne de Savoye au dit lieu dAst comme dit est avec lequel le dit Ph. M. de Sav. se determina de mettre en effect et execution ses dits propos et deliberations et conclud avec le dit Boniface que le dit Boniface retourneroit et jroit au dit pays de Savoye et porteroit les dites lettres du dit seigneur de Miolans au comte de Gruyere a Anthoine de la Pallud dit le petit Varebon escuyer seigneur dEstoran en Savoye au sieur dYolan a Pierre la Frasse au bastard de Pichigny a Philibert de Compois dit de Gruffy seigneur de la Chapelle les Thonon en Savoye et a aultres seigneurs et gentilz hommes du pays de Savoye affin de les accueillir et attrayre avec le dit Ph. M. de Savoye et quilz fussent pour luy et affin de les avertyr et leur dire la dite conclusion et son entreprinse et adviser quil estoit a faire en la matiere et le tout rapporter devers le dit Ph. M. de Savoye ensemble ce quilz pourroient scavoir de lestat de lostel de Savoye ce que entreprist de faire et le feist le dit Boniface de Chalan... Il se departist du dit lieu dAst et tira droict a Talain en Savoye et paravant ce le dit Ph. M. de Sav. avait convoque le bastard de Rochechoard avec trois ou quatre archers a Thonon en Savoye ou estoient et se tenoient monsieur le duc de Savoye et madame la duchesse les dits chancellier, marquis et mareschal pour soy donner garde du dit chancellier et projetter lentreprise et auquel il bailla trois lettres adressees a Monsieur de Savoye et a aultres dautour luy touchant le faict de sa pension et avoit dit au bastard quil se tinst a Thonon jusques au jour qui estoit prins dy estre. Et le dit Ph. M. arrive a Talain il treuvat au dit lieu de Talain le comte de Gruyere les seigneurs dYolan et dEstoran (Escoran?) et leurs gens qui la le attendoient et illec parlerent de la matiere et advertirent bien le dit Ph. M. quil ne feit rien au desplaisir du roy ausquelz le dit Ph. M. respondit que non feroit il et en parlant le comte de Gruyere luy supplia que a tout le moings on ne feit nul mal ne desplaisir au mareschal de Seyssel auquel le dit Ph. M. respondit que son intention estoit seullement de prendre le chancellier fere son proces et le punyr par justice et lors le dit Ph. M. de Savoye envoia a Genefve querir environ trente hommes darmes et archers quil y avoit envoie secrettement et lesquels a son mandement veinrent et se rendirent au lieu de la Chapelle a demye lieu du dit Thonon ainsi comme il leur avoit mande et incontinent les dits Ph. M. de Sav. accompaigne du dit comte de Gruyere et des dits seigneurs dYolan dEscoran de Jacques de Chalan et du dit Pierre de la Frasse et de aucuns hommes darmes et archers se transporta du dit lieu de Talain au dit lieu de la Chapelle ou il treuvat le dit Philibert de Compois seigneur du dit lieu qui lattendoit et aussi il y treuva les trente hommes darmes et archers dessus dits et en tout se treuverent au dit lieu de la Chapelle environ de quatre vingt a cent chevaulx. Et illec receust le dit Ph. M. lettres du devant dit seigneur de Miolans lors estant en Savoye par lesquelles entre aultres choses il estimoit quil se treuveroit a Thonon auquel lieu de la Chapelle pres de Thonon le dit Ph. M. et tous les dessus dits demeurerent toute une nuict et sur le commencement dicelle nuict les dits seigneurs de la Chapelle et dEscoran furent envoiez au dit Thonon pour guetter les dits chancellier et aultres quilz vouloient prendre et treuverent que le dit chancellier estoit couche au chasteau du dit Thonon et y estoient retraitz le dit chancellier le dit marquis de Saint Sorlin sieur de Varas et le mareschal de Seyssel ce que cette mesme nuyt ils rapportarent et vindrent dire au dit Ph. M. et lors cuyda leur entreprinse estre rompue pour ce que chascung se doubtoit et aussi que plusieurs dirent que puisque le dit chancellier estoit au chasteau ils ny toucheroient point ce dont le dit Ph. M. fut tres desplaisant et dit tout en pleurant que puis quil estoit venu jusques la il acheveroit en leur remonstrant que leurs predecesseurs avoient tousjours bien servy la maison de Savoye et quilz estoient de lasche courage. Et sur ce vindrent les dites secondes lettres du dit seigneur de Myolans et finalement conclurent tous quils le suivroyent et leur donnerent courage les dictes secondes lettres du dit seigneur de

Myolans et le lendemain environ quatre heures du matin le dit Ph. M. de Sav. et tous les dessus dits en sa compaignie se departyrent du lieu de la Chapelle et vindrent a Thonon ou estoient logez M. le duc de Savoye son pere Mme la duchesse sa mere et leurs serviteurs et les dames et damoiselles de la duchesse, les dits messire Jacques de Valpergue le chancellier de Savoye Loys de Valpergue seigneur de Ropoul son fils le marquis de Saint Sorlin seigneur de Varas mareschal de Savoye le seigneur de Seyssel mareschal et le comte de la Chambre son fils et plusieurs aultres seigneurs et gentils hommes tous logez dedans le chasteau du dit Thonon. Et a cette heure denviron quatre a cinq heures du matin vindrent les dits Ph. M. de Sav. et tous les dessus dicts a la porte du dit chasteau de Thonon a laquelle Anthoyne de la Pallud dit le petit Varambon escuyer seigneur dEscoran frappat et hurtat disant au portier qui estoit par dedans a la dite porte quil ouvrit lhuys a Ph. M. de Sav. et incontinent le dit portier ouvrit la grand porte et entrat le dit seigneur dEscoran devant le dit Ph. M. sans ce que espee ne fut tiree de nul de la compaignie et apres le dit seigneur dEscoran entrat Ph. M. et les archers et plusieurs gentils hommes du dit Ph. M. Et incontinent quilz furent tous entres le dit bastard de Rochechoard qui bien scavoit lentreprinse et la venue du dit Ph. M. et de sa compaignie vinst parler au dit Ph. M. et le menat en la chambre du dit seigneur de Seyssel mareschal de Savoye en laquelle estoient le dit chancellier et le dit marquis de Saint Sorlin seigneur de Varas aussi mareschal de Savoye et le dit Loys de Valpergue fils du dit chancellier et de laquelle chambre ils treuverent lhuys ferme et a ceste cause le dit seigneur dEscoran hurtat a lhuys en disant ouvres lhuys a Ph. M. et lors le dit seigneur de Seyssel mareschal demandat masseurez vous? Et Ph. M. respondit ouy vous. Et lors le mareschal de Seyssel ouvrit lhuys et incontinent entrerent le dit Ph. M. et ses gens dedans la dite chambre en laquelle on disoit une messe devant le dit chancellier et mareschaulx de Savoye. Et lorsque le dit chancellier veist entrer en la dite chambre le dit Ph. M. luy et le dit Loys son filz se musserent en un petit retrait qui estoit en la dite chambre duquel lhuys fut rompu dun banc par aucun des archers du dit Ph. M. et par le dit seigneur dEscoran fut prins le dit chancellier et son filz par Pierre de Chisse du commandement du dit Ph. M. et par le bastard de Rochechoard fut prins le dit marquis de Saint Sorlin auquel bastard Ph. M. avoit dit que il le prinst et le gardat sur sa vie. Et adonc M. le bailly de Vaulx en Savoye vinst devers Ph. M. et luy dit que M. de Savoye son pere le mandoit. Et lors le dit seigneur dEscoran bailla a Pierre de la Frasse le dit chancellier et son fils et incontinent icelluy la Frasse accompaigne de dix ou douze archers les enmena hors du chasteau de Thonon et ce faict le dit Ph. M. de Savoye accompaigne du comte de Gruyere des seigneurs dYolan et dEscoran et dun homme darmes sen alla en la chambre de M. le duc de Savoye son pere ainsi quil luy avoit mande. Et en partant de la chambre en laquelle le dit chancellier marquis et mareschal avoient este prins le dit Ph. M. dit au bastard de Rochechoard que il despeschat le dit marquis et entendoit que le dit Rochechoard tuat le dit marquis ce que il feit. Le dit marquis mort le dit bastard de Rochechoard luy ostat une chaisne dor quil avoit autour de son col faisant dix ou douze tours et tout incontinent aucuns des archers du dit Ph. M. allerent et entrerent en la chambre du dit feu marquis de Saint Sorlin mort et la prindrent certaine quantite de vaisselle d'argent et aultres bagues d'or et d'argent que le dit Ph. M. feit transporter a Morges et avec ce les dicts archers apporterent au dit Ph. M. 2500 escus d'or quils avoient prins en la dite chambre avec la dite vaisselle et bagues desquels 2300 escus le dit Ph. M. donnat a chascung de ses archers 20 escus et a chascung de ses hommes darmes 30 escus d'or. Et la cause qui meust le dit Ph. M. de faire tuer si soudainement sans estre ouy et sans confession le dit marquis de Saint Sorlin estoit le grand mal que icelluy marquis faisoit au pays de Savoye. Car tous ceulx qui venoient devers luy et luy donnoient argent ils avoient tout ce qu'ils demandoient fussent offices d'aultres bons offices grâces et pardons et generalement fut droit fut tort tout ce quil vouloit faire estoit faict et s'il ne faisoit que pour celluy qui plus luy donnoit et plus le meist de ce faire le deshonneur que le marquis faisoit au dit Ph. M. a messeigneurs ses freres et a toute la maison de Savoye lequel il nest ja mestier d'icy escrire et pour cause de lequel deshonneur fut tousjours creu et multiplie comme disoit le dit Ph. M. quand par proces ou aultrement on leust faict confesser au dit marquis. Aussi estoit la chose si notoyre quil n'estoit besoingt quil en fut interrogue ne que on luy en parlat ny que il en parlast plus avant. Le temps pendant lequel le dit Rochechoard tua le dit marquis comme dict est, le dit Ph. M. estoit en la chambre de M. de Savoye son pere a genoux devant luy lequel estoit fort esmeu et courroucé contre le dit Ph. M. son fils et entre aultres parolles de courroux il luy dist que sil heust heu une epée il leust tué et le dit Ph. respondit a M. de Savoye son pere et luy dit Monsieur ce que je fais le le fais pour le bien et honneur de vostre maison et de tout vostre pays et Monsieur quand vous serez bien informe vous le cognoistrez et en serez bien content de moy et sur ces parolles Mme la duchesse de Savoie sa mere malade en son lit et en la dite chambre passé avoit trois mois appellat le dit Ph. et luy demanda : Philippe, les deux mareschaulx ont ils point de mal? lequel luy respondit : Madame je nen scay rien je crois que non. Et a tant pour ce que le dit Ph. M. apperceust que le dit M. de Savoye son pere estoit fort corrouce et que le bruit venoit que le dit Rochechoard avoit tue le dit marquis de Saint Sorlin l'un des mareschaulx de Savoye et estoit mort le dit Ph. M. et le dit comte de Gruyere et seigneur dYolan et dEscoran et Pierre de Chisse et les hommes darmes avec luy se departyrent de la dite chambre et après du dit chasteau et de la ville de Thonon. Et tantost apres quils furent hors du dit chasteau et ville de Thonon ainsy comme pour plus de demy lieue on amena au dit Ph. M. le dit chancellier de Savoye et Loys de Valpergue son fils lesquels il ordonna dès celle heure estre menez a Morges ou il alloit et chevaucherent tous ensemble et tous ensemble passerent le lac de Lozanne. Et en passant le dit lac furent dittes et faictes au dit chancellier plusieurs villainies : lun le appelloit traistre ribaud laultre faulx chevallier; l'un luy disoit tu ne peulx eschapper que tu ne meures ; et de special le dit Ph. M. luy dit : traistre ribaud tu voulois subjuguer le pays de Savoye au roy je le scay bien mais je te feray tant boyre d'eau que de manger il ne te souviendra ; l'un luy ostoit et osta le cordon de son chapeau l'aultre le cerchoit en son petitz draptz et luy osta on sa gibessiere en laquelle estoient les sceaulx de Savoye lesquels le dit Ph. M. renvoya promptement a M. de Savoye son pere et il donna la dite gibessiere au dit bastard de Rochechoard et aultres plusieurs grandes injures et opprobres furent faictes et dittes au dit chancellier et ainsi passerent le dit lac et allerent disner en la ville de Nyon et apres ce quils heurent tous disne au dit lieu de Nyon ils sen allerent tous a Morges...

Articles sur lesquels le dit chancellier fut interrogé :

1° Primo le dit Ph. M. de Sav. demandast au dit chancellier pourquoy il lavoit mis et le mettoit en la male grace du roy.

2° Item pourquoy il vouloit prendre et prenoit en sa main toutes les fortes places du pays de Savoye et de Piemont.

3° Item pourquoy il sestoit vante quil feroit le dit Ph. M. le plus pauvre homme de son lignage et luy feroit porter les chausses trouées au genoil.

4° Item quelles alliances avoit le dit chancellier au feu marquis de Saint Sorlin au marquis de Seyssel et au comte de la Chambre son filz.

5° Item le dit sieur d'Yoland present luy demandat sil avoit pas faict mourir son pere qui avoit este empoisonné.

6° Item sil avoit pas promis au roy de mettre tout le pays de Savoye en son obeissance et que M. le duc de Savoye feroit hommage au roy.

7° Item sil avoit pas faict faulse monnoye a Masin et sil avoit pas faict mourir des gens.

8° Item luy fut demande ou alloient les gens darmes du roy qui estoient en Savoye.

9° Item si le dit chancellier avoit escrit un livre de sang de petits enffans et que plusieurs personnes disoient quil avoit pieça escrit.

10° Item que par ce moyen il avoit pieça commis et faictes plusieurs sourceries.

11° Item sil avoit pas un diable dont il se aydoit et par le moyen duquel et par le dit livre il faisoit des princes ce quil vouloit.

Et pour ce que le dit chancellier ne respondoit pas aux interrogatoyres au gré ne a la volonté du dit Ph. M. du dit comte de Gruyere ne de plusieurs la presents, le dit Ph. M. ordonna et commandat que le dit chancellier fut mis en gehanne et que on luy feit confesser les articles dessus dicts ce que fut faict et fiché a une corde les bras renversés derriere et tyré a un trefz contremont une grosse pierre pesante aux pieds et en special le dit chancellier estant en la dite gesanne (gehanne?) en laquelle il avoit este tyré par quatre fois. Et apres tout ce faict et mis par escrit le dit comte de Gruyere et procureur de Vaulx et plusieurs des dits coustumiers furent dopinion et dirent au dit Ph. M. que le dit chancellier avoit gaigne a mourir et que on le jettat au lac. Et tost apres le dit Ph. M. sen allat souper et le dit seigneur dEstoran et aultres apres luy et demeurat le dit chancellier couche sur un lict malade de la fiebvre en une salle basse au chasteau de Morges entre les mains des dicts procureur et coustumiers et apres ce que le dit Philippe M. heust souppé il tinst conseil avec le dit comte de Gruyeres et aultres et quand ils heurent assez conseille le dit comte de Gruyeres allat au chasteau et incontinent le dit Ph. M. appella les sieurs dEstoran les dits Jacques de Chalan Pierre de Chisse Pierre de la Frasse et aultres de ses gens et des archers et les envoya après le dit comte de Gruyeres au dit chasteau pour laccompaigner ce quils feirent et descendirent apres les dits comte de Gruyere en la dite salle basse. Et illec mandat le dit comte de Gruyeres au dit chancellier par un prestre quil pensat de son ame et quil estoit condamné a mourir. Et lors le dit chancellier sesbahit et neantmoings il se confessat par deux foys et longuement et puis se leva et dit *Andesmo* qui est a dire allons. Et lors le dit Jacques de Chalan et Pierre de Chisse prindrent le dit chancellier par dessoubz les bras et le menerent au dit lac lequel lac est aupres du dit Morges. Et en menant le dit chancellier il se escria et dit devant tous ceulx qui estoient la et publicquement quil n'avoit point deservy a mourir et que tout ce quil avoit dit et confesse avoit este en gehenne et par force de gehenne et ne en estoit rien et finalement les dits de Chalan et de Chisse menerent le dit chancellier en un batteau avec un des sergentz de la justice et le prestre avec eulx deux. Et le dit Jacques de Chalan et Pierre de Chisse se meirent en un batteau accouple avec laultre batteau et lequel sergent de la justice despouilla le dit chancellier et fut sa robbe donnée au dit prestre et les chausses et pourpoinct au dit sergent qui apres le lya et le jetta au dit lac. Et tant y fut que ils le virent mort et a tant sen allarent avec le dit comte de Gruyere et aultres qui les attendoient sur le bord du dit lac. Et vindrent en la chambre du dit Ph. M. en lhostel du dit procureur de Vaulx et illec reciterent tout ce quavoit este faict et mesmement tout ce quavoit este faict et dit et que le dit chancellier estoit mort. Et a tant se coucha le dit Jacques de Chalan pres du dit Philippe M. Et le lendemain apres la mort du dit feu chancellier le dit Ph. M. bailla les dits Loys de Valpergue sieur de Repoul filz du dit feu chancellier au dit comte de Gruyere qui le feit mener prisonnier en une de ses places ou il fut depuis detenu jusqua ce que apres les trois estats tenus a Genefve le dit Ph. M. le delivra par ordonnance du roy sans payer aucunes despens...

(*Nota.* — La conduite de Philippe mécontente le roi Louis XI.)

... Ils conclurent quils sen yroient tous au dit lieu de Gex ce quilz feirent et la treuverent le dit sieur de Miolans lequel dit au dit Ph. M. que M. son pere et Mme sa mere luy mandoient qu'ilz avoient grand desir de le veoir et que il allat devers eulx en son simple estat et habandonnat tous ceulx qui avoient esté avec luy a Thonon et s'offroit icelluy de Miolans de le faire accompaigner par messire Jehan de Compois et monsieur de Montmayeur et par aultres seigneurs et gentilz hommes qui estoient a Genefve. A quoy le dit Ph. respondit que il n'en feroit rien et quil n'abandonneroit point ses gens...

(*Nota.* — Le seigneur de Viry va trouver Ph. de la part du duc qui résista à toutes sollicitations en haine des *Cypriens et Cypriennes* et dit que)

Neantmoins il estoit content d'en faire ce que les trois estatz en appointeroient. Laquelle response le dit sieur de Viry allat dire au mareschal de Savoye et ne retournat point devers le dit Ph. M. mais sen allat en sa maison et tantost apres le dit Ph. M. estant encores a Gex il envoya querir le dit sieur de Viry qui estoit en sa maison et a tant le dit Ph. M. se departyt du dit lieu de Gex et sen allat a Morges accompagné des seigneurs de Gruyeres dEstoran dYrlan du dit sieur de Viry de Beaufort de Miolans de Boniface et Jaques de Chalan Pierre de Chissé la Frasse Ph. de Compois et leurs gentz auquel lieu de Morges il gaignat plusieurs nobles et gentils hommes tant du pays de Savoye comme de Vaulx et du pays de Bresse jusques au nombre de trente quatre grands seigneurs et grands gentils hommes et leurs compagnies... lesquels tous luy promirent de le secourir pour le bien et honneur de sa maison de Savoye : et demeurat le dit Ph. M. au dit lieu de Morges l'espace de trois mois ou environ.

(*Nota.* — On délibéra que Loys de Gornoz serait envoyé vers Louis XI, avec des lettres de Philippe ; Louis XI refuse de recevoir lesdites lettres et se répand en menaces.)

De laquelle response le dit Ph. M. et toute sa compagnie furent tres desplaisans. Item pareillement fut conclud par iceulx gentils hommes et par eulx delibere au dit lieu de Morges quavant le jour par M. de Savoye assigne aux trois estatz de ses pays de eulx assembler au dit lieu de Geneve que le dit Ph. M. s'y devoit treuver fort et bien accompagné tellement quon ne luy peust faire desplaisir de sa personne.

Et estant a Romont le dit Ph. M. de Savoye heust nouvelles quils venoient devers luy de cinq a six cents hommes allemans pour le servir et a ceste cause se departyt du dit lieu de Romont pour retourner et retournat a Morges affin de recepvoir les dits hommes de guerre allemans auquel lieu de Morges le dit Ph. M. treuvat le dit sieur Jacques de Caulaix lequel dit lors au dit Ph. M. que M. son pere et Mme sa mere luy mandoient quil n'allat point a Geneve mesmement ainsi accompagné comme on disoit quil y voulloit aller. A quoy le dit Ph. M. respondit quil scavoit quil estoit en la male grace de M. son pere et que ceulx qui estoient entour luy ne taschoient point a lappaiser mais a lesmouvoir contre luy et il savoit bien que les trois estats des pays de Savoye et de Piemont se debvoient en briefz tenir a Geneve auquel lieu il voulloit aller soy mettre en la bonne grace de M. son pere et ce en facon quil seroit seur de sa personne et en ce temps arrivoient environ Morges les dits hommes de guerre allemans et avec eulx Pierre Jotte Gabisthel et le chastellain de Gessenethz par quoy le dit Ph. M. se departist du dit lieu de Morges et allat au devant d'eulx...

Et le lendemain ensuyvant environ six ou sept heures du matin le dit Ph. M. s'achemina devers Geneve (il y avoit en tout 800 chevaux outre les gens de pied).

Mais avant que le dit Ph. M. entrast dans Geneve ainsi quils estoient encores sur le chemin environ demy lieue de Geneve vindrent devers luy messire Amblard de Viry abbe dAbondance accompagné de partie des gents du chappitre d'un des syndicq et de plusieurs bougeois de la dite ville de Geneve lesquels luy dirent que M. de Savoye son pere luy mandoit quil ne voulsit entrer en la ville jusques a ce que M. son pere le mandat car sil y entroit en cest estat la ville se pourroit effrayer. A quoy le dit Ph. M. respondit que la ville n'avoit cause de s'effrayer car nul de ses gents ny feroit desplaisir ny dommage.

Nota. — Philippe entre dans Geneve — les trois etats etaient assemblés les trois états sont d'avis denvoyer des deputés au duc de Savoye pour le supplier de mettre hors de sa cour les *Cypriens et Cypriennes* et de pardonner a son fils. — En attendant Philippe fait saisir dans le palais episcopal de Geneve l'archeveque de Tarentaise Cyprien Hector et Pierre dAntioche aussi cypriens et les fait conduire prisonniers au chateau de Montz appartenant au seigneur de Viry; le dit archevêque fut obligé de donner a Philippe 2000 ecus d'or pour se racheter et obtenir sa liberté — Le roi Louis XI fait notifier aux trois états une sauvegarde par laquelle il prend sous sa protection les ci devant dits *Cypriens et Cypriennes*. Les gens des trois etats trouvent que le roi empiète par là sur les attributions de l'empereur et ils disent quil a l'intention de devenir le maitre absolu de la Savoie — Cependant les gens des trois états continuent à *pourparlementer*...

...Finallement les dits seigneurs et gents des trois estats feirent tant envers mon dit seigneur le duc qu'il fut content et leur accordat de pardonner au dit Philippe M. et a toutes ces gens tout ce quils avoient faictz et fut content aussi de mettre hors tous les Cipriens et Cipriennes de son hostel moiennant que le dit Ph. M. de Savoye et toutes ses gens publicquement et devant chascung le requerront et demanderont pardon pour laquelle cause mon dit seigneur le duc de Savoye les dits seigneurs et gents des trois etats sassemblarent en une place devant le dit hostel des cordelliers en laquelle lon ha accoustumé de precher et eulx assemblez et apres ce quils heurent pourparle ensemble monsieur le prince dOranges et le marquis de Rottelin vindrent querir le dit Ph. M. et ses gentz lors estantz en l'eglise et au cloistre des dits cordelliers et les menarent en la place devant mon dit seigneur le duc son pere et les dits seigneurs et gents des trois estats auquel lieu et present eulx et grand nombre de gents se agenoillerent humblement devant mon dit sieur le duc et lui requerent pardon de tout ce qui avoit este faict...

Auquel propos mon dit seigneur le duc de Savoye respondit : a la requeste de la duchesse ma femme qui est fort malade laquelle men ha requis et aussi de mes bons parens et amys des trois estats de mon pays et de mes bons amys et allies les ligues dAllemaigne qui men ont prié et requis, je vous pardonne tout a vous tous et a un chascung de vous et lors se leverent tous lun apres laultre et allerent embrasser le dit monsieur le duc de Savoye lequel pareillement les receust et embrassat et apres tout ce le dit Ph. M. remerciat humblement son pere et tous ceulx qui là estoient seigneurs et gens des trois etats lesquels pareillement et tout le peuple qui la estoient en grande abondance mercierent mon dit seigneur le duc de Savoye et lors furent toutes les cloches de la ville sonnees les feux faictz et le lendemain processions generalles.

Nota. — Le duc Louis va en France auprès de Louis XI ; il se plaint beaucoup de Philippe et prétend que le pardon qu'il lui a accordé a été le résultat de la violence. Le duc prend congé du roi ; il arrive à Lyon et y meurt ; sa femme était morte, elle aussi, peu de temps auparavant à Genève.

...Dont le roy fut très desplaisant et aussi la royne de France quand ils le sceurent. Et peu de temps apres le trepassement du dit feu duc M. de Savoye, le roy envoyat son grand escuyer nomme Garguesallier et le seneschal de Poictou par devers Mme la princesse de Piemont sa seur lors estant a Bourg en Bresse et laquelle le dit grand escuyer et seneschal ils treuvèrent au dit lieu de Bourg a laquelle feirent grande reverence et parlèrent assez longuement ensemble sur les cas qui estoient advenus depuis peu de temps avoit en la maison de Savoye et depuis se departyrent les dits grand escuyer et seneschal de Poictou d'avec la dite dame et sen vindrent a Chambery en Savoye auquel lieu de Chambery ils treuverent le dit Ph. M. et plusieurs de ses gentz avec lequel Ph. M. le dit grand escuyer et seneschal de Poictou pourparlerent par aucun temps avec luy et tendoient faire a la même luy et ses gents par devers le roy et tant feirent par leur diligence quils amenerent le dit Ph. M. et une partye de ses gens du dit lieu de Chambery jusques a Bourges en Berry duquel lieu de Bourges les dits grand escuyer et seneschal menèrent le dit Ph. M. et une partye de ses gens cest assavoir Jacques de Chalan escuyer seigneur de Saix en Bresse. Anthoine de la Pallud escuyer seigneur dEstoran au duché de Savoye Philibert de Compois dit de Gruffy escuyer seigneur de la Chapelle les Thonon en Savoye, au chastel de Loches auquel lieu de Loches en Berry les dessusditz grand escuyer et seneschal treuvèrent le grand veneur de France capitaine du dit lieu de Loches lequel en leurs presences dit au dit Ph. M. de Savoye que pour son honneur il convenoit quil sallat loger dans le donjon du dit chastel lequel Ph. M. de Savoye logé au dit donjon les dits grand escuyer et seneschal menèrent les dessusditz seigneurs de Saix en Bresse dEstoran et de la Chapelle au chastel de Chinon auquel lieu ils les constituèrent prisonniers du roy.

4

Mémoires de messire Philippe de Comines

Nouvelle édition revue, enrichie, etc., par MM. Godefroy, augmentée par M. l'abbé Lenglet Du Fresnoy.

M.DCC.XLVII

4 vol. in-4°

TOME PREMIER

(1474.)

Liv. 4 chap. 1. — Et ainsi le Duc de Bourgongne mit le siege devant Nuz. Il avoit la plus belle armée qu'il eut jamais et spécialement pour Gens-de-cheval : car pour aucunes fins qu'il pretendoit és Italies, il avoit retiré quelques mille hommes-d'armes Italiens, que bons que mauvais. Il avoit pour chef d'entre eux un appellé le *Comte de Campobache*, du Royaume de Naples, partisan de la maison d'Anjou, homme de tres mauvaise foy, et tres perilleux.

Nota. — Ce fut par lui que le duc de Bourgogne se vit enfin trahi.

(1476.)

Liv. 5, chap. 1ᵉʳ. — *Comment le duc de Bourgongne, faisant la guerre aux Suisses, fut chassé par eux à l'entrée des montagnes près Granson.*

Après que le Duc de Bourgongne eut rompu aux Suisses l'esperance de pouvoir trouver appointement avec luy, il retournerent advertir leurs gens, et luy approcha son armee du païs de Vaux en Savoye, que lesdits Suisses avoient pris sur monseigneur de Romont, comme dit est.

Ledit Duc avoit assés grande armée : car de Lombardie luy venoient à toute heure gens, et des subjetz de cette maison de Savoye : et il aimoit mieux les estrangers que ses subjetz, dont il pouvoit finer assez, et de bons. Son artillerie etoit très grande et bonne...

Tout demeurant fui et lui aussi...

Et pour quelle querelle commença cette guerre? ce fut pour un chariot de peaux de moutons, que monseigneur de Romont prit a un Suisse, en passant par sa terre : Si Dieu neut delaissé le dit duc, il n'est pas apparent qu'il se fut mis en peril, pour si peu de chose : veu les offres qui lui avoient esté faites, et contre tels gens il avoit a faire, où il n'y pouvoit avoir nul aquest, ne nulle gloire : Car pour lors les Suisses n'estoient point estimez comme ils sont pour cette heure : et n'estoit rien plus pauvre.

Car le Roy etoit sage et craignoit que par force le duc ne joignit ces Suisses a luy : De la maison de Savoye, ledit Duc en disposoit comme du sien. Le Duc de Milan estoit son allié. (Alliance faite par l'entremise de la duchesse Yolande. pr. n° 225.)

Le Roy de Cecile luy vouloit mettre son pays de Provence entre les mains : si ces choses fussent advenues, il tenoit le pays depuis la mer de Provence jusques a celle de Levant en son obeissance : et neussent ceux de notre royaume sceu saillir sinon par mer, si ledit Duc neut voulu, tenant Savoye, Provence et Lorraine : Vers chascun d'eux le Roy envoyoit : L'une estoit sa sœur, madame de Savoye, qui tenoit pour ledit duc : L'autre estoit son oncle, le Roy René de Cecile : qui a grande peine ecoutoit ses messagers, mais envoyait tout au Duc de Bourgongne. Le Roy envoyoit aussi vers ces ligues d'Alemagne : mais c'estoit à grande difficulté, pour les chemins, et y falloit y envoyer mendiens, pelerins, et semblables gens : Lesdites villes respondirent orgueilleusement : *Dites au Roy, que s'il ne se declare, nous nous appointerons, et nous declarerons contre luy.*

Chap. 2. — *Comment aprés la bataille de Granson, le duc de Milan, le Roy René de Cecile, la Duchesse de Savoye, et autres abandonnerent l'alliance du Duc de Bourgogne.*

Or faut voir maintenant comment changea le monde apres cette bataille...

Des que le Duc de Milan sut cette aventure, il en eut grande joye, nonobstant quil fust allié dudit Duc : car il avoit fait cette alliance pour crainte de ce qu'il voyoit audit duc de Bourgongne avoir si grande faveur en Italie : Le Duc de Milan envoya à grande hate vers le Roy.

Le Roy René de Cecile traitoit de faire ledit Duc de Bourgogne son heritier, et de luy mettre la Provence entre les mains : et pour aller prendre possession dudit pays, estoit allé monseigneur de Chasteau-guion (frère du prince d'Orange) et autres, pour le Duc de Bourgogne, pour faire gens : et avoit bien vingt mille escus comptant : Dès que les nouvelles vindrent, à grande peine se peurent-ils sauver qu'ils ne fussent pris : et monseigneur de Bresse se trouva au pays, qui prit ledit argent. La Duchesse de Savoye, des quelle sceut les nouvelles de cette bataille, les fit sçavoir au Roy René, excusant la chose, et le reconfortant de cette perte. Les messagers furent pris, qui estoient Provençaux, et par là se descouvrit ce Traite du Roy de Cecile avec le Duc de Bourgongne. Le Roy envoya incontinent des Gens-d'armes prés de Provence, et des Ambassadeurs vers le Roy de Cecile, quil vint vers le Roy a Lyon, et luy fut fait tres grand honneur.

Chap. 3. — *Comment lès Suisses deffirent en bataille le Duc de Bourgogne prés la ville de Morat.*

Pour revenir au Duc de Bourgogne, il ramassoit gens de tous costez : et en trois semaines s'en trouva sus grand nombre, qui le jour de la bataille s'estoient escartez. Il sejourna a Losanne en Savoye.

... De cette grande assemblée et nouvelle armée, qu'il avoit faite, j'en parle par le rapport de monseigneur le Prince de Tarente (Frédéric, fils de Ferrand Arragon, depuis roi de Naples). Ledit Prince, environ un an avant, estoit venu vers ledit Duc, tres bien accompagné, esperant d'avoir sa fille et seule heritiere : et sembloit bien fils de Roy, tant de sa personne que de son accoutrement et de sa compagnie : et le Roy de Naples, son pere, monstroit bien qu'il ny avoit rien espargné : Toutesfois ledit Duc avoit dissimulé cette matiere : et entretenoit pour lors Madame de Savoye, pour son fils, et autres : parquoy ledit Prince de Tarente, appellé Don Frederic d'Arragon, mal content des delais, et aussi ceux de son conseil, envoyèrent devers le Roy un Officier d'armes bien entendu : lequel vint supplier le Roy donner sauf-conduit au dit Prince, pour passer par le Royaume, et retourner vers le Roy son pere, lequel l'avoit mandé...

Le Prince prit congé dudit Duc, le soir de devant la bataille (elle eut lieu le 22 juin).

Chap. 4. — *Comment après la bataille de Morat, le Duc de Bourgogne se saisit de la personne de Madame de Savoye.*

Cette adventure désespera fort ledit Duc : et luy sembla bien que tous ses amis l'abandonneroient, aux enseignes qu'il avoit veuës deja a sa première perte de Granson. Et pour ces doutes, par le conseil d'aucuns il fit amener par force la Duchesse de Savoye en Bourgogne, et un de ses enfants, qui aujourdhui est Duc de Savoye.

L'aisné fut sauve par aucuns serviteurs de cette maison de Savoye : car ceux qui firent cet effort, le firent en crainte, et furent contraints de se hater. Ce qui fit faire cet exploit audit Duc, fut de peur quelle ne se retirast devers le Roy son frere, disant que pour secourir la maison de Savoye lui etoit advenu tout ce mal. Ledit duc la fit mener au chasteau de Rouvre prés Dijon, et y avoit quelque peu de garde : toutesfois il l'alloit voir qui vouloit : et entre autres y alloit monseigneur de Chasteau-guion (1), et le marquis de Rotelin (2), qui sont aujourd'hui : desquels deux ledit Duc avait traite le mariage avec les deux filles de ladite Duchesse, combien que lors lesdits mariages ne fussent point accomplis : mais ils l'ont esté depuis. Son fils aisné appellé Philibert, lors duc de Savoye, fut mené à Chambéry, par ceux qui le sauverent : auquel lieu se trouva l'Evesque de Geneve, fils de la maison de Savoye, qui estoit homme tres-volontaire, et gouverné par un Commandeur de Rhodes. Le Roy fit traiter avec ledit Evesque et son Gouverneur, Commandeur de Rhodes, en maniere qu'ils mirent entre les mains dudit Evesque, le Duc de Savoye, et un petit frere appellé Protonotaire, avec le chasteau de Chambery, et celuy de Mont-melian, et luy garda un autre chasteau, où estoient toutes les bagues de ladite Dame de Savoye.

Au plustot que ladite Duchesse se trouva à Rouvre, accompagnée de toutes ses femmes, et largement serviteurs et qu'elle vid ledit Duc bien empesché a rassembler gens, et que ceux qui la gardoient, navoient pas la crainte de leur maitre telle qu'ils souloient, et avoient accoustumés d'avoir, elle se delibera d'envoyer vers le Roy son frere, pour traiter appoin-

---

(1) Hugues de Châlons, 3ᵉ fils de Louis, prince d'Orange, et d'Eléonore d'Armagnac, marié à Louise de Savoye.

(2) Philippe de Hochberg, fils de Rodolphe, comte de Neuchâtel, et de Marguerite de Vienne, marié à Marie de Savoye.

tement et pour supplier qu'il la retirast. Toutesfois elle estoit en grande crainte de tomber sous sa main, n'eust esté le lieu où elle se voyoit : car la haine avoit esté moult grande et longue entre ledit Seigneur et elle. Il vint de par ladite Dame un Gentil-homme de Piemont, appelle Riverol, son maistre d'hostel, lequel par quelqu'un fut addressé a moy. Aprés l'avoir ouy, et dit au Roy ce qu'il m'avoit dit, ledit Seigneur l'ouit : et aprés l'avoir ouy, luy dit qu'à tel besoin ne voudroit avoir failly à sa sœur, nonobstant leurs differends passez : et si elle se vouloit allier de luy, qu'il la feroit envoyer querir par le Gouverneur de Champagne, pour lors messire Charles d'Amboise, seigneur de Chaumont.

Ledit Riverol prit congé du Roy, et alla vers la maistresse à la tres-grande haste. Elle fut joyeuse de cette nouvelle : toutesfois elle renvoya encores un homme incontinent qu'elle eut ouy le premier, suppliant au Roy qu'il luy donnast seureté qu'il la laisseroit aller en Savoye, et qu'il luy rendroit le Duc son fils, et l'autre petit, et aussi les places, et qu'il l'aideroit a maintenir son authorité en Savoye : et de sa part, qu'elle estoit contente de renoncer à toutes alliances, et prendre la sienne. Ledit Seigneur luy bailla tout ce qu'elle demandoit : et incontinent envoya un homme exprés vers ledit Seigneur de Chaumont, pour faire l'entreprise : laquelle fut bien faite, et bien executée, alla ledit Seigneur de Chaumont, avec bon nombre de gens, jusques a Rouvre, sans porter dommage au pays : et amena madame de Savoye, et tout son train, en la plus prochaine place, en l'obeissance du Roy. Quand ledit Seigneur depecha le dernier messager de ladite Dame, il estoit ja parti de Lion, où il s'estoit tenu par l'espace de six mois pour sagement demesler les entreprises du Duc de Bourgongne, sans rompre la tréve. Mais à bien connoistre la condition dudit Duc, le Roy luy faisoit beaucoup plus de guerre en le laissant faire, et luy sollicitant ennemis en secret, que s'il se fut declaré contre luy : car des que ledit Duc eut veu la declaration, il se fust retiré de son entreprise : parquoy tout ce qui luy advint ne luy fut point advenu.

Le Roy, continuant son chemin, au partir de Lyon, se mit sur la riviere de Loire a Roüanne, et vint a Tours : Et incontinent qu'il y fut, il sceut la delivrance de sa sœur, dont il fut tres joyeux, et manda diligemment qu'elle vint devers luy, et ordonna de sa despense en chemin. Quand elle arriva, il envoya largement gens au devant d'elle, et luy mesme l'alla recueillir à la porte du Plessis-du-Parc, et luy fit tres-bon visage, en luy disant : *Madame la Bourguignone, vous soyez la tres-bien venuë.* Elle connut à son visage, qu'il ne faisoit que joüer, et respondit bien sagement qu'elle estoit bonne Françoise, et preste à obeyr au Roy, en ce qu'il luy plairoit luy commander. Ledit Seigneur l'amena en sa chambre et la fit bien traiter. Vray est qu'il avoit tres-grande envie d'en estre depesché. Elle estoit tres-sage, et s'entre-connoissoient bien tous deux, et desiroit ladite dame encore plus son partement.

J'eus la charge du Roy de ce qui estoit à faire en cette matiere. Premierement de trouver argent, pour son deffray, et pour sen retourner, et des draps de soye : et de faire mettre par escrit leur alliance, et forme de vivre, pour le temps advenir. Le Roy la voulut démouvoir du mariage (dont j'ay parle) de ses deux filles, mais elle s'en excusoit sur les filles, lesquelles y estoient obstinées : et à la verité, elles n'y estoient point mal. Quand ledit Seigneur connut leur vouloir, il s'y consentit : et apres que ladite Dame eut esté audit lieu du Plessis, sept ou huit jours, le Roy et elle firent serment ensemble d'estre bons amis pour le temps advenir, et en furent baillées lettres d'un costé et d'autre : et prit congè ladite Dame du Roy, qui la fit bien conduire jusques chez elle, et luy fit rendre ses enfans, et toutes ses places, et bagues, et tout ce qui luy appartenoit. Tous deux furent bien joyeux de departir l'un de l'autre, et sont demeurez depuis comme bon frere et bonne sœur, jusques a la mort.

Le duc de Bourgogne marchande le mariage de sa fille Marie. Il le promet successivement au duc de Guyenne, au duc de Calabre, au duc Maximilien d'Autriche, au duc de Savoie Philibert.

« Cesluy-ci toutesfois eut lettres escriptes de la main de la « fille par le commandement du pere et ung diamant. » L. 3, chap. 8.

(1468.)

Entrevue de Péronne, 9 octobre 1468.

« Le duc de Bourgogne avoit mande l'arme de Bourgogne ou pour ce temps la avoit grand noblesse et avec eux venoient monseigneur de Bresse l'eveque de Geneve le comte de Romont tous freres enfants de la maison de Savoye car. Savoisiens et Bourguignons de tous temps s'entr'aimaient très fort et aucuns Alemans qui confinent tant en Savoie qu'en la comté de Bourgogne etoient de cette bande. Or faut entendre que le roy avoit autrefois tenu le dit seigneur de Bresse en prison a cause de deux chevaliers quil avoit fait tuer en Savoie par quoy il ny avoit pas grand amour entre eux. » Liv. 2, chap. 6.

TOME DEUXIÈME. — PREUVES.

P. 7. Chronique scandaleuse. Recit de la sepulture du roi Charles VII 1461.

P. 8 et 9. Entree du roi Louis XI a Paris. Sirènes toutes nues hommes et femmes sauvages fontaines jettant vin lait et hypocras. (Voy. Olivier de la Marche.)

P. 63. Arrivee de la reine a Paris 1467. Bonne de Savoie.

P. 71. Etats generaux de Tours 1468.

P. 73. Joutes a Paris 1468.

P. 108. Montres darmes 1474 tous en hoquetons rouges a croix blanches.

P. 133. « En apres le roy sen retourna au Plessis du Parc-les-Tours ou estoient la reyne et monseigneur le daulphin 1476. »

P. 173. Extrait dune ancienne chronique commencant a 1400 et finissant a 1467.

P. 179. Lan 1464 tost apres Pasques qui estoit arrivé le 1ᵉʳ avril le roy manda et pria Philippe de Savoie troisieme fils du duc de ce nom de venir devers luy en seurete ; mais il le fit prendre et mener prisonnier au chasteau de Loches en Tourraine ou il le fit tenir l'espace de cinq ans. (Voy. Mathieu : *Histoire de Louis XI.*)

P. 214. Etendards du duc de Bourgogne images de saints.

P. 219. Morat au pays de Savoye etc. Voyez.

P. 282. Jugement sur Louis XI. Ce roi se met hors de la tutelle des parlements et des etats.

P. 605. Alliance dAmé duc de Savoie avec la maison de Bourgogne.

Acte passé a Chalons sur Saone le 20 mars 1466 par les representants des deux princes et où se trouvait Charles comte de Charolais. Renouvellement des anciennes alliances.

P. 630. Traite dalliance entre Philippe de Savoie comte de Baugé et le duc de Bourgogne 21 juillet 1467.

TOME TROISIÈME.

P. 17 et suivantes. Pieces interessantes sur le traité de *Péronne*. (Voy. la table V, *Péronne*, année 1468.)

P. 22. — *Teneur du traité.*

Extrait de la vie du duc de Bourgogne.

« ...Puis entrerent dans la ville de Péronne le roy tenant
« la main sur l'espaule du duc le 10ᵉ jour d'octobre finalement
« le 14ᵉ jour le roy et le duc jurèrent ensemble sur une par-
« tie de la sainte vraye croix de Nostre Seigneur que le roy
« portoit sur luy et qui avoit esté au roy Charlemagne et dit

« le roy en faisant serment d'entretenir la dite paix qu'il
« fesoit sur cette sainte croix en laquelle Jesus Christ receut
« mort et passion que Charlemagne avoit conquis en son
« temps sur laquelle le roy n'avoit oncques fait serment quil
« ne tinst et s'il le parjuroit que mal luy en vinst. » P. 17.

P. 366. Première alliance des Suisses avec la France sous Charles VII en 1453.

P. 368. Accord entre Louis XI et les Suisses contre le duc de Bourgogne en 1470.

P. 369. Alliance plus étroite en 1474.

P. 160. Instruction que le roy Louis XI donne a M. du Bouchage pour détourner le duc de Guyenne son frère du mariage avec Mlle de Bourgogne 1471.

Premierement luy dira que le roy a este adverti par l'evesque du Mans et autres que mon dit seigneur de Guyenne avoit envoye l'evesque de Montauban ou autres a Rome pour avoir dispense de notre Saint Père d'espouser la fille du duc de Bourgogne ce que le roy ne peut bonnement croire veu les grands sermens et promesses que mon dit seigneur a fait au roy touchant cette matière et sur la vraye croix de Saint Lo, dont le danger de l'enfraindre est si grand comme de mourir mauvaisement dedans l'an et toujours est infailliblement arrive a ceux qui sont venus contre les sermens faits sur la dite vraye croix ainsi que nagueres on a vu par experience a aucuns qui se y font parjures.

P. 169. Observations de M. Godefroy sur les differentes propositions de mariage pour Marie de Bourgogne.

Marie nee a Bruxelles le 12 fevrier 1456.

Son père la promettait en même temps a plusieurs princes dans la vue de profiter de l'esperance quils avaient tous de l'epouser savoir :

Charles duc de Berry frère de Louis XI.

Maximilien duc dAutriche fils de l'empereur Frederic III. Le duc de Bourgogne aspirait à la couronne imperiale. (Elle l'épousa après la mort de son père.)

Nicolas duc de Calabre.

Et autres.

P. 300. Promesse de mariage de Louis XI pour le Dauphin avec cette princesse 1475.

P. 515. Instruction pour le mariage du Dauphin avec Marie de Bourgogne 1477.

P. 495. Relation de la bataille de Nancy a quoi le corps du duc de Bourgogne est reconnu parmi les morts.

TOME QUATRIÈME.

P. 251. Remarque de M. Godefroy sur le mariage du Dauphin depuis roi Louis XI avec Charlotte de Savoie fille du duc Louis.

5

Mémoires d'Olivier de la Marche.

TOME PREMIER.

Liv. 1er, chap. 5. — Comment les ducs de Bourgogne et de Bourbon s'assemblèrent à Chalon sur Sosne pour appaiser une querelle entre Jacques de Chabannes et Jehan de Grantson et comment le duc Louys de Savoye et sa femme visiterent le duc de Bourgogne (Philippe-le-Bon) 143…

TOME DEUXIÈME.

Chap. 29. — Cy commence lordonnance du banquet que fit en la ville de Lille très haut et très puissant prince Philippe par la grace de Dieu duc de Bourgogne le 17e jour de fevrier lan 1453.

Chose oultrageuse et deraisonnable despense sans y trouver entendement de vertu sinon touchant l'entremes de l'esglise.

Liv. 2, chap. 8. — Comment le duc se saisit de madame

de Savoye et d'un sien fils et comment il fut déconfit et tué devant Nancy.

Apres que le duc de Bourgogne eut este la deuxieme fois déconfit des Suisses devant Morat luy cuidant conduire son faict cauteleusement fit une emprise pour prendre madame de Savoye et ses enfans et les mener en Bourgogne, et moy a Geneve il me manda sur ma teste que je prisse madame de Savoye et ses enfans et que je les luy amenasse ; car ce jour ma dicte dame de Savoye revenoit a Geneve. Or pour obeir a mon prince et mon maistre je fis ce quil me commanda contre mon cueur : et pri madame de Savoye et ses enfans au plus près de la porte de Geneve. Mais le duc de Savoye me fut derobé (car il estoit bien deux heures en la nuict) et par le moyen daucuns de nostre compaignie qui estoyent sugetz du duc de Savoye, et certes ils ne firent que le devoir, et ce que j'en fi, je le fi pour sauver ma vie ; car le duc mon maistre estoit tel qu'il vouloit que lon fit ce qu'il commandoit sur peine de perdre la teste. Ainsi je me mi en chemin et portoye madame de Savoye derriere moy ; et la suyvirent ses deux filles et deux ou trois autres de ses damoiselles et prismes le chemin de la montaigne pour tirer a Sainct Claude. J'estoye bien asseuré du second fils et le fasoye porter par un gentilhomme et cuidoye estre bien asseure du duc de Savoye mais il mavoit este derobe comme j'ay dit et si tost que nous fusmes elongnés les gens de la duchesse et nommement le seigneur de Manton firent apporter torches et falots et emmenerent le duc de Savoye a Geneve dont ils eurent grande joye. Et je a tout madame de Savoye et le fils (qui n'estoit pas le duc) passames la montaigne a la noire nuict et vinsmes a un lieu que lon appelle la My-jou et de la a Sainct-Claude et devez scavoir que le duc fit tres mauvaise chere a toute la compaignie et principalement a moy et fu en danger de ma vie pour ce que je n'avoye point amene le duc de Savoye.

Si sen ala le duc de Morat et de la a Salins sans me rien

dire ne commander. Toutesfois je menay madame de Savoye apres luy qui ordonna quon l'amenast au chasteau de Rochefort et de la fut menee a Rouvres en la duché de Bourgongne ne depuis ne me meslay d'elle ne de ses affaires et fut pratique devers le roy de France d'envoyer querir sa sœur. Ce quil fit et y envoya deux cens lances qui eurent entendement au chasteau et par ce moyen fut la duchesse de Savoye recousse de la main de monsieur de Bourgongne.

Liv. 2, chap. 4. — Du mariage du duc de Bourgogne avec Marguerite dYorck sœur du roi dAngleterre et des magnificences qui lors furent faits en la maison de Bourgogne.

6

COPIES : *Lettre de Louis de Savoie au Roi de France au sujet du futur mariage d'Yolande de France avec le prince de Piémont.*

ORIGINAL : *Bibl. roy. de Paris ; — Résidu de St-Germain ; — Paquet 16, n° 1.*

(Archives de cour. — Lettere de' Conti Duchi e Duchesse di Savoia, mazzo 1°.)

(17 Juin 1447.)

Mon tres redoubte seigneur je me recommande a votre grace tant et si tres humblement que je puis plus. Mon tres redoubte seigneur jay veu ce quil vous a pleu moy escrire par votre echanczon Rolin Renaud et ouy bien plainement ce que de votre part en creance ma voulu dire dont suis bien merveillieux mon tres redoubte seigneur que en vos dites lettres aussy par icelles creances faictes mencion quavoye entencion et vouloir de prouchainement entendre a proceder a la perfection du mariaige de votre fille et la mienne tres chiere et tres amee dame Yoland de France avec mon filz le prince de Piemont laquelle chose mon tres redoubte seigneur povez bien considerer que je ne puis ne doys faire car lung ne lautre nest point en eaige parfait ouquel perfaicion de mariage se doye accomplir et ne croyez point que jaye si peu davertence que voulsisse faire une chose dimperfection qui par droit et raison ne se deust faire. Si vous supplie mon tres redoubte seigneur que ceste matiere vous nayez en votre coraige car au plaisir Dieu je ny entens point proceder plus avant eulx estant en si imparfait eage pour accomplir mariage comme a present ils sont nonques nen fut mon entencion quoy quon vous ayt donne entendre ne escript. Priant le Saint Esperit mon tres redoubte seigneur quil vous acroisse vos honneurs et vous doint tres bonne vie et longue.

Escrip a Thonon le xvii jour de juing m.cccc.xlvij.

Le tout votre tres humble
Loys duc de Savoye.

(25 Février 1456.)

Lettres patentes de Louis duc de Savoie pour la convocation des trois etats.

Loys duc de Savoye de Chablay et dAuste prince et vicaire perpetuel du sainct empire etc. etc.

Comme naguaires a la conclusion daucuns appoinctemens faictz et passez en ceste ville de Saint Porcain entre mon tres redoubte seigneur monseigneur le roy les gens de son grant conseil et nous ait este accorde que nous iceulx appoinctemens ferions pour la observation diceulx publier aux gens de nos bonnes villes et des trois estatz de nos pays sy est ainsi que pour lentrenement et observation de ce que dit est pour ceste cause et autres avons delibere convocquer et assembler nos dits trois estats le xx jour davril prochain venant. Heue sur ce avec les gens de notre conseil meure deliberation avons promis et promectons par ces presentes a mon dit tres redoubte seigneur monseigneur le roy sur notre bonne foy en parole de prince que le dit jour xx davril se tiendront nos dits trois estatz esquels ferons publier reciter et declairer les dits appoinctemens pour lentretenement et pleiniere observation diceulx tout par ainsi qua este sur ce concluz et que dit est et diceulx appoinctement entretenir et garder fere bailler lettres par les dites villes telles quil appartiendra.

Donne a Saint Porcain le xxv jour de fevrier lan de N. S. m.cccc.lvi.   Loys.

Protocole de Claude Bocher, secrétaire ducal.

(Archives de cour.)

1473 — 1486.

F° 1 et p. 77. — Sensuit linventaire des bagues et joiaulx appartenant a mon tres redoubte seigneur monseigneur le duc Philibert duc de Savoye dont la jeune femme de Meod Rapier chambriere a eu par cy devant la garde lesquelles aujourdhuy xxiiij jour de may lan mil.iiij^{c}octante elle a remis en la Chambre des comptes a Chambery es mains de Philippes Allegret a qui la garde dicelles a este commise par le commandement du dit seigneur.

(Près de 500 articles.)

F° 20. — Sensuyvent les bagues et joiaulx vendues par mon tres redoubte seigneur monseigneur le duc Philibert lan mil iiij$_c$ septante huyt a reverend pere en Dieu messire Urban Bonnivard evesque de Verceil et a luy expediez pour le pris de v^{m}ij$_c$xv flor. vij gros pp.

F° 23. — Sensuyt linventaire de Monet de Greyres fait a Lion le xxiii jour davril m.iiij^{c}iiij$_{xx}$ (1480) appres le trespas de feu monseigneur le duc Philibert que Dieu absoille.

Premierement ung bel dragier de nacre garny dor et de certaines pierres.

Item quatre taxes dargent plaines et au fons bollionnees aux armes de feu madame Yolant.

Item ung pot et ung bassin de barbier tout dargent.

Item un petit gibbassier de satin noir garny dargent doure.

Item ung livre appelle melusine.

Item ung livre en gascon.

(Le dit jour et lieu inventaire rendu par Meod Rappier chambrier du dit seigneur.)

Premierement lanel de saint Morice.

Item la vraye croix.

Item ung camail dor.

Item ung Jhesus fait a diamans tenans a une chaynette dor.

Item ung bracellet garny dor et deux plumes dorfevrerie.

Item deux petites dagues esmanchees de cristal.

Item deux bracelles de cuyr garnis dargent.

Item les bulles de monseigneur le prothonotaire de Savoye.

Item un estuy pour la faulconnerie garny de fer.

Item ung livre appelle lenseigneur de la vraye noblesse.

Item trois livres dont lung est nomme fierbras le petit sinitre et laultre livre de ballades.

Item une forrure de martres sibellines et une mantelline dorfevrerie (que le dit escuyer Gorrevod dit que les dites martres et mantelline luy appartiennent).

Item une trompe couverte de velours noir pour la chasse.

Item ix chemises et xvj linceulx de toile dollande et une boyte dargent.

Item une robe gaucourte de velloux noir forre de libernes et une aultre de satin noir forree de romenie.

Item une robe descarlate usee forree de romenie.

Item une robe courte descarlate forree de romenye.

Item une gaucourte robe descarlate forree de penne blanche.

Item une robe de velloux cremesy courte doblee de taffatas.

Item une aultre robe de velloux cremesi doblee de drap tanney.

Item ung auqueton de satin viole forre de penne blanche.
Item ung pourpoint de satin cremesi.
Item ung aultre pourpoint de satin violle.
Item ung pourpoint de satin gris.
Item ung pourpoint de satin noir.
Item quatre paires de chausses.
Lesquelx habilliemens sont des chambriers comme lon dit.

Copies : *Lettres d'Yolant, duchesse de Savoie, au Roi de France, son frère.*

Originaux : *Bibl. royale de Paris; — Résidu de St-Germain; — Paquet 16, n° 1.*

(Archives de cour. — Lettere de' Conti Duchi e Duchesse di Savoia, mazzo 1°.)

Mon tres redoubte seigneur je me recommande tant et sy humblement a votre bonne grace que je puis et vous plaise savoir mon tres redoubte seigneur que janvoye Monfalcon par devers vous pour vous dire aucunes choses de ma part sy vous suplie quy vous plese loir et croyr et ne me voloir abandonner en se point car seroit mau cas estant ayse et contente de vous servyr car je nay ce que jay que pour vous et vous prie aussy ne le veuille tere. Priant Dieu mon tres redoubte seigneur quy vous doint tres bonne vye et longue.

Escript a Apramont le 1er jour de juillet de la men de votre tres humble et tres obeissante suer.   Yolant.

Lettres-Patentes d'Amédée IX, par lesquelles il adhère pleinement au traité de Péronne, conclu le 14 octobre 1468 entre Louis XI et Charles le Téméraire, datées du Bourget le 17 septembre 1469.

(Même bibliothèque, même paquet.)

Mon frere mon amy je me recommande a vous tans et du mygleur androit de mon ceur byen desyrante de savoyr de voux novelles mes que se fust a bon hesyent quar ainsy que je ause se ne mest pyus de pleysir or se Dyeu nos donra grase de nos voirs quexque jour et conterons de nos bones aventures. Or sa mon frere lome de mon frere san va de par dela lequel ly dyra des novelles quy ly seront byen deplaysantes de madame sa mere quy est alee a Dyeu et por se mon frere je vous prie que vous luy tenes compagnye et le reconfortes le myeux que vos pores. Mon frere je vous prie que vous me mandes de vos novelles quar le mesage retornera byen tous et a Dyeu mon frere a quy je prie quy vous doint se que votre cuer dezyre.

Ecrit de la myn de votre leale seur et amye, sy vous plays.

Mon tres redoubte seigneur tant et si tres humblement que faire puis je me recommande a votre bonne grace et vous plaise scavoir mon tres redoubte seigneur que apres ce que vos ambaxadeurs ont este en Savoye devers moy pour la paciffication des differances qui lors couroyent au dit pays esquelles y a este mise fin et appoinctement monseigneur et moy avec nos enfans et estat nous nous sommes transpourtez et venuz par deca en ce pays de Pyemont pour plusieurs bonnes raisons et consideracions. Cest assavoir pour ce que a cause des guerres et foulle de gens darmes quy ont este ou dit pays les vivres et victuailles necessaires y estoyent fort appetissees et diminuees par quoy ne si povoit facilement trouver ce qui estoit besoing pour lestat de mon dit sieur et de moy.

Item aussi sommes venus par deca pour confermer les confederations et aliances qui nouvellement par votre vouloir et consentement ont este faictes de ceste maison de Savoye avec le duc de Millan qui sont faictes a lavantage de vous et de votre seigneurie comme par icelles pourrez estre plus applain informe. Et pour ce faire vous en envoye le double et pour plusieurs autres causes longues a escripre ainsi que pour plus applain vous pourrez scavoir par Monfalcon seigneur de Flacieu pourteur de ceste lequel sil vous plaist croyrez de ce quil vous dira de par moy.

Monseigneur vous scavez comme par les appoinctemens dessus faiz par vos dits ambaxadeurs entre les autres choses a este dit et accorde que touchant le gouvernement ou lieutenance du dit pays de Savoye serait remis a vous et aux ambaxadeurs de Berne et Fribourg pour y estre dit et ordonne ainsi que verriez estre a faire et que deussions envoyer devers vous dicy a la Toussains pour oyr votre appoinctement se nestoit que entre nous peussions appoincter comme plus applain est dit et contenu a larticle sur ce fait. Touteffois monseigneur nous sommes appoinctes ensemble par ainsi que mon frere Philippes est et sera lieutenant de mon dit seigneur comme par avant les differences et le dict gouvernement me demeure ainsi quil ma este baille par les trois estats du pays tant par dela les mons que deca du consentement de mon dit frere et des autres qui lors estoyent presens.

Par quoy monseigneur nest besoing que par vous soit procede a y faire autre declaration touchant le dit gouvernement si vous supplie quil vous plaist de vous en contenter car nous lavons fait pour le mieulx et avoir les affaires de moy et de mes enfans pour recommandez et davoir memoire de celle qui est votre tres humble et loyale seur pour vous servir de son pouvoir et me tenir pour telle si vous plaist aussi monseigneur il vous souviendra de faire toucher en lestat ma pension quil vous a pleu me donner quant il se fera. En priant Notre Seigneur quil vous doint bonne vie et longue. Escrip a Verseil le ix jour doctobre. Votre tres humble et obeyssante sueur.   Yolant.

Tres cher et tres ame frere je me recommande a vous jay prie messire Anthoine sieur de Montjeu conseiller et chambellan de mon frere de Bourgongne vous dire et remonstrer aulcunes choses de ma part. Si vous prie le veuilles croire et ses rapports mettre a bon effect pour amour de moy et honneur de toute la mayson et si chose voulles que je puisse je la feray de bien bon cuer a laide de Dieu tres cher et tres ame frere quil vous doint ce que desires. Escript a Thurin le xix jour de septembre m.cccc.lxxiv. — Yolant.

Copies : *Lettre d'Yolande, duchesse de Savoie, au sieur de Bussy et aux gens du conseil de Bourgogne résidant à Dijon, au sujet de l'armement des comtes de Genevois et Baugé.*

Original : *Bibl. roy. de Paris ; — Résidu St-Germain ; — Paquet 16, n° 1.*

(Archives de Cour. — Lettere de' Conti Duchi et Duchesse di Savoia, mazzo 1°.)

Tres cher et ame cousin tres cher et especiaulx amis. Nos freres les comtes de Geneveys et de Baugee se sont nouvellement ellevez et mis en armes contre notre frere levesque de Geneve comme ils dient et ay sceu que mon dit frere de Baugie actend gens et ayde du quartier de France et de Bourbon a grant nombre. Nous ne veons nul bien en ceste leur assemblee a quelque couleur que ce soyt sinont un grand dommaige que pourroit avenir es pais de Savoye et consequemment de Bourgongne au cas que estrangiers entrassent au pais de cest quartier de France. Et pour ce nous confiant du bon vouloir et singuliere affection que notre tres cher et honnoure frere et cousin le duc de Bourgongne nous portet et a nos enfans comme plus clerement le verres par ses lettres quil vous escript nous vous prions que en ensuivant se vouloir et commandement de notre dict frere vous vueilles fere marcher et entrer ses gens darmes en la Breysse et resister par toutes voyes possibles contre celles entreprinses comme de ce serez plus a plein advertiz par nos commis que nous envoyons vers nos ditz freres pour apaiser ces commotions par voye amiable sy possible leur sera esqueulx avons charge vous notiffier la disposition et necessite de tous ces affaires semblablement advertiz en seres par messire Anthoine de Montjeu qua este devers nous. De nostre couste nous avons ordonnees les provisions necessaires et ne restera riens a faire qui soit a nous possible. A laide de Dieu qui vous doint bonne vie et longue. Escript de Thurin le xix jour de septembre m.cccc.lxxiv.   Yolant.

Au dos : A notre tres cher et ame cousin le seigneur de Russy nos tres chers et especiaulx amis les gens du conseil de nostre frere de Bourgoingne resident a Dijon.

Lettre de la duchesse Yolande au comte de Gruyères, maréchal de Savoie.

La duchesse de Savoye.

Tres cher et bien ame cousin. Nous avons receues vos lettres de creance en la personne de votre serviteur Robert de Nefchel. Ouye sa creance bien au long touchant le memorial quil portoit. Sur quoy nous vous faisons responce point par point comme sensuyt.

Au premier touchant la venue du seigneur de Savigny devers les seigneurs de Berne et de ce quil leur a dit de part notre frere de Bourgongne cest assavoir quils veulent estre contens touchant le different quilz ont avec le duc dAulteriche quil soit veu et cogneu par arbitres ou en point de droit et en cas que non quils se tiennent seurs quil le servira et soustiendra en son bon droit. Respondons quil nous desplairoit grandement quant guerre ne debast sortiroit entre notre frere et les dits de Berne et y vouldroyons obvier de tout notre pouvoir comme tenue en sommes meismement a cause des bonnes anciennes alliances et confederacions de long temps entretenues et quant pourvoyons profiter au bien de la paix par ambaxade ou aultrement nous y vouldrions employer de tres bon cuer sans riens espargner et quant ceste voye fauldroit sumes deliberee de faire notre devoir ainsy que sumes tenue par les dites confederacions et ailliances.

Quant au second point que dites quils sesmerveillent du passage quavons donne aux gens darmes de Lombardie pour aller encontre deulx respondons que jamays ne fut notre vouloir ne entencion de leur donner passage pour aler ne contre eulx ne contre aultres mays lavons fait pour en descharger le pays car cestoyent gens estrangiers sans nul profit et pour les faire vuyder leur avons donne passage considerant meismement quil ny avoit pas nombre de gens pour pouvoir pourter grant dommage et navons riens fait en ce que en suyvant leur conseil et opinion car ils nous ont conseille en votre presence meisme de vivre neutrellement et de laisser passer chescun dune part et daultre et eulx meismes lont bien fait ainsy non seulement par sur leur pays mays aussy par sur le notre en plus grant nombre et de leurs gens meismes dont navons fait compte et si sne en doivent esmerveillier veu que de leurs afferes navons rien sceu jusques a present et par vous meismes.

Au tiers article touchant notre frere de Romont nous vouldrions bien quil fut au pays pour pluseurs bonnes raisons et meismement pour cestuy affere mays ce ne peult estre par le present comme savez si nous en tenons a ce que leur aves respondu touchant ce point sur les quart et cinquiesme article.

Quant au sixiesme et septiesme faisant mencion daler par dela ou de fere tenir les estas vous respondons que vouldroyons bien estre en lieu et place ou leur puissions fere plaisir et service mays a present ne nous seroit aucunement possible pour aucuns grantz afferes quavons par deca ne pareillement de fere tenir les estas. Et si ne sumes pas si loings que ne puissions bien pourveoir es afferes quant le cas advendra.

Touchant le huytiesme article auquel ils veullient savoir par conclusion silz se doyvent tenir asseures de nous ou non respondons quils nont cause de soy meffier de nous car oncques en notre temps ne leur furent faites choses dont a juste cause ilz se puissent quereller ne meffier. Ains les avons continuellement honnores aymes et prises tant quil nous a este possible comme nos bons et anciens amis ailliez et confederes et encoures sumes deliberee de tousjours ainsy le fere se par eulx ne reste et quant de par eulx seroyons requise daucune chose que pour eulx puissions la feroyons de grant et bon vouloir.

Vous signiffiant que de notre coste les avons tenus et tenons pour nos bons amis aillies et confederes sumes deliberee dainsy le tousjours fere tant quilz veuldront fere le semblable ne par nous ne restera de bien vivre avecques eulx ainsi que ont fais noz bons predecesseurs et mieulx sil nous estoit possible aydant Notre Seigneur qui vous ait en sa sainte garde. Escript a Thurin le xvi jour de may. Yolant.

Au dos : A notre tres cher et bien ame cousin le conte de Gruyeres mareschal de Savoye.

Copies : *Lettres de Louis de Savoie, évêque de Genève, à la duchesse Yolande, sa belle-sœur (1474).*

Original : *Bibl. roy. de Paris; — Résidu de St-Germain; — Paquet 16, n° 1.*

(Archives de Cour. — Lettere de' Principi di Savoia, Principi diversi, mazzo 1°.)

Ma tres redoubtee dame je me recommande tant et si tres humblement que je puys plus a votre bonne grace. Madame plusieurs et plusieurs foys vous ai nottifie la cause dont mes freres font emotion. Et des hyer les deux contes de Genevoys et de Bagie sont ensemble Annessy. Et viennent apres mon dit frere de Bagie environ cent cinquante lances francoises come a raporte Brunier qui dit quil la ouy de sa bouche. Emotion daultre part se fait des Bernoys qui ont voulu gaigner la sainte croix, comme je pense bien aves sceu. En Vaulx bannieres sont levees mes dits freres me veulent totalement trouver et rallier avec eulx et jay devotion a vous servir et soubstenir jusques a morir.

A ceste cause pour obvier a tous dangiers aujourdhuy jay fourny le chastel de Geys de mes gens avec le chastellan qui apres grans reffus entendant les matieres sest contente. Sy vous supplie ma tres redoubtee dame que le veulles entendre en bonne part car jen appelle Dieu en tesmoing que je le fays plus votre prouffit et honneur et pour obvier aux sourdes pratiques que pour mille chouses du monde. Et que plus est affin de non estre sourpris moy confiant de vous ay proponse de fournir Thonon et le chastel et passage de la Cluse et de garder trop bien mes dits freres et chacun quilz ne viendront pas en my de leur chemyn quilz ont entreprins. Se aultre chose sourvient vous la sceres. Vous suppliant tres humblement que je sache briefment de vos nouvelles et que me commandes continuellement voz bons plaisirs pour les accomplir a mon povoir. Aydant Notre Seigneur qui vous doint ce que plus desires.

Ecript a Geneve le xiij jour de septembre lan lxxiiij.

Votre tres humble frere
Jehan Loys de Savoye.

Ma tres redoubtee dame apres les tres humbles recommandations tout a ceste heure est icy arrive messire Anthoine Lambert doyen de Savoye et ma rapporte ce quil avoit charge de par vous et aussi de mes freres par qui il a premier passe. Sa dite charge de par vous estoit comme il a resferu que au moins de mal ne desclandre du monde je procedisse en tout a ce suys je bien delibere mais deffendre me fault parler ames ditz freres sans premier avoir parle a vous ja ne le feray pour chouse quilz sachent fere ilz ont dit au dit messire Lambert quilz ne veulent questre seurs de deux personnaiges qui sont autour de moy sans euvre de fait. Je me suis offert mener par devers vous tous mes gens et que vous et vostre conseil cognoisses et punisse sil y a nul qui ait mal fait. Madame soubs umbre de ceulx honnestes langaiges ils se fournissent trop bien et font venir et Francoys et Borbonnoys comme desja vous ay signiffie a grant nombre ce qui nestoit ja necessaire pour deux de mes gens. Les chouses vont plus loing advisez y et y porvoyes je vous en supplie pour votre bien car se jeusse volu consentir a parler a eulx ou seulement lung des deux que je pense quilz demandent ilz neussent ja fait armee. Madame long obvie aulcune foys aux emprinses pour peu de chouse et qui ne le fait et ne mest remede tost a sa maladie le remede vient tard. Si vous supplie de rechief que y vueillies adviser, car je suys asseure quil vous touche de plus pres que a moy ny a piece de mes serviteurs. Je men rapporte a Dieu a qui je prie quil vous ait en sa sainte garde.

Escript a Geneve le xiiij jour de septembre bien tard lan lxxiiij.

Votre tres humble frere
Jehan Loys de Savoye.

N° 147. — *Premier protocole d'Antoine - Jacques Dupuis, secrétaire d'Yolande, duchesse de Savoie, et de son fils, le duc Philibert.*

(Archives de Cour.)

F° 249, 28 avril 1470. — Galeas Marie Visconti, duc de Milan, donne à son conseiller Antoine de Vallis les pouvoirs nécessaires pour négocier avec la Maison de Savoie un traité d'alliance. Claude de Seyssel étoit alors maréchal de Savoie et gouverneur du Piémont. C'est avec lui que l'ambassadeur milanais devait s'aboucher.

Instructions données le même jour audit Antoine de Vallis. On y trouve le passage suivant :

El prefato illustrissimo S. duca di Milano promette per littere authentice de dare alla predetta illustrissima madamma di Savoya per maritare una delle fiole sue ducat. xij lanno in termino de anni viij cominzando de lo presente anno et ulterius ad beneplacitum del prefato S. duca de Milano.

F° 253. — La ratification du mariage de madame Yolant de France.

Ame duc de Savoye etc... et Loys de Savoye prince de Piemont son aisne fils et lieutenant general etc...

Premierement que le tres excellent roy pour soi et ses hoirs et successeurs a promis et promet quil fera et pourchassera a tout son loyal povoir que estre parvenuz le dit Ame monsieur et madame Yolant sa fille en eaige que la dite dame Yolant prendra par parolles de present le dit Ame... 23 novembre 1436.

Traités anciens avec la France, les Dauphins et autres princes confinans au duché de Savoie.

Archives de Cour, Paquet 10.

(4 Avril 1467.)

N° 5. — Traité de ligue et confédération entre Philippe duc de Bourgogne et le duc Amé de Savoie pour la réciproque défense de leurs Etats respectifs contre tous, à la réserve de la part du duc de Bourgogne, du comte palatin du Rhin, et du duc de Savoie, des Bernois ses anciens amis et alliés.

(4 Avril 1467.)

N° 6. — Ratification de Charles comte de Charolois, lieutenant général et fils de Philippe, duc de Bourgogne, des alliances et confédérations faites entre son père et le duc de Savoie.

(20 Juillet 1467.)

N° 8. — Traité de ligue et confédération entre Charles, duc de Bourgogne, et Philippe de Savoie, comte de Baugé, pour la réciproque conservation et défense de leurs Etats respectifs.

(14 Août 1468.)

N° 11. — Pleins pouvoirs donnés par Louis XI, roi de France, au sire de Chantemerle pour conclure un traité de ligue avec le comte de Genève.

(11 Mars 1469.)

N° 12. — Promesse de Louis XI, roi de France, d'assister Yolande de France, sa sœur, duchesse de Savoye, et de ne permettre que les terres de la maison de Savoie reçoivent aucun dommage.

(23 Septembre 1470.)

N° 13. — Promesse du duc Amédée de Savoie, et de Yolande de France, sa femme, de donner secours et aide à Janus de Savoie, comte de Genève, son frère, contre toute espèce de puissances.

(6 Octobre 1471.)

N° 14. — Traité d'alliance et de confédération entre Louis, roi de France, et Philippe de Savoie, comte de Baugé, par lequel ledit roi promet de protéger et défendre ledit Philippe contre tous, en cas que quelque puissance lui déclarât la guerre :

Nous Loys par la grace de Dieu roi de France. Comme puis nagueres notre tres chier et tres ame frere et cousin Philippe de Savoie conte de Bagye et seigneur de Bresse nous ait baille son scelle par lequel il nous ait jure et promis par Dieu notre createur par la foy et serment de son corps en parole de prince sur son honneur, et sur le peril et dampnement de son âme. Les choses contenues au dit scelle et dicelles ait fait serment solennel a la vraye croix de monseigneur saint le dangiers et voulu que le serment quil en faisoit feust dautel efficace et vertu comme sil eust eu les deux mains sur la dicte vraye croix. Nous semblablement promectons par pareil serment que dessus en parole de roy et sur notre honneur. Que doresenavant nous serons bon et loyal seigneur parent et vray ami de notre dict frere et cousin Philippe de Savoie le secourrons aiderons soustiendrons et deffendrons de tous nos serviteurs et subjetz et de toute notre puissance. Voyre de notre personne se besoing estoit envers et contre tous ceulx qui grever le vouldroient en personne terres et seigneuries ne en biens.

Et que pour quelque chose qui puisse avenir nous ne labandonnerons et ne nous declarerons encontre lui. Et ne ferons ne souffrirons faire a notre pouvoir aucune guerre ou dommaige a lui ne a ses pais subjetz et seigneuries ains tiendrons sa personne seure entours nous et alant et venant par noz pays et en notre obeissance comme la notre propre et le traicterons en personne et en biens ainsi que vouldrions faire pour lung de noz plus prouchains parens. Promectons en oultre de lui entretenir et faire entretenir la conte de Valentinois et de Dyois eu les terres que lui baillerons en recompense pour la valeur de la conte dAst et aussi les cent livres dont lui avons baille charge et retenue avecques la pension que nous lui avons ordonnee. En tesmoing de ce nous avons signe ces presentes de notre main et a icelles fait appose notre scel de secret. A Vendosmes le sixieme jour doctobre lan de grace mil cccc soixante unze. Louis.

(8 Juin 1473.)

N° 15. — Lettres de Charles, duc de Bourgogne, de confirmation en faveur d'Yolande de France, duchesse de Savoie, et du duc Philibert, des alliances faites avec le feu duc Amé.

N° 19. — Patentes de Charles, roi de France, par lesquelles il s'oblige à defendre et donner du secours au duc Charles de Savoie contre qui que ce soit, sauf contre ceux de Berne, de Fribourg et le duc de Milan.

11 Avril 1472. — Acte par lequel la duchesse Yolande accepte, en présence des Trois-Etats, la tutelle de son fils le duc Philibert.

Tutelles et régences, paquet 1er, n° 14.

(Archives de Cour.)

In nomine Dni amen. Anno a nativitate ejusdem sumpto mil. iiij°lxxii. indictione quinta die vero undecima mensis aprilis notum sit omnibus et singulis hoc presens publicum instrumentum inspecturis. Quod illustrissima et serenissima domina ducissa Yolant de Francia serenissimi et christianissimi quondam domini Caroli septimi Francorum regis primogenita relictaque uxor quondam illustrissimi et excellentissimi dni Amedei Sabaudie ducis nuper deffuncti ducissa Sabaudie existens in aula inferiore castri Vercellarum in obscuro habitu viduali in presentia reverendi in xpo patris dni Urbani Bonivard episcopi vercellensi nec non magnifici consilii prelibati illustrissimi quondam domini et conjugis sui in quo siquidem consilio aderant magnifici et spectabilis viri domini Humbertus Chevrerii juris utriusque doctor cancellarius Sabaudie Petrus de Sancto Michaele presidens Antonius Championis presidens cismontanus Michael de Canalibus collateralis Oldradus Cavanoxii et Dominicus de advocatis advocati fiscales etiam in utroque jure doctores et item in presentia trium Statuum patrie cismontane ecclesiasticorum silicet nobilium et communitatum in eadem aula congregatorum super modo forma et ordine regiminis illustrissimi domini Philiberti moderni ducis Sabaudie dni nostri metuendissimi nec non illustrium et inclitorum dominorum Caroli et Jacobi-Ludovici ac illustrium dominarum Marie et Ludovice de Sabaudia filiorum et filiarum prelibatorum domini ducis quondam Amedei et dne Yolant ducisse Sabaudie jugalium ac postumi vel postume ex ventre ipsius domine ducisse nascituri vel nasciture rogata vel persuasa tribus diebus continuis in publica concione dictorum trium Statuum ac etiam privata instanter et instantissime super acceptatione gubernio et regimine de quibus infra motaque exortationibus ac requisitionibus summa cum instantia factis tam per illustrissimum et excellentissimum dominum Galeaz Mariam Sforciam vicecomitem ducem Mediolani et sive reverendum et magnificos dominos Brandam de Castiglione episcopum Cumanum Segremorium de vicecomitibus militem et Laurentium de Pessauro juris utriusque doctorem prefati illustrissimi ducis Mediolani oratores in presenti actu existentes et vive vocis oraculo in publica concione predicta rogantes et requirentes prelibatam illustrissimam dominam nostram nomine prelibati domini eorum ducis Mediolani affinis et avunculi prelibatorum filiorum et filiarum pupillorum super acceptatione premisse tutelle administrationis et regiminis precibus insuper multorum illustrium et magnificorum virorum flexa qui omnes suprascripti multas et varias raciones adduxerunt et ostenderunt eidem domine ducisse propter quas regimen et tutellam et gubernium personnarum et bonorum prenominatorum pupillorum suscipere non recusaret et maxime actento quod lex confidens matribus tutellam filiorum preceteris illis detulit et quod verisimile est et ipsi firmiter tenent quod justius benignius et humanius ipsi qui sunt subditi prelibati illustrissimi dni nostri ducis ejus filii per eam cujus virtutes bonitatem prudentiam benignitatem justiciam equitatem ab experto noverunt tractabuntur et gubernabuntur quam per alium quemvis qui non ipsos filios pupillos ut se ipsum diligat quemadmodum contingit in ipsa illustrissima domina ducissa que mater est et magis filios suos diligit quam seipsam et consequenter eorum subditos statuum bona et utilitates preceteris cordi cure et amori habet. Supplicantes demum et iterum requirentes tres Status prelibati sic et ubi ut premittitur congregati organo magnifici juris utriusque doctoris et militis domini Guillelmi de Sandilliano ut tutellam et administrationem regimen et gubernium personnarum et bonorum prenominatorum liberorum suorum suscipere et nulli alii dimittere committere vel relinquere vellet insciis ipsis tribus Statibus. Actendens igitur prelibata illustrissima et serenissima domina ducissa magnam instanciam magnasque suasiones et rationes sue excellentie sic ut premittitur prepositas. Considerans etiam amorem et dilectionem quibus magnopere afficitur filiis et filiabus suis prefatis teneribus dubitans ne Deum offenderet si ipsos derelinqueret neque nescia quod dicta tutella eidem preceteris defferretur. Cum nullus amor superet paternum et maternum et ita ne videatur suos et prelibati quondam dni ducis viri et conjugis sui liberos pupillos deserere licet esset creditrix ipsorum ut dixit et de jure non teneatur assumere tutellam nisi velit sed potius volens eos tueri deffendere regere gubernare pro posse suo non vigiliis parcendo neque laboribus et cum bono auxilio et consilio patrie sue prius tamen protestando in principio medio et fine presentis actus ut sibi salva sint sua jura quecumque actiones tam sue dotis quam dotalicii et aliorum bonorum mobilium immobilium sibi datorum et donatorum tam per illustrissimum quondam dnum Amedeum primum ducem Sabaudie ejus avum et dominum Ludovicum ducem Sabaudie socerum suum quam per prefatum illustrissimum dominum Amedeum ducem ejus quondam consortem. Quibus juribus et actionibus per hunc vel alium quemcumque actum nullathenus prejudicare intendit. Constituta in quam coram prenominato dno Urbano Antistite vercellenci cui se submisit in hoc casu cum non habeat presentiam serenissimi imperatoris superioris dictorum liberorum suorum et in presentia magnifici et venerabilis consueti consilii residentis cum prelibato quondam domino nostro domino Amedeo duce Sabaudie marito suo qui siquidem dominus vercellencis episcopus eamdem serenissimam dominam Yolant ducissam Sabaudie volentem et propter predictas preces suasiones et exhortationes ac rationes acceptantem declaravit prelibati illustrissimi dni Philiberti ducis Sabaudie aliorumque filiorum et filiarum suarum prenominatorum ac postumi seu postume tutricem gubernatricem administraticem sibique decrevit administrationem hujusmodi tutelle seu licentiam administrandi. Promisit igitur ipsa illustrissima et excellentissima domina Yolant ducissa Sabaudie mater et tutrix prelibata nobis notariis et secretariis infrascriptis vice et nomine prelibati illustrissimi domini nostri dni Philiberti ducis Sabaudie et aliorum supranominatorum filiorum et filiarum ac postumi seu postume omniumque et singulorum quorum interest et interesse poterit quomodo libet in futurum stipulantibus et recipientibus et corporaliter juravit ad sancta Dei evangelia personas et bona dictorum dni ducis et aliorum filiorum suorum et filiarum pupillorum et pupillarum ac postumi seu postume bene legaliter et juste gubernare regere deffendere et tueri omniaque et singula utilia temporis illustrissimo domino nostro duci Philiberto et prefatis aliis suis illustribus filiis et filiabus facere et agere et inutilia pretermittere et eos indeffensos et eorum bona indeffensa non relinquere ipsorumque personas res et bona ad commodum et utilitatem bona fide custodire et servare et inventarium debitum de bonis ipsorum facere et administrationis sue rationem tempore debito reddere cum integra residuorum resignatione et restitutione ita tamen quod semper uti valeat veritate. Renuncians prelibata illustrissima et serenissima domina ducissa mater et tutrix prefata Velleyano senatusconsulto secundis et aliis nuptiis et omni alii legum et juris auxilio certificata in presentia quorum supra de dispositione dicti senatusconsulti et jurium predictorum et promittens et renuncians ut supra sub hypotheca et obligatione omnium et singulorum bonorum suorum quorumcumque de ipsis juribus predictis et beneficiis plene certificata ut supra et mandato ac requisitionibus prelibate domine nostre ducisse tutricis ac pro ea extiterunt fidejussores et promiserunt sub ea conditione de qua supra videlicet quod ipsa illustrissima domina hujusmodi tutellam administrationem regimen et gubernium nulli alii dimittet committet vel relinquet. Reverendi in xpo patres domini Johannes de Parella ypporegiensis Johannes de Compesio thaurinensis Urbanus Bonnivardi vercellensis episcopi Jacobus de advocatis minister sancti Andree vercellensis Johannes de Lignana prepositus sancti Christophori vercellensis et Anthonius Lamberti decanus Sabaudie. Nec non illustres magnificique spectabiles et egregii domini Franciscus comes Gruerie marescallus Sabaudie. Johannes de Levys comes de Villars Antelmus dnus Miolani Richardus comes Crescentini Amedeus dnus Viriaci Hugoninus dnus Cardeti Antonius de Orliaco gubernator Nicie. Bonifacius de Castignoliis armorum capitaneus Glaudius de Challes presidens Camere computorum Dominicus ex comitibus Plosaschi condominus Ayrasche Georgius de Solerio condominus Villenove dnus Ambrosius de Vignate utriusque juris doctor Gotofredus ex comitibus Sancti Martini ex dominis Strambini. Jacobus dnus Dyvone magister hospicii. Dominicus de Provanis Michael ex dominis Ripalti Ludovicus dnus Avanchiaci Jacobus de Provanis ex dominis Laynici Carolus de Caqueranis dnus Roche Georgius Trucheti juris utriusque doctor et miles Ruffinus de Murris financiarum generalis et Johannes Locteni thesaurarius Sabaudie generalis et ipsorum quilibet principaliter et insolidum bona ipsorum quecumque et cujuslibet ipsorum presentia et futura propterea specialiter et expresse obligando et ypothecando renunciantes et quilibet ipsorum renuncians legi dicenti principalem prius fore conveniendum quam fidejussorem *eple* divi Adriani C. de fidejussor. cedendarumque dividendarum actionum beneficio. Et omnibus aliis juribus canonicis et civilibus capitulis statutis indultis privilegiis patrieque et locorum consuetudinibus ac aliis omnibus quibus contra premissa vel ipsorum aliqua se juvare possent quomodo libet vel tueri maxime juri dicenti generalem renunciationem non valere nisi precesserit specialis firmantes eorum hujusmodi promissionem obligationes yppotecam et renunciationem per juramenta sua ad sancta Dei evangelia corporaliter tactis scripturis prestita. Sepefata vero illustrissima domina nostra ducissa prenominatos ejus fidejussores et ipsorum quemlibet indempnes propterea servare promisit pariter et illesos sub vinculo juramenti obligationibus et renunciationibus superius primo prestitis. Demum huic actui legitimo suam interposuit auctoritatem et decretum prefatus reverendus dnus Urbanus episcopus vercellensis cujus juridictioni quoad hunc actum se submisit prefata illustrissima dna ducissa et prefatum magnificum ducale consilium residens separatim et divisim prout melius validius et efficacius fieri potest singula singulis debite referendo. Acta fuerunt hec in castro civitatis Vercellarum in aula inferiore ipsius castri et in publica concione dictorum trium Statuum patrie cismontane presentibus reverendo et magnificis spectabilibusque et egregiis viris Branda de Castiglione episcopo Cumano Segremonio de vice comitibus milite Laurentio de Pessauro doctore et milite prehominatis et Antonio de Apiano ambassiatoribus prelibati illustrissimi domini ducis Mediolani. Johanne Chabodi dno Excherene. Vanterio de Chignino scutifero scutiferie Joffredo de Ripparolio ex comitibus Sancti Martini Anthonio de Foresta. Jacobo de Verbosio. Dominico de Provanis condomino Laynici et pluribus aliis testibus ad premissa vocatis et astantibus. De quibus instrumentum etc.

      Antonius Jacobus de Putheo civis Taurini.
      Jacobus Lamberti de Chamberiaco.
Secretarii ducales.

N° 45. — Patenti del duca Filiberto di constituzione del conte Filippo di Savoia di lui zio in suo luogotenente generale e governatore in tutti li suoi Stati di Savoia, da durare per un anno, e mediante il stipendio di fiorini 3 mila di piccol peso ; 17 marzo 1482.

Protocolla di Philippo di Gavoretto, segretario ducale.

(Archives de Cour. — 1468, 1484.)

N° 115. F° 11. — 4 gennaio 1473. — Procura della duchessa Violante in capo di Francesco, conte di Gruyeres, maresciallo di Savoia, et d'Antonio Champion, presidente de Consiglio residente in Torino, per portarsi a ricevere dalla Communità di Friborgo il giuramento di fedeltà al duca di Savoia.

F° 11 v°. — Giuramento di fedeltà prestato dal Consiglio generale di Friborgo al duca di Savoia, 7 febbrajo 1473.

F° 13. — 4 maggio 1473. — Commessione della duchessa Violante al presidente del Consiglio ducale di quà dei Monti, Antonio Champion di transferirsi ad esortare i Friborghesi a prender l'armi in diffesa degli Stati del duca di Savoia specialmente dell' invaso del paese di Vaud.

F° 13 v°. — Ingiunzione della mentavata duchessa ai Friborghesi di desistere dall' insurrezione ribelle intrapresa contro gli Stati del duca Filiberto di Savoia, bensì di venir a rinovargli la fedeltà :

Yolant primogenita et soror christianissimorum Francie regum ducissa tutrix et tutorio nomine illustrissimi filji nostri carissimi Philiberti ducis Sabaudie... dilectis nostris universis et singulis heraldis cavalcatoribus et ceteris ducalibus officiariis ad quos presentes pervenerint salutem. Et si ingenti injuria lacessite sumus per Friburgenses qui prefato filio nostro fidelitate devicti eorum felonia in eum ynniare bellum insurgere dominia Sabaudie invadere incendia immittere cedes et alia pleraque facinora vehementer detestanda exercere presumpserint. Et ex hoc arma capescere et eos radicitus subvertere nobis liceat quod profecto potentia nostra faciliter satis subsequi potest nichilominus ne ipsos nostros quos persuadendos censemus contingat acriter et bellicose debellari animi nostri tantis obprobriis depressi restringere instituimus et eos clementia qua tanquam diis equales reddi possumus et ipsos proprius accedere benigniter persequi et ad debitum fidelitatis revocare. Quo sic vobis et vestrum cuilibet in solidum committimus precipimusque quathenus his receptis ad loca accedentes opportuna predictis hominibus et communitati Friburgi seu eorum sculteto et cuilibet ipsorum in proprias personas si apprehendi possint et vobis tutus sit accessus. Aliter autem voce cride in finibus dicti loci nostri parte et prefati filii nostri injungatis quibus et eorum cuilibet nos tutorio nomine predicto injungimus per presentes sub pena iteratarum ribellionis confiscationisque personarum et bonorum suorum quorumcumque ut hiis visis a captis armis in prefatum filium nostrum et bello penitus desistant debitumque fidelitatis huc veniant integraliter prestituri altero non expectato mandato in quantum pena predicta se formidant affligi. Presentibus in cancellario ducali registratis. Datis Lausanne die x maii anno Dni mil° cccc septuagesimo sexto.

Promesse faite par la duchesse Yolande de ne pas contracter alliance avec le duc de Bourgogne.

Promesse faicte au roy.

F° 9. — Yolant ainsnee et suer de tres chrestiens roys de France duchesse tutrice de notre tres cher et tres ame fils Philibert duc de Savoye de Chabloys et dAoste du sainct romain

empire prince et vicaire perpetuel marquis en Italie prince de
Piemont seigneur de Nice Verceil et Fribourg etc.

A tous ceulx qui ces presentes lettres verront salut savoir
faisons que nous avons promis et jure par ces presentes promectons et jurons par la foy et serment de notre corps en
parolle de princesse sur notre honneur sur les sains evangilles
de Dieu et saint canon de la messe pour ce par nous corpo-
rellement touchez que dicy en avant nous ne prandrons ne
ferons prandre en nom de nous ne de notre dit fils le duc de
Savoye aulcune aliance amictie praticque intelligence quelconque de bouche ne par escript par serment ne autrement
en quelque maniere que ce soit avec le duc de Bourgongne
ne autres quelconques adversaires ou ennemys de mon tres
redoubte seigneur monseigneur le roy ou a son prejudice ou
dommaige ne de son royaume pays de Dalphine ne autres ses
pays terres et seigneuries et se aucunes en avoient este prinses
au nom de nous ou de notre dit filz nous y renoncons formel-
lement et expressement par ces dites presentes et pareillement
ne ferons pourchasserons ou consentirons a quelque pratique
traictie aliance ou autre chose dimportance touchant nous nos
enffans et pays de Savoye de Pymont et autres lieux pays
terres et seigneuries a quelconques personnes que ce soyent
ne mectrons consentirons ou souffrirons mectre le dit pays de
Savoye Pymont ne autres pays et seigneuries de notre dit filz
le duc ne aucunes places dicculx ne pareillement nos ditz
enffans ou aucuns diceulx hors de notre puissance sans le sceu
consentement et bon plaisir de mon dit seigneur le roy et avec
ce que nous ne donnerons ne souffrerons ou consentirons
donner passaige directement ou indirectement a personne
quelconque de quelque pays estat nation ou condiction quil
soit pour aller servir le dit duc de Bourgongne ou autre
prince ou seigneur quel quil soit ennemy ou adversaire de
mon dit seigneur le roy et ferons servir a notre pouvoir envers
et contre tous ceulx qui peuvent vivre et morir sans personne

vivant excepte et nous monstrerons et declairerons par effect amye de ses amys et ennemye de ses ennemys et toutes les choses dessus dites et chacune dicelles nous promectons faire consentir louez confermez approuvez par les gens des trois Estatz des pays de Savoye de Pymont et autres pays et seigneuries de nous et de notre filz le duc. En testimoing de quoy oultroions ces presentes signees de notre propre main et scellees de notre seil. Donnees au Plessis du Part les Tours le second jour de novembre lan m.cccc.lxxvj.

Yolant.

Lettre de descharge en faveur du roy.

F° 9 v°. — Yolant ainsnee et suer des tres chrestiens roys de France duchesse tutrice de notre tres cher et tres ame fils Philibert duc de Savoye... etc. etc.

A tous ceulx qui les presentes verront savoir faisons comme ce soyt que ca devant incontinent que fumes prinse par force et detenue par le duc de Bourgongne mon tres redoubte seigneur le roy comme notre plus prouchain et de nos enfans et mesmement a la singuliere requeste des barons seigneurs et aultres des pais tant de Savoye comme de Pyemont laquelle nous a este et est tres agreable et yceulx a ceste cause fort louons ait prins le gouvernement du dit duc et Jehan Jacques Loys prothonotaire noz enffans ensemble les ditz pays et seignories de Savoye et de Piemont et jusques cy tant per ly comme ses commys et deputes regi yceulx et gouverne et de present delivree et exchappee a laide de Dieu et de mon dit seigneur des mains du duc de Bourgoigne mon dit seigneur nous ait retornee et restituee a notre entier et gouvernement des ditz nos enffans pais et segnories par ainsy que devant la dite prinse y estions soy demectant dycelluy et le nous remectant entierement ainsy est que nous confessons avoir et tenir en notre puissance les ditz duc et Jehan Jacques Loys nos enffans dont diceulx en deschargeons et quictons mon dit seigneur le seigneur de Luis et tous aultres de sa part commis et deputez a leur garde en tesmoing de quoy oultroions ces presentes signees de notre propre main et seillees de notre seil. Donnees a Tours le second jour de novembre Ian m.iiij°lxxvj. Yolant.

Per madame, presens de son conseil.

Anthoine Lambert doyen de Savoye.

Lettre de descharge.

F° 10. — Yolant ainsnee et suer des tres chrestiens roys de France duchesse et tutrice etc. etc.

A tous qui les presentes lettres verront scavoir faisons comme ce soit que ca devant incontinent apres que fumes prinse... (*Comme dans l'acte précédent jusques et y compris les mots* : et le nous remectant entierement.)

Et mesmement les chasteaux et villes de Montmellian et Suise ainsi que nous confessons ycelles avoir recouvrees et tenir entierement en notre puissance dont dyceulx chasteaux et villes quictons mon dit seigneur les seigneurs de Myolans Anjou et Riverol qui de sa part a les garder estoient commys et deputez et chascun deux en tant qui les peult toucher. En testimoin de quoy etc... Donnees a Tours le second jour de novembre l'an mil.iiij°lxxvj. Yolant.

Confirmation de ladite promesse.

Nous conseil de notre tres redoubte seigneur et prince Philibert duc de Savoye etc. etc. et residant avec notre tres redoubtee princesse et dame Yolant ainsnee et suer des tres chrestiens roys de France duchesse mere et tutrice de notre dit seigneur a tous qui ces presentes verront savoir faisons. Que constitues personnellement les prelats contes barrons seigneurs nobles communautes et autres gens des trois Estatz des pays terres et seigneuries de Savoye en la presence de notre dame lesquels certiffiez comme par le rappourt de reverend pere en Dieu messire Anthoine Lambert doyen de Savoye conseiller de notre dite dame ont publiquement signifie et declare de la forme et teneur du seille que notre dite dame a oultroye nagueres au tres chrestien et souverein prince le roy de France duquel seille le contenu de parolle en parolle sensuyt :

Yolant etc. Ycelluy seille et tout ce qui dedans se contient a la requeste de notre dite dame a laquelle comme bons et loyaulx soubjectz sont disponses obeir en tout et complaire a leur nom et de tous les diz pais terres et seignories par lesquels sont cy envoyez ont consenty loue conferme et approuve consentent louent conferment et approuvent par ces presentes lesquelles avons oultroiees en testmoing seillees du sel de la chancellerie de Savoye.

Donnees a Chambery le quatorzieme jour de decembre lan m. iiijlxxvj.

Le dit conseil presens :

Janus de Savoye conte de Genevoys.

Urbain Bonivard eivesque de Verceil.

Pierre de Saint Michel chancellier de Savoye.

Loys conte de la Chambre.

V. de Chevron prothonotaire apostolique.

G. de Seyssel seigneur dAix.

Et pluseurs autres.

Traités avec la Suisse et les Valaisans. — Traités avec les Suisses.

Paquet 3.

(Archives de Cour.)

N° 1, 23 avril 1477. — Entre la duchesse Yoland et les communautés de Zurich, Berne, Lucerne, Ury, Schwytz,

Unterwalden dessus et dessous, la Forest, Zug, Glaris, Fribourg, Soleure et Bienne, sur les différends existant entre les parties stipulant la restitution du pays de Vaud moyennant la somme de 50 mille florins du Rhin.

N° 4, *21 février 1478.* — Restitution du pays de Vaud avec quittance de 25 mille florins à compte des 50 mille.

Traités avec les Valaisans.

Paquet 5.

N° *18, 1473.* — Procédures par-devant les ambassadeurs de Fribourg et Schwytz sur les différends entre Yolande, l'évêque et chapitre de Sion et les Valaisans, pour regard des confins des territoires de Sion et Contége et autres ; avec la sentence sur ces différends.

Paquet 6.

N° *1, 5 novembre 1478.* — Traité conclu à médiation des cantons, des ligues, entre le duc Philibert, l'évêque de Sion et le dixain du Valais, sur les différends qu'il y avait entre eux touchant les pays, passages, seigneuries et appartenances de Saint-Maurice, Martigny, Saint-Brancher, Orsières, Lydes, Bourg-St-Pierre, Contége, Saillon, Chamosson, Ardon et autres, depuis Saint-Maurice jusqu'à Montjoux, pour lesquels il y eut guerre entre eux à cause que ledit évêque prétendait être de l'ancienne fondation et patrimoine de son église, par lequel ils se sont remis à la décision desdits cantons et ligues établissant à cet effet une trève de quinze ans.

Province de Maurienne.

Paquet 3, n° 4.

(Archives de Cour. — 5 Novembre 1491.)

Ordre de Blanche, duchesse de Savoie, au capitaine de Châteauneuf, de détruire les forteresses dudit château, autrefois du comte Louis de la Chambre, et confisqué pour les rébellions et félonies par lui commises contre le duc de Savoie, son souverain.

Blancha ducissa Sabaudie tutrix et tutorio nomine illustrissimi principis filii nostri carissimi Caroli Johannis Amedei Sabaudie ducis. Dilecto nostro capitaneo ad custodiam Castrinovi deputato salutem. Egreferentes quod non ruinaveritis arces seu castra que erant Ludovici de Camera prout jam sepe scripsimus et mandavimus causantibus rebellionibus et delictis per ipsum Ludovicum de Camera contra nos et dictum filium nostrum perpetratis prout latius constat informationibus processibus et sententiis contra eum gestis et prolatis et volentes omnino ut castra ipsa omnia ruinentur et demoliantur justissimi siquidem causis conservationem Status prelibati filii nostri et suorum populorum tranquillitatem et comodum mirum in modum concernentibus mota et presertim quia nunc fide digno relatu certiores facta sumus quod ipse Ludovicus de Camera nonnullas gentes armorum extra patriam nostram coacervare nititur ut bellum nobis super ipsis arcibus moveat et attemptet quod nobis et subditis omnibus non parvum dispendium afferre posset ob deffensionem et custodiam ipsarum arcium et castrorum maxima cum expensa preservandam et manutendam. Et considerato tandem quod deletis et eversis eisdem arcibus nos subditique nostri magna expensa allevabimur et ipsi Ludovico de Camera et congregatis suis iniqua eorum spes et irruendi in ipsa castra temeritas reprimetur et frustrabitur matura super his nobiscum residentis consilii deliberatione prehabita vobis ex nostra certa scientia et motu proprio expresse precipiendo comittimus et mandamus sub pena nostre perpetue indignationis et confiscationis omnium rerum et bonorum vestrorum quathenus his visis ipsum castrum demoliatis et fonditus evertatis et explanetis. Et ad hujusmodi ruinationem et demolitionem celeriter faciendum omnes et singulos subditos dicti illustrissimi filii nostri mediatos et immediatos cum instrumentis necessariis ex quibusvis locis villis terris et vallibus evocetis. Precipiendo sub penis premissis atque furcarum omnibus eisdem subditis ut ad eamdem ruinationem faciendum confestim ad omne mandatum vestrum accedant et elaborent sine aliquali contradictione seu mora. Vos autem demolitionem hujusmodi mox presentibus visis et sine aliquali intermissione vel alterius nostri mandati expectatione incoheti et perficiatis omnibus excusationibus oppositionibus litteris mandatis aut aliis forte in contrarium vobis scriptis aut factis penitus repulsis et non obstantibus. Nos enim in premissis et circa ruinandi ordinandi precipiendi quousque subditos mediatos et immediatos adunandi cogendi compellendi capiendi arrestandi detinendi penas et mulctas imponendi declarandi proclamata fieri faciendi ac generaliter omnia alia opportuna gerendi et exercendi vobis plenam potestatem impartimur per presentes. Datas Thaurini die quinta novembris mil°iiij°lxxxx primo.

Protocole de Claude Bocher, notaire ducal, 1473-86.

(Archives de Cour.)

F° 17. — Sensuyvent les bagues remises aujourdhuy xi jour de mars mil iiij°lxxix a Montcallier par Jenin escuyer quil avoit en garde de feu madame Yolant de France duchesse de Savoye a Monet de Greyres chambrier du commandement de mon tres redoubte seigneur monseigneur le duc Philibert etc...

Premierement a remis le dit Jenin une plume dor ou il y a quatre perles de compte un gros dyamant au mylieu taille a dos dane un bel ballais rond au fons assis sur ung croissant esmaille de bleu et de gris a viij perles de compte pendans.

Item ung collier dor a xvij lames fait aux mots de Savoye a ung pendant dor ou est le los de Savoye.

F° 17 v*bis*. — Sensuit linventaire rendu a Vigon par Monet de Greyeres le premier jour davril mil iiij°lxxix.

Ung aultre coffre.

F° 18. — Item ung livre intitule Le vieille digeste couvert de cremesi figure a deux fermaulx.

Item ung livre intitule Valerianus maximus couvert de cremesi a trois fermaulx.

Item les espistres de Senecque en francois couvertes de satin viole a deux fermaulx.

Item ung livre intitule Le vieil chevalier couvert de cuyr roge.

Item ung vieil livre dit du tresaurier couvert de cuyr blanc.

Item ung livre dit Lerbolain couvert de postes.

Item la Passion de Notre Seigneur en personnaiges en ung livre couvert de cuyr.

Item ung livre dit la Tusculane de Tulle.

Item la destruction de Jherusalem a personnaiges pour jouer.

Item les nouvelles guerres en francois en un grant livre couvert de veloux viole figure.

Item ung vieil livre de papier en francois et commencant : vous trouverez etc.

Item ung sachet ou il y a des tiltres et lettres de bollomyer appartenans a monseigneur.

Ung aultre coffre.

La bible saincte en francois rolee et figuree.

Le livre de maistre Johan du Pin en francois couvert de velloux figure.

Item ung aultre vieil livre en francois commencant : cy pouvez entendre, couvert de pel blanche.

Item ung livre en papier commencant : le philosophe, couvert de cuyr.

Item les cent nouvelles en tuscan couvertes de velloux violet.

Item ung bel livre bien escript et bien illumine en parchemin intitule Opus animalium couvert de pel roge.

Item la destruction de Troye faicte en ryme couverte de vellours verd figure.

Item le livre du gouvernement des roys couvert de cuyr.

Item le livre de dan en tuscan.

Item ung livre en papier de othra.

Item ung livre en papier de bonnes meurs.

Item une belle petite bible en parchemin bien escript.

Item une autre belle bible en francois ystorie couverte de velloux pers.

Item ung livre des vices et vertus en francois couvert de satin verd.

Item les espistres saint Bernard en papier.

Item aucuns guernes dung livre en papier.

Ung aultre coffre.

Item une mappemonde.

Item le jeu sainte Marie a personnaiges.

Item ung petit livre commencant : le pere et le fils, en parchemin.

Item ung petit livre en papier appele Heronchel.

Item ung bel livre couvert dargent a quatre feuilles dymages et les armes de Savoye au dessus ou il y a ung fermail.

Item mandevye en francois escript sur parchemin couvert de velloux cremesi.

Item ung livre de papier couvert de cuyr roge.

Item les cronicques de Savoye en papier.

Item ung vieil livre ou il y a oraisons.

Item ung petit livre compose par Marco filer fo couvert de cuir roige.

Item ung livre en papier a xxiij personnaiges.

Item les sept pheaumes en francois faits en parchemin.

Item le livre de Crestine couvert de drap dor en parchemin a ung fermail.

Item le miroir du monde en papier.

Item ung bel saultier bien illumine.

Item les dits moraulx du Philippe en francois en parchemin.

Item ung bel livre pour confesser.

Item la vision de Cristine en parchemin a ung fermail dargent.

Item ung bel livre de papier de la belle Helaine.

Item ung bel livre dit le Fillaque en tuscan.

Item le saultier en francois couvert de cuyr roge.

Item ung aultre petit livre appelle Plum.

Item ung livre en parchemin commencant : maintes gens.

Item lestoire saint Allexis en personnaiges.

Item ung livre en parchemin et commencant : cy commencent les rubriques etc.

Item le livre de lagnel rosty en papier.

Item ung pontifical en parchemin quest bel.

Item ung livret de parchemin.

Item ung petit livre en parchemin commencant *misericordia et virtus*.

Item le livre de Ballaan en istoire pour jouer.

Item ung livre que donnast maistre Guille Fichet quest en parchemin.

Item le livre dit de parter et de layre.

Item boece de consolation en francois escript sur papier.

Item la vie des anciens Percees en papier couvert de pel.

Item une espee donneur.

Extraict et double sur linventaire receu par nous notaires et secretaires cy subsignes. Bocherii.

TABLE DES MATIÈRES

Biographie.................................... *pages*   v
Avant-propos................................   1
Préambule ou résumé historique...............   7
Registres des choses falctes.................   31
Extraits des comptes des trésoriers généraux de Savoie.......... 65
Comptes des trésoriers des guerres...........   253
Documents, lettres et actes divers...........   257

www.ingramcontent.com/pod-product-compliance
Lightning Source LLC
Chambersburg PA
CBHW060414170426
43199CB00013B/2136